JN295369

レストラン・お店で使う

英中韓 3 か国語
きほん接客フレーズ

西蔭浩子、田村雅昭［英語］／平石淑子、孔令敬［中国語］／権在淑［韓国語］

研究社

まえがき

　あちこちの街や観光地で、たくさんの外国人旅行客の姿を見かけます。特に最近は、中国や韓国からの旅行者の数が大きな伸びを示しています。

　日本政府観光局(JNTO)によれば、2009年の訪日外国人旅行者数はおよそ679万人で、出身地別に見ると、1位が韓国の約158万人、2位が台湾の約102万人、3位が中国の約100万人、4位が香港の約45万人と、アジアからのお客様が上位を占めています。欧米諸国は、北アメリカがおよそ87万人、ヨーロッパが80万人程度ですから、アジアからの旅行客の数がいかに多いかがわかります。

　また、「YOKOSO! JAPAN」のキャッチフレーズで知られている「ビジット・ジャパン・キャンペーン(VJC)」は、2010年には年間の訪日外国人旅行客者数を1000万人にするという目標を掲げていますから、今まで以上に外国人旅行者が日本を目指してやってくることは間違いありません。

　今や、外国人観光客を受け入れる職業についている人たちは、英語だけではなく、中国語や韓国語でもコミュニケーションを図ることが必要な時代に入っています。本書はこうした時代の要請に応じて、お客様に対する接客表現を、英語・中国語・韓国語の3か国語でまとめました。本書の特長は以下の4点です。

（1）　さまざまな場面に対応した、豊富な接客フレーズ
（2）　各場面の重要単語を集めたワードバンク
（3）　知っておきたい、各国の文化・習慣をまとめたコラム
（4）　わかりやすいカタカナ表記の発音

　本書は、大正大学学術研究助成金による『日本語母語話者に対するレトリックに重点を置いた外国語教授法に関する研究』(2005-2007)、及び日本私立学校振興・共済事業団学術研究振興資金による『日本語母語話者に対する外国語教授法の研究』(2007-2010)を踏まえ、メンバーがそれぞれ英語(西蔭・田村)、中国語(平石・孔)、韓国語(権)を担当しました。大いにこの本を活用していただき、それぞれの職場で必要な外国語を使って、外国人のお客様への接客がよりスムーズになれば、幸いです。

　最後になりましたが、英文校閲を担当してくださった Shelley Bearse 氏、本書の企画から膨大な原稿の編集まで手掛けてくださった研究社編集部の鎌倉彩氏、吉井瑠里氏に厚く御礼を申し上げるとともに、各現場から貴重なご意見や資料をご提供くださった皆様と本書の誕生の喜びを分かち合いたいと思います。

2010年春　　著者一同

CONTENTS

まえがき‥‥‥ iii
本書の構成‥‥‥ vi
音声について‥‥‥ vii
凡例‥‥‥ viii
本書の活用法‥‥‥ ix
中国語について‥‥‥ x
韓国語について‥‥‥ xiv
執筆協力‥‥‥ xviii

第1章　きほんの接客 ——————————————————— 1
●あいさつ・重要表現 1　●返事 7　●わからないとき 9　●会計 13　●お詫び 14

第2章　買い物 ——————————————————————— 16
●お店(共通) 16　●価格交渉 20　●洋服 22　●サイズ調整・直し 26
●オーダーメイド 28　●洗濯・手入れ 30　●バッグ・小物 32　●靴 34
●時計 36　●ジュエリー 38　●化粧品 40　●総合案内 44　●家電量販店 46
●ホビーショップ 52　●スーパー・100円ショップ 54　●ドラッグストア 62
●書店 66　●コンビニ 70　●みやげもの屋 72

第3章　会計〈応用〉——————————————————— 76
●お支払い(現金) 76　●クレジットカード 78　●電子マネー・クーポン 80
●返品・返金 82　●ポイントカード 84　●配送・取り寄せ 86　●ギフト包装 88
●免税 90

第4章　食事 ——————————————————————— 92
●レストラン 92　●うどん・そば・和食 104　●ラーメン屋 106
●(回転)寿司 108　●お好み焼き・たこ焼き 112　●居酒屋・バー 114
●ファーストフード・カフェ 120

第5章　遊び・レジャー ————————————————— 124
●劇場・美術館・博物館 124　●遊園地 130　●相撲 134
●歌舞伎・文楽・能 136　●カラオケ 138　●神社・お寺 142

第6章 案内・交通・お金 ——————————— 144
- 道案内 144　●観光案内所 148　●駅・バス乗り場 152　●タクシー 158
- 空港 160　●レンタカー 164　●ガソリンスタンド 168　●銀行 170
- 郵便局 174

第7章 電話・トラブル ——————————— 178
- 電話 178　●公衆電話 182　●病気・けが 184　●紛失・盗難 186
- 災害・注意 188　●迷子・アナウンス 190

◇コラム◇

わからないときは日本語で！12／謝罪の文化 15／文化と色 19／値引きの習慣 21／各国のサイズ対応表 29／文化と数字(1)30／丁寧な言い方を心がけよう(英語)(1)31／物の数え方(英語)33／和製英語に注意！(1)43／アメリカ英語とイギリス英語(語彙の違い)51／文化と数字(2)65／あいづち・返答の英語表現 77／クレジットカードについて 79／和製英語に注意！(2)81／間違えやすい英語の掲示表現 89／アレルギー・ベジタリアンについて 95／細かい注文に対応する(卵料理)101／接客のマナー 101／外国語メニューを作る 103／料理の持ち帰り 107／和食を楽しんでもらう(1)(食べ方の説明)113／お座敷へのご案内 115／和食を楽しんでもらう(2)(食材の説明)117／英語になった日本語表現 119／丁寧な言い方を心がけよう(英語)(2)133／お客様が言う表現(1)167／お客様が言う表現(2)169／数字の読み方(英語)173／スペルアウトの仕方(英語)179／国際電話のかけ方 183／電話番号の読み方 183／トイレの説明 187／物の数え方(中国語・韓国語)191

数字・単位‥‥‥ 192
曜日・週‥‥‥ 195
月・日にち・季節‥‥‥ 196
時刻・時間・期間‥‥‥ 198
索引‥‥‥ 199
著者略歴‥‥‥ 204

本書の構成

◆第1章

どの業種でも使える、きほんの接客表現を集めています。あいさつや、とっさのときに使える便利な表現ばかりですので、まずはこの章のフレーズから覚えていきましょう。

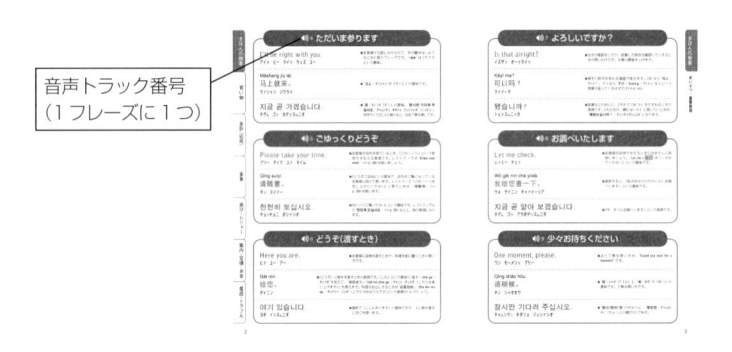

◆第2章～7章

「レストラン」「洋服売り場」「コンビニ」「駅」「劇場」など、場面ごとの構成です。各場面は、フレーズ、ワードバンク、コラムを収録しています。太枠で囲っているフレーズ(背景に色が付いているもの)は、特に使用頻度の高い重要表現ですので、しっかり覚えましょう。

音声について

　本書の音声データ(MP3)は、研究社ホームページ(http://www.kenkyusha.co.jp/)、または iTunes Store にて無料でダウンロードできます。ダウンロードの仕方について、詳しくは研究社ホームページをご覧ください。

◆第 1 章の音声
　第 1 章の音声は、「Kihon1～38」というタイトルで表示されています。1 フレーズごとに 1 トラックで、「日本語→英語→中国語→韓国語」の順で読まれます。トラック番号(🔊 1)は各フレーズの日本語の左に入っています。各言語のフレーズは、ややゆっくりめのスピードで収録しています。

◆第 2 章～7 章の音声
　第 2 章～7 章の音声は、英語、中国語、韓国語の言語ごとに別々のファイルに収録しています。英中韓の音声ファイルのタイトル表示の先頭は、それぞれ「En1～87」、「Cn1～87」、「Kr1～87」となっています。各言語のファイルはさらに、見開き 2 ページごとにトラックが分かれており、「フレーズの見出し番号→フレーズ」の順に読まれます。
　トラック番号(🔊 1)は奇数ページの右上に、フレーズの見出し番号は各フレーズの日本語の左に入っています。トラック番号は各言語共通です。
　フレーズの見出し番号は、英語ファイルでは英語で、中国語ファイルでは中国語で、韓国語ファイルでは韓国語で読まれますので、各言語の数字の言い方を覚えながら聞きましょう(⇒数字一覧は、カバーの前袖の部分、及び p. 192 を参照)。
　各言語のフレーズは、ナチュラルスピードで吹き込まれています。なお、フレーズの日本語音声及びワードバンクの音声は収録されていません。

[ナレーション]
日本語： 西蔭浩子(大正大学教授。2008 年 NHK テレビ「英語が伝わる！ 100 のツボ」等で講師を務める)
英　語： Jasmine Allen(アメリカ出身のバイリンガルタレント、歌手。2008 年 NHK テレビ「英語が伝わる！ 100 のツボ」等に出演)
中国語： 容 文育(NHK 国際放送局アナウンサー。2008 年 NHK ラジオ「まいにち中国語」等に出演)
韓国語： 林 周禧(NHK 国際放送局アナウンサー。早稲田大学、NHK 文化センター講師)

凡例

本書で使われている記号について説明します。

( ) 　省略可能な語句です。(※音声データには収録されていません)
[ ] 　置き換え可能な語句です。下線部と置き換えて使えます。(※音声データには収録されていません)
＿＿ 　下線部は、ほかの語句や数字に置き換えて使うと便利です。ワードバンク内の単語を活用し、表現のバリエーションを広げてください。
⇒ 　参照ページを示しています。
★ 　補足説明です。1章では各言語のフレーズの右側に、2〜7章ではページの一番下に入っていることがあります。

なお、上記の記号のルールには次のような例外があります。p.10の「日本語[英語／中国語／韓国語]を話されますか?」や、p.11の「英語[中国語／韓国語]はわかりません」のような場合、英中韓各言語の訳は、それぞれの該当する言語のみが入っています。例えば、英語訳なら "Do you speak Japanese [English]?"、"I can't speak English." です。
　ほかにも、p.171 ⑩の「ドル[元／ウォン]から円への両替でよろしいですか?」などの文も同様に、各言語に該当する表現のみが入っています。

本書の活用法

おすすめの活用法は、次のとおりです。

（1） きほんの接客フレーズをマスター！

まずは第1章のきほん表現を身につけましょう。「いらっしゃいませ」「ありがとうございました」というあいさつや、「かしこまりました」「少々お待ちください」など、覚えておくと必ず役立つ万能フレーズばかりです。短い表現が中心なので、外国語が苦手な方も、ぜひここだけは言えるようにしましょう。

（2） 職場に合わせたフレーズをマスター！

次は、ご自分の職場に合ったフレーズを覚えましょう。例えば、和食料理店の方は「うどん・そば・和食」のページ、デパートの靴売り場の方は「靴」の場面のほか、「お店（共通）」や「価格交渉」などのページ、駅員の方は「駅・バス乗り場」のページを中心にご覧ください。

（3） 自分の職場以外の場面もチェック！

本書では、多種多様な職種、接客場面を想定してフレーズや単語を収録しています。一見すると自分の職種には関係なさそうな場面にも、使える表現がたくさん隠れているはずです。ほかの場面のフレーズや単語も、ぜひチェックしてみましょう。

なお、本書は会話で使うことを念頭において構成していますが、掲示表現として使ったり、指さし会話に使うこともちろん可能です。レベル・段階に応じて、ご自分に合った使い方を見つけていただければ幸いです。

🀄国語について

　一般に日本で「中国語」と呼ばれているのは、中国の共通語である「普通話」（プートンホア）を指しています。本書でも、その「普通話」を紹介しています。
　中国は多民族国家です。全人口の9割以上は漢民族ですが、そのほかに50前後の少数民族がいると言われ、独自の言語や伝統を守って生活している民族も多くいます。また、漢民族の間でも方言がありますが、方言間の差異が大きく、ほとんど外国語同然のものもあると言われています。
　そのような状況の中で、近代になると言語統一の必要性が強まり、1949年の中華人民共和国成立以降、漢民族の言葉である「漢語」の中から、北京を中心とする地域で話されていた北方方言をもとにして、共通語としての「普通話」が生まれました。放送や通信の発達、また教育の普及により、現在は中国国内どこに行っても通じる言葉になっています。
　なお、本書の中国語の言い回しはできるだけ簡便なものを選んでいます。まず気持ちが、そして意味が通じること、それが本書の狙いです。それをご理解の上、大いに活用してくださることを願っています。

◆語順

　中国語の語順は、SVO型（主語、動詞、目的語の順）です。中国語には日本語の「は」、「が」、「を」のような助詞がなく、ある語が主語を表すのか、目的語を表すのかは、語順によって決まります。語順が入れ替わると文の意味自体が変わってしまうのです。例えば「私は本を買います」なら、"我／买／书"（私／買う／本）という語順でしか表現できません。

◆発音

　覚えておいていただきたいのは「ピンイン」と「声調」の2点です。
　中国語では、漢字1字が1音節で発音されます。例えば、"国"は現代の中国語では"guó"と発音されます。この"guó"という表記は「ピンイン」と呼ばれ、現代の中国で漢字の発音を示すために使われている「ふりがな」の役目に当たるものです。ピンインは中国語独自のもので、日本語のローマ字とは読み方が異なります。正確に読めるようになるには学習が必要ですが、一度習得すれば発音はかなり上達するはずです。
　また、"o"の上についている記号（´）、これは「声調符号」と言い、音の高低変化を表しています。1音節、つまり漢字1字に対してひとつの声調がつきますが、「普通話」の声調は次の4種類です。

第1声(¯)： 高い音をまっすぐ伸ばす
第2声(´)： 低い音から高い音へ、一気に上昇する
第3声(ˇ)： 押さえつけるように、低い音を保つ
第4声(`)： 高い音から低い音へ、一気に下降する

　中国語では声調の変化によっても意味が識別されますから、正確に発音しなければなりません。例えば、「どれ」という意味の"哪／nǎ／ナァ"という語は、低く抑える3声で発音しますが、高い音から下降する4声で発音すると、「あれ」という意味の"那／nà／ナァ"という語に変わります。
　上記の4種類の声調のほかに、「軽声」という、声調符号のついていない音節もあります。例えば、「ありがとう」を意味する"谢谢／xièxie／シェシェ"の2つ目の"xie／シェ"がそうです。軽声の音節は軽く、短めに読まれます。
　なお、本来はピンインをマスターしていただくのがいいのですが、それには時間がかかりますので、本書ではそれまでの一時的な補助として、便宜的にカタカナをつけています。ピンインの読み方がわからない場合は、これをひとつの手がかりにしてみてください。ただし、カタカナルビはあくまでも参考で、中国語の正確な発音を示すものではありません。音声を聞いて真似ながら、中国語に特有の子音や母音、そして声調を覚えていただきたいと思います。うまく発音するコツは、お腹に力を入れて腹式呼吸で発声すること、です。

◆文字表記

　本書をぱらぱらと見ていただくと、日本語にはない変わった漢字が目につくでしょう。これを「簡体字」と言います。例えば、前に挙げた"我／买／书"（私／買う／本）の"买"（買）や"书"（書）です。簡体字の元の形は「繁体字」と言いますが、台湾などでは現在も使われています。
　また、同じ漢字でも、日本語と中国語では意味が異なる語、というのが多数存在します。例えば、「汽車」は日本語では「SL」ですが、中国語では「自動車」を指します。「同じ漢字→意味も同じ」と決めつけないようにしましょう。

〈カタカナルビについて〉
- 同じ単語でも、場合によってルビの表記を変えていることがあります。これは、前後の語と一緒に表記された際の読みやすさ・見やすさを配慮したためです。
- 基本的に、ルビには、一続きに読むまとまりごとにスペースが入っています（※必ずしも1語ごとにスペースが入っているわけではありません）。

◆これだけは覚えておきたい、きほん表現

(1) きほんの文型

Aは Bです。（判断、説明）　　　　"A是 B。"(A shi B. / Aシー B.)
　否定　AはBではありません。　　"A不是B。"(A bú shì B. / Aブシー B)
　疑問　AはBですか？　　　　　　"A是B吗？"(A shì B ma? / Aシー Bマ)
　　　　→はい　　　　　　　　　　→"是。"(Shì. / シー) または "对。"(Duì. / ドゥイ)
　　　　→いいえ　　　　　　　　　→"不是。"(Bú shì. / ブシー)

AはBをCします。（動作）　　　　　"A C B。"
　否定　AはBをCしません。　　　　"A不C B。"(A bù C B. / AブゥC B)
　疑問　AはBをCしますか？　　　　"A C B 吗？"(A C B ma? / A C Bマ)
　　　　→はい　　　　　　　　　　→"C。"
　　　　→いいえ　　　　　　　　　→"不C。"(Bù C. / ブゥC)

Bはあります。（存在）　　　　　　"有B。"(Yǒu B. / ヨウB)
　否定　Bはありません。　　　　　"没有B。"(Méiyou B. / メイヨウB)
　疑問　Bはありますか？　　　　　"有B吗？"(Yǒu B ma? / ヨウBマ)
　　　　→はい　　　　　　　　　　→"有。"(Yǒu. / ヨウ)
　　　　→いいえ　　　　　　　　　→"没有。"(Méiyou. / メイヨウ)

Cできます。（可能）　　　　　　　"能C。"(Néng C. / ヌォンC) または
　　　　　　　　　　　　　　　　　"可以C。"(Kěyǐ C. / クァイーC)
　否定　Cできません。　　　　　　"不能C。"(Bù néng C. / ブゥヌォンC)
　疑問　Cできますか？　　　　　　"能C吗？"(Néng C ma? / ヌォンCマ) または
　　　　　　　　　　　　　　　　　"可以C吗？"(Kěyǐ C ma? / クァイーCマ)
　　　　→はい　　　　　　　　　　→"能。"(Néng. / ヌォン) または "可以。"(Kěyǐ. / クァイー)、
　　　　　　　　　　　　　　　　　"行。"(Xíng. / シン)
　　　　→いいえ　　　　　　　　　→"不能。"(Bù néng. / ブゥヌォン) または
　　　　　　　　　　　　　　　　　"不可以。"(Bù kěyǐ. / ブゥクァイー)、
　　　　　　　　　　　　　　　　　"不行。"(Bù xíng. / ブゥシン)

Cしてください。（依頼）　　　　　"请C。"(Qǐng C. / チンC)

※AとBには名詞を、Cには動詞を入れて使います。

(2) きほんのあいさつ

こんにちは	您好。Nín hǎo. ニンハオ
さようなら	再见。Zàijiàn. ヅァイジエン
ありがとうございます	谢谢。Xièxie. シエシエ
どういたしまして	不客气。Bú kèqi. ブゥクァチィ

(3) きほんの単語

人称代名詞	
私	我 wǒ ウォ
あなた（普通）	你 nǐ ニィ
（丁寧）	您 nín ニン
彼／彼女	他／她 tā タァ
～たち	～们 men メン

指示代名詞	
これ	这 zhè ヂョア
	这个 zhèi ge ヂェイガ
あれ	那 nà ナァ
	那个 nèi ge ネイガ
この	这个 zhèi ge ヂェイガ
あの	那个 nèi ge ネイガ
ここ	这儿 zhèr ヂョアル
あそこ	那儿 nàr ナァル

疑問詞	
何	什么 shénme シェンマ
誰	谁 shéi シェイ
どこ	哪儿 nǎr ナァル
どれ／どの	哪个 něi ge ネイガ
いつ	什么时候 shénme shíhou シェンマシーホウ
何時	几点 jǐ diǎn ジィディエン
いくつ	几个 jǐ ge ジィガ
いくら	多少钱 duōshao qián ドゥオシャオチエン
どのくらい	多少 duōshao ドゥオシャオ
なぜ	为什么 wèi shénme ウェイシェンマ
どんなふう	怎么样 zěnmeyàng ゼンマヤン
どうやって	怎么（+動詞）zěnme ゼンマ

※「彼／彼女」の発音はいずれも"tā タァ"で同じです。

※「これ」「あれ」が主語の位置に来るときは、"这"と"这个"、"那"と"那个"のいずれも使うことができますが、目的語の位置に来るときは、"这个"と"那个"しか使えません。

※疑問詞の使い方については、p. 167、169のコラムもご参照ください。

韓国語について

　韓国語は主に朝鮮半島で話されている言語です。朝鮮半島の南の大韓民国では「ハングゴ」(韓国語)、北の朝鮮民主主義人民共和国では「チョソノ」(朝鮮語)と呼んでいます。なお、「ハングル」というのは言語名ではなく、文字の名称です。
　南北に国が2つに分かれて以来、用語や表記など細かい面での違いが生じていますが、韓国語も朝鮮語も元はひとつ、同じ言語です。この本で用いているのは、韓国の首都であるソウルの言葉です。

◆韓国語の構造

　韓国語は文法のおおまかな仕組みが日本語とよく似ています。まず、語順が日本語とほぼ同じです。したがって、基本的には日本語と同じ順序で、単語を韓国語に置き換えればよいのです。主語も日本語同様、必要な時以外は用いません。また、尊敬語と謙譲語があり、丁寧な文体と丁寧ではない文体があるという点も似ています。

◆ハムニダ(합니다)体とヘヨ(해요)体

　韓国語には丁寧な言い方として、「ハムニダ(합니다)体」と「ヘヨ(해요)体」と呼ばれる、2通りの文体があります。一般に、ハムニダ体は、あらたまった、男性が多用する言い方であるのに対し、ヘヨ体は語感が柔らかく親近感があり、女性が多用する言い方ですが、ソウルでは男性もヘヨ体を多用しています。お客様に対しては、基本的にこの「ハムニダ(합니다)体」と「ヘヨ(해요)体」以外は使いません。この本では、使われる場面によって2つの文体が混在していますが、ハムニダ体のフレーズとヘヨ体のフレーズを互いに言い換えても、基本的な意味は変わりません。

◆韓国語の文字と発音

　韓国語の文字は「ハングル」と言います。表音文字で、1文字が1音節を表わし、1拍で発音されます。それぞれの文字が子音を表す部分と母音を表す部分から構成されている点が、かなとは異なります。

　〈例〉
　ㄴ＋ㅏ　　　→　　나 [na・ナ]　私
　[n]　[a]
　ㄴ＋ㅏ＋ㅁ　→　　남 [nam・ナム]　他人
　[n]　[a]　[m]　　　↓
　　　　　　　　　　1文字、1音節、1拍で読む

　ハングル文字は、基本的なものだけを数えると子音の字母が14個、母音の字母が

10個と、計24個ですが、それらがさまざまに組み合わさって、数千の文字が用いられており、日本語にない発音もたくさんあって注意が必要です。

　特に大切なのは、音節末の発音の仕方です。日本語は、ほとんどの音節が母音で終わっているのに対し、韓国語の場合は子音終わりの音節もたくさんあります。音節の最後の子音は、全部で「プ[p]」「ッ[t]」「ク[k]」「ム[m]」「ン[n]」「ん[ŋ]」「ル[l]」の7つですが、これらは1拍をなさないので、前の母音に続けて一息で発音しないと意味が伝わりません。本書で、ルビの文字が小さくなっている部分です。
　※「ン」は舌を上の歯の裏にくっつけて発音。日本語の「あんな」の「ん」の音。
　※「ん」は口は開けて鼻に抜いて発音。日本語の「あんがい」の「ん」の音。

　また、これらの子音は、後ろに母音が続くと、以下の [ ] 内のように、次の母音の頭につけて発音されることになります。これを 終声の初声化、もしくは連音といいます。

밥[pap・パプ]　　＋　　이[i・イ]　　→　　밥이[바비] [pabi・パビ]
ご飯　　　　　　　＋　　〜が　　　　　　　ご飯が

　こういったことを始め、韓国語の場合、音の組み合せによって発音に変化が起こります。本書ではなるべく自然な発音に近い形でカタカナルビを付しておきましたが、音声を聞いて真似しながら正確な発音を身につけていただきたいと思います。

〈カタカナルビ・下線について〉
- 本書では単語が入れ換えられる箇所に下線が示されていますが、単語の入れ替えによって後に続く助詞、語尾、発音が変わる場合、それらも含めて下線がついていますので注意してください。
- 基本的に、ルビはひと続きに読むまとまりごとにスペースが入っています。韓国語表記のスペースとは必ずしも対応しません。また、ルビの下線も、単語だけでなく助詞や語尾が組み合わさっている場合があります。これはルビをより自然な発音に近づけて表記しているためです。

◆これだけは覚えておきたい基本表現

(1) きほんの文型

ⒶはⒷです。(断定、説明)	"Ⓐ는 / 은　Ⓑ입니다 / ㅂ니다."
	(Ⓐヌン/ウン　Ⓑイムニダ/ムニダ)
否定　ⒶはⒷではありません。	"Ⓐ는 / 은　Ⓑ가 / 이　아닙니다."
	(Ⓐヌン/ウン　Ⓑガ/イ　アニムニダ)
疑問　ⒶはⒷですか？	"Ⓐ는 / 은　Ⓑ입니까？/ ㅂ니까？"
	(Ⓐヌン/ウン　Ⓑイムニッカ/ムニッカ)
→はい	→"네."　(ネ)
→いいえ	→"아뇨."　(アーニョ)
Ⓐはあります。	"Ⓐ는 / 은　있습니다."
	(Ⓐヌン/ウン　イッスムニダ)
否定　Ⓐはありません。	"Ⓐ는 / 은　없습니다."
	(Ⓐヌン/ウン　オプスムニダ)
疑問　Ⓐはありますか？	"Ⓐ는 / 은　있습니까？"
	(Ⓐヌン/ウン　イッスムニッカ)
→はい	→"네."　(ネ)
→いいえ	→"아뇨."　(アーニョ)

(2) きほんのあいさつ

| こんにちは | 안녕하십니까？/ 안녕하세요？ |
	アンニョンハシムニッカ / アンニョンハセヨ
さようなら(去る人に)	안녕히 가십시오. / 안녕히 가세요.
	アンニョンイ　ガシプシオ / アンニョンイ　ガセヨ
さようなら(留まる人に)	안녕히 계십시오. / 안녕히 계세요.
	アンニョンイ　ゲシプシオ / アンニョンイ　ゲセヨ
ありがとうございます	감사합니다. カムサハムニダ / 고맙습니다. コマプスムニダ
どういたしまして	아닙니다. アニムニダ / 괜찮습니다. クェンチャンスムニダ

(3) きほんの単語
人を表す単語

		～は	～が
私(わたくし)	저 チョ	저는 チョヌン	제가 チェガ
私ども	저희 チョイ	저희는 チョイヌン	저희가 チョイガ
私(わたし)たち	우리 ウリ	우리는 ウリヌン	우리가 ウリガ

		～は	～が
お客様	손님 ソンニム	손님은 ソンニムン	손님이 ソンニミ
お客様(顧客様)	고객님 コゲンニム	고객님은 コゲンニムン	고객님이 コゲンニミ
韓国の方	한국분 ハングクブン	한국분은 ハングクブヌン	한국분이 ハングクブニ
韓国人	한국사람 ハングクサラム	한국사람은 ハングクサラムン	한국사람이 ハングクサラミ

指示代名詞			疑問詞	
これ	이것 イゴッ		何ですか？	뭐예요？ ムォーエヨ
それ	그것 クゴッ		どなたでいらっしゃいますか？	누구세요？ ヌグセヨ
あれ	저것 チョゴッ		どこでしょうか？	어디세요？ オディセヨ
この	이 イ		どれですか？	어느 거예요？ オヌゴエヨ
その	그 ク		いつですか？	언제예요？ オーンジェエヨ
あの	저 チョ		何時ですか？	몇 시예요？ ミョッシエヨ
ここ	여기 ヨギ		いくつですか？	몇 개예요？ ミョッケエヨ
そこ	거기 コギ		いくらですか？	얼마예요？ オルマエヨ
あそこ	저기 チョギ		どのくらいですか？	얼마나요？ オルマナヨ
			なぜですか？	왜요？ ウェヨ
			どんなふうにですか？	어떤 식으로요？ オットンシグロヨ
			どうやってですか？	어떻게요？ オットケヨ

※英語の you のように普遍的に使える「あなた」はありません。お客様に対して「あなた」と言いたいときは、いつでも「お客様」、"**손님** / ソンニム" か "**고객님** / コゲンニム" を使いましょう。また、韓国人のお客様のお名前を呼ぶときにはフルネームに「様」"**님** / ニム" か、「お客様」"**손님** / ソンニム" をつけると丁寧に響きます。

※「何？」などと疑問詞だけでお客様に対して話しかけるのは、日本語と同様にとても失礼な印象を与えるので注意してください。実際には上の表のように、「です」にあたる形などをつけて用います。

執筆協力

本書の作成にあたっては、多くの方、企業、団体にご協力いただきました。この場を借りて御礼申し上げます。

※敬称略、順不同

日本政府観光局（JNTO）観光情報センター　ツーリスト・インフォメーション・センター（TIC）
株式会社三越　銀座店
澤の屋旅館　館主　澤　功（社団法人日本観光旅館連盟会長補佐、YOKOSO! JAPAN 大使）
株式会社髙島屋　東京店　コンシェルジュ　敷田正法
ABC ホテル・マネジメント　代表　海老原靖也（大正大学客員教授、週刊『ホテルレストラン』編集委員、日本ホテルレストランコンサルタント協会副会長）

英文校閲：Shelley Bearse
韓国語執筆協力：平　香織（神田外語大学准教授）

✻あいさつ・重要表現✻

🔊1 いらっしゃいませ

Hello.
ハロゥ

★お客様をお迎えするときのあいさつ表現です。"Good morning. / Good afternoon. / Good evening." なども使えます。

Huānyíng guānglín.
欢迎光临。
ホワンイン グアンリン

★「ご光臨を歓迎します、ようこそお越しくださいました」という、接客の定番表現です。

어서 오십시오.
オソ オシプシオ

★「早くいらしてください」の意味で、お客様を迎えるときのあいさつ。"어서 오세요. / オソ オセヨ" と言うと、女性的な柔らかい言い方になります。

🔊2 何かお手伝いできることはありますか?

May I help you?
メィアイ ヘゥプ ユー

★お客様にご用件を伺うときのほか、道に迷っている人や、何か困っている様子の人に声をかけるときにも使えます。

Yǒu shénme xūyào bāngzhù de ma?
有什么需要帮助的吗?
ヨウ シェンマ シュィヤオ バンヂュゥダマ

★「何か助けが必要なことはありますか?」という意味です。

뭔가 도와드릴 일은 없으십니까?
ムォンガ トワドゥリルリルン オプスシムニッカ

🔊3 こちらへどうぞ

This way, please.
ディス ウェイ プリー

★お客様を試着室に案内したり、商品の場所を説明するときの言い方です。

Zhèibiān qǐng.
这边请。
チェイビエン チン

★"这边 / チェイビエン" は「こちら」、"请 / チン" は「どうぞ(〜してください)」という意味です。

이쪽으로 오십시오.
イッチョグロ オシプシオ

★ "안내해 드리겠습니다. / アンネヘ トゥリゲッスムニダ"(ご案内いたします)と組み合わせて用いるのもいいでしょう。

1

🔊 4 ただいま参ります

I'll be right with you.
アイゥ ビー ライッ ウィズ ユー

★お客様から話しかけられて、手が離せないようなときに使うフレーズです。"right"は「ただちに」の意味。

Mǎshang jiù lái.
马上就来。
マァシャン ジウライ

★"马上／マァシャン"は「すぐに」の意味です。

지금 곧 가겠습니다.
チグム ゴッ カゲッスムニダ

★「곧／コッ」は「すぐ」の意味。"잠시만 기다려 주십시오.／チャムシマン キダリョ ジュシァシオ"（しばらくお待ちください）と続けると、なお丁寧な感じです。

🔊 5 ごゆっくりどうぞ

Please take your time.
プリー テイク ユァ タイム

★お客様が店内を見ているとき、「ごゆっくり」という気持ちを伝える表現です。レストランでは"Enjoy your meal."（⇒ p. 98）を使いましょう。

Qǐng suíyì.
请随意。
チン スイイー

★「どうぞご自由に」の意味で、店内をご覧になっているお客様に向けて言います。レストランで「ごゆっくりお召し上がりください」と言うときは、"请慢用。"（⇒ p. 98）を使います。

천천히 보십시오.
チョンチョニ ボシプシオ

★「ゆっくりご覧ください」という意味です。レストランでなら"맛있게 드십시오."（⇒ p. 98）などと、別の表現になります。

🔊 6 どうぞ（渡すとき）

Here you are.
ヒァ ユー アー

★お客様に品物を渡すときや、料理を前に置くときの言い方です。

Gěi nín.
给您。
ゲイニン

★「どうぞ」と物を手渡すときの表現です。「これ」という意味の"这个／zhèi ge／チェイガ"を加えて、"给您这个。／Gěi nín zhèi ge.／ゲイニン チェイガ"（こちらを差し上げます）とも言えます。料理をお出しするときは"这是您的。／Zhè shì nín de.／ヂョアシー ニンダ"（こちらがあなたのです）という表現がいいでしょう。

여기 있습니다.
ヨギ イッスムニダ

★直訳で「ここにあります」の意味ですが、人に物を渡すときにも使います。

🔊7 よろしいですか？

Is that alright?
イズザッ オーゥライッ

★注文の確認をしたり、試着した具合を確認したりするときの問いかけです。文章の最後を上げます。

Kěyǐ ma?
可以吗？
クァイーマ

★相手の許可を求める場面で使えます。OKなら"可以 / クァイー"、ダメなら"不行 / bùxíng / ブゥシン"などという言葉が返ってくるはずです(⇒ p. xii)。

됐습니까?
トェッスムニッカ

★試着などのあとに、「それでOKか」をたずねるときの表現です。「大丈夫か、構わないか」と言いたいときは、"괜찮으십니까？ / クェンチャヌシムニカ"となります。

🔊8 お調べいたします

Let me check.
レッミー チェッ

★お客様をお待たせするときにはきちんと説明しましょう。"Let me + 動詞"は「〜させてください」という意味です。

Wǒ gěi nín chá yíxià.
我给您查一下。
ウォ ゲイニン チャァイーシア

★直訳すると、「私はあなたのために少しお調べします」という意味です。

지금 곧 알아 보겠습니다.
チグム ゴッ アラボゲッスムニダ

★「今、すぐにお調べします」という表現です。

🔊9 少々お待ちください

One moment, please.
ワン モーメンッ プリー

★より丁寧な言い方は、"Could you wait for a moment?"です。

Qǐng shāo hòu.
请稍候。
チン シャオホウ

★"稍/シャオ"が「少し」、"候/ホウ"が「待つ」の意味です。丁寧な言い方です。

잠시만 기다려 주십시오.
チャムシマン キダリョ ジュシプシオ

★"잠시〈暫時〉만"の代わりに、"잠깐만 / チャムカンマン"(ちょっとの間だけ)でも可。

🔊10 お待たせいたしました

Thank you for waiting.
サンキュー フォー ウェイティンッ

★日本語では「お待たせしてすみません」と謝りますが、英語では「ありがとう」が定番です。「謝罪」よりも「感謝」です。

Ràng nín jiǔ děng le.
让您久等了。
ランニン ジウデゥンラ

★「あなたを長いこと待たせてしまいました」という表現です。「等 / デゥン」は「待つ」という意味です。

기다리시게 해서 죄송합니다.
キダリシゲヘソ チェソンハムニダ

★直訳で「お待たせして申し訳ありません」という謝罪の意味ですが、本当に待たせたとき以外はあまり使いません。

🔊11 どういたしまして

You're welcome.
ユア ウエゥカム

★お客様の"Thank you."という感謝の声に"You're welcome."と応対しましょう。ほかには、"My pleasure."という言い方も丁寧です。

Bú kèqi.
不客气。
ブゥクァチィ

★"谢谢 / シエシエ"(ありがとう)への返答として使う決まり文句です。このほか、"不用谢。/ Bú yòng xiè. / ブゥヨンシエ"なども使います。

아닙니다.
アニムニダ

★「違います」の意味で、親しい仲なら"아니에요. / アニエヨ"も使われます。続けて"괜찮습니다. / クェンチャンスムニダ"(構いません)と言ってもいいでしょう。

🔊12 すみません(呼びかけるとき)

Excuse me.
エクスキューズ ミー

★お客様に声をかけるときに使うフレーズです。男性には"Excuse me, sir."、女性には"Excuse me, miss [ma'am]."と声をかけましょう。

Láojià.
劳驾。
ラオジア

★「お手数ですが…」と相手に何かを頼むときや、「すみません」と道をあけてほしいときなどに使います。また、ものを尋ねるときの「すみません、お尋ねします」は、"请问。/ Qǐngwèn. / チン ウェン"です。

저기요,
チョギヨ

★ほかに、"여기요. / ヨギヨ"とも。"여기 / ヨギ"(ここ)、"저기 / チョギ"(あそこ)は、ともに場所を表す代名詞です。

🔊 13 お客様、……（呼びかけるとき）

Sir / Ma'am, ……
サー / マム

★お客様に呼びかける言い方で、"Excuse me." がなくても使えます。

Xiānsheng / Nǚshì, ……
先生 / 女士，……
シエンション / ニュィシー

★相手が男性なら"先生"、女性なら"女士"（若い女性なら"小姐 / xiǎojiě / シァオジエ"）を使います。また、これらを姓のあとにつけると「～様」の意味になります。

손님, ……
ソンニム

★「お客様」と呼びかけるとき、いつでも使える表現です。"고객님 / コゲンニム"（顧客様）と呼ぶこともあります。

🔊 14 ありがとうございました

Thank you very much.
サンキュー ヴェリー マッチ

★お客様をお見送りする際には、"Thank you for coming."（ご来店ありがとうございました）とも言えます。

Xièxie.
谢谢。
シエシエ

★最初の"谢 / シエ"をよりはっきり、あとの"谢 / シエ"は軽く付け加える感じで発音してください。

감사합니다.
カムサハムニダ

★ほかに、親しい仲では"고맙습니다. / コマプスムニダ"もよく使います。両方とも「ありがとうございます」と、現在形です。

🔊 15 またお越しください

Please come again.
プリー カム アゲイン

★お客様が帰るときに「またご来店いただきたい」という気持ちを届けるフレーズ。"We hope to see you again." とも言えます。

Huānyíng zàicì guānglín.
欢迎再次光临。
ホワンイン ヅァイツー グアンリン

★お客様をお見送りするときの決まり言葉です。

또 오십시오.
ト オシプシオ

★"또 오세요. / ト オセヨ"とも言います。「ありがとうございました」や、"안녕히 가세요. / アンニョンイ ガセヨ"（さようなら）とあいさつしてから、セットにしても言います。

🔊 16 お気をつけて

Have a nice day.
ハヴァ ナイス デイ

★「良い一日を」という意味で、お客様をお見送りするときの表現です。ほかにも、夕方なら "Good evening."（別れ際に使うと「良い夜をお過ごしください」の意味になる）や、週末なら "Have a nice weekend."（良い週末を）などが使えます。

Qǐng màn zǒu.
请慢走。
チン マンヅォウ

★「お気をつけてお行きください」という意味です。なお、「さようなら」は "再见 / Zàijiàn."「ヅァイジエン」と言います。

안녕히 가십시오.
アンニョンイ ガシプシオ

★丁寧な「さようなら」の言い方ですが、もともとは「安寧にお行きくださいませ」という意味です。

✲返事✲

🔊 17 はい／いいえ

Yes(, it is). / No(, it isn't).
イエス（イティズ）／ノゥ（イッイズンッ）

★「A は B ですか？」などと尋ねられたときの肯定と否定の言い方です。（　）内も含めてフルセンテンスで答える方が、より丁寧に響きます。

Shì. / Bù.
是。／不。
シー／ブゥ

★中国語では、日本語の「はい／いいえ」のように決まった言い方はなく、疑問文で使われる動詞、形容詞によって返答の仕方が異なります。"是"と"不"は最も基本的な表現ですが、詳しくは p. xii もご参照ください。

네, / 아뇨,
ネ／アーニョ

★どんな場合でも日本語と同じ感覚で使えます。「はい」と言うときは、"네/ネ"のかわりに、より改まった"예/イェー"も使えます。

🔊 18 はい、ございます／いいえ、ありません

Yes(, we do). / No(, we don't).
イエス（ウィードゥ）／ノゥ（ウィードンッ）

★"Do you have ～?"（～はありますか？）という質問に対する肯定と否定の言い方です。

Yǒu. / Méiyou.
有。／没有。
ヨウ／メイヨウ

★"有～吗?/ Yǒu...ma?/ ヨウ マ"や、"有没有～?/ Yǒuméiyou...?/ ヨウメイヨウ"（～はありますか？）という質問に対する返事です。商品が品切れの場合には、"没有/メイヨウ"に"了/le/ラ"をつけて、"没有了./ Méiyou le./ メイヨウラ"（なくなりました）と言います。

있습니다. / 없습니다.
イッスムニダ／オプスムニダ

★それぞれ「います」や「いません」の意味もあります。女性的で柔らかい言い方では、"있어요./イッソヨ"（あります、います）、"없어요./オプソヨ"（ありません、いません）となります。

🔊 19 かしこまりました

Certainly.
サートゥンリー

★お客様から何か頼まれたときに、快諾したことを伝える丁寧な応対表現です。ほかに、"With pleasure."（喜んで）という言い方もあります。

Hǎo de.
好的。
ハオダ

★了承の意を示す表現です。"知道了./Zhidao le./チーダオラ"（わかりました）とも言えます。また、"好的."のあとに"遵命./Zūnming./ツンミン"（直訳は「命令にしたがいます」）を入れ、"好的, 遵命./ハオダ ツンミン"と言うと、より丁寧です。

알겠습니다.
アルゲッスムニダ

★しっかりとした、改まった響きがあり、"알았습니다./アラッスムニダ"（わかりました）よりも望ましい表現です。

🔊20 はい、どうぞ

Certainly.
サートゥンリー

★お客様から「試着してもいいですか?」などと尋ねられたときに、了解したことを伝えるフレーズです。

Kěyǐ, qǐng.
可以,请。
クァイー チン

★"可以/クァイー"は「できる、可能である」という意味です。"可以,请。"で、「結構です、どうぞ」という意味を表します。

네, 됩니다.
ネ トェムニダ

★または"돼요./トェヨ"。両方とも「(~しても)いいです」の「いいです」の意。いろんな場面に使える「どうぞ!」という便利な表現はありません。

🔊21 申し訳ありませんが、できかねます

I'm afraid not.
アイム アフレイッ ナッ

★「~してもらえますか?」という依頼や、「~してもいいですか?」という要求に対するNoの答え方です。以下の中国語・韓国語訳も同様の状況で使います。

Duìbuqǐ, bù kěyǐ.
对不起,不可以。
ドゥイブチィ ブゥクァイー

★"不可以。"(できません)は、単独ではややきつい響きなので、前に"对不起。"(申し訳ありません)をつける方がいいでしょう。また、"不可以。"のかわりに"无法满足您。/Wúfǎ mǎnzú nín./ウゥファー マンヅゥニン"(あなたを満足させる方法がありません)と言う方が、より丁寧で接客向きです。

죄송합니다만, (그건) 안 됩니다.
チェソンハムニダマン (クゴン) アンドェムニダ

★「申し訳ありませんが、(それは)駄目です」の意味です。

🔊22 問題ありません

No problem.
ノゥ プロブレム

★相手から何か頼まれたときの肯定の返事として、また、謝罪への返事として使います。

Méi wèntí.
没问题。
メイウェンティー

★「問題ありません、大丈夫です」という意味です。

문제없습니다.
ムンジェ オプスムニダ

★"문제/ムンジェ"は、漢字語で「問題」です。

✽わからないとき✽

🔊23 もう一度おっしゃってください

I beg your pardon?
アイ ベッ ユア パードゥン

Qǐng zài shuō yí biàn.
请再说一遍。
チン ヅァイ シュオ イービエン

다시 한 번 말씀해 주시겠습니까?
タシ ハンボン マルスメ ジュシゲッスムニッカ

★お客様の言っていることがよく聞こえなかったり、意味がわからなかったときに使う、丁寧な訊き方です。語尾を上げます。

★動詞 "说 / シュオ" (話す)をはっきり発音してください。"一遍 / イービエン" は「はじめから終わりまでひととおり」という意味です。

★長くて大変な場合は、単に語尾を上げて優しく "네? / ネ?" (え?)とだけ言っても気持ちはわかってはもらえるでしょう。

🔊24 こちらに書いていただけますか？

Could you write it here?
クデュー ライティッ ヒア

Qǐng xiězài zhèli.
请写在这里。
チン シエ ヅァイ ヂョアリ

여기다 좀 써 주시겠습니까?
ヨギダ ジョム ソ ジュシゲッスムニッカ

★お客様とうまくコミュニケーションが取れないとき、筆談が効果的なことがあります。紙とペンを渡しながらお願いしましょう。

★動詞 "写 / シエ" (書く)をはっきり発音してください。"这里 / ヂョアリ" は「ここ」です。

★優しく丁寧な言い方です。ほかの動詞を用いて、"적어 주시겠습니까? / チョゴジュシゲッスムニカ" と言っても構いません。

🔊25 こちらをご覧いただけますか？

Could you take a look?
クデュー テイカルッ

Qǐng nín kàn yíxià zhèi ge.
请您看一下这个。
チン ニン カンイーシア ヂェイガ

이걸 한 번 봐 주시겠습니까?
イゴル ハンボン ポア ジュシゲッスムニッカ

★筆談するときにこちらの書いたものをご覧いただいたり、各国語の案内をご覧いただきたいときなどに使えるフレーズです。

★動詞 "看 / カン" (見る)をはっきり発音してください。"一下 / イーシア" は「ちょっと」、"这个 / ヂェイガ" は「これ」です。

★"이걸 / イゴル" は「これを」の意味。場所「ここを」なら、"여길 / ヨギル"。

きほんの接客　わからないとき

きほんの接客 / 買い物 / 会計〈応用〉/ 食事 / 遊び・レジャー / 案内・交通・お金 / 電話・トラブル

🔊 26 指さして示していただけますか？

Could you point at the one you want?
クデュー ポインッ アッ ザ ワン ユー ウォンッ

★相手の言うことがよくわからないとき、指で示してもらうための表現。最後を "the one you mean" としても OK。

Qǐng nín zhǐ yíxià.
请您指一下。
チン ニン ヂーイーシア

★ 動詞 "指／ヂー"（指さす）をはっきり発音してください。

어느 건지 손가락으로 짚어 주시겠습니까?
オヌ ゴンジ ソンカラグロ チッポ ジュシゲッスムニッカ

🔊 27 もう少しゆっくりお願いいたします

Could you speak more slowly?
クデュー スピーッ モア スロウリー

★ "Speak more slowly, please." も OK。

Qǐng nín shuō màn yìdiǎnr.
请您说慢一点儿。
チン ニン シュオ マン イーディアル

★ "说／シュオ"（話す）と "慢／マン"（ゆっくり）をはっきりと発音してください。"一点儿／イーディアル" は「少し」の意味です。

좀 더 천천히 말씀해 주십시오.
チョム ド チョンチョニ マルスメ ジュシプシオ

★ "말씀해 주십시오.／マルスメ ジュシプシオ" は「おっしゃってください」という意味。

🔊 28 日本語[英語／中国語／韓国語]を話されますか？

Do you speak Japanese [English]?
ドゥ ユー スピーク ジャパニーズ[イングリシュ]

Nín huì shuō Rìwén [Zhōngwén] ma?
您会说日文[中文]吗？
ニン ホイ シュオ リーウェン[ヂォンウェン] マ

★ 肯定の返事は "会。／ホイ"（できます）、否定の返事は "不会。／ブゥホイ"（できません）です。「日本語」は "日语／Rìyǔ／リーユィ"、「中国語」は "汉语／Hànyǔ／ハンユィ" とも。

일본어[한국어]를 할 줄 아십니까?
イルボノ[ハングゴ] ルル ハルチュル アシムニッカ

★ "한국어／ハングゴ"（韓国語）は、"한국말／ハングンマル"（韓国の言葉）とも言います。

🔊 29 英語[中国語/韓国語]はわかりません

I can't speak English.
アイ キャーンッ スピーク イングリシュ

★「中国語、韓国語がわからない」という場合は "Chinese" "Korean" を入れてください。

Wǒ bù dǒng Zhōngwén.
我不懂中文。
ウォ ブゥドン チォンウェン

★ "不懂／ブゥドン" (わからない)をはっきりと発音してください。

한국어는 할 줄 모릅니다.
ハングゴヌン ハルチュル モルムニダ

★「韓国語は話すことができません」という意味で、単に "모릅니다.／モルムニダ" (わかりません)、"못합니다.／モタムニダ" (できません)という表現より丁寧に響きます。

🔊 30 英語[中国語/韓国語]は少しできます

I speak a little English.
アイ スピーク ア リトゥ イングリシュ

★英語が少しできることを伝える言い方です。"I can't speak English." よりお客様に安心感を与えます。"a little" は「ほんの少し」。

Wǒ huì shuō yìdiǎnr Zhōngwén.
我会说一点儿中文。
ウォ ホイ シュオ イーディアル チォンウェン

★ "会说／ホイ シュオ" (話せる)をはっきりと発音してください。

한국어는 조금 할 수 있습니다.
ハングゴヌン チョグム ハルス イッスムニダ

★ "할 수 있습니다.／ハルス イッスムニダ" のかわりに "압니다.／アムニダ" (わかります)、"합니다.／ハムニダ" (します)も使えます。

🔊 31 英語[中国語/韓国語]のできる者を呼んでまいります

I'll get someone who speaks English.
アイゥ ゲッ サムワン フー スピークス イングリシュ

★具体的な説明を求められるときには迅速に担当できる人を呼んで、お客様の希望に対応することが大切です。

Wǒ jiào dǒng Zhōngwén de rén lái.
我叫懂中文的人来。
ウォ ジアオ ドン チォンウェンダレン ライ

★ "叫／ジアオ" は「呼ぶ」という意味です。

한국어 할 줄 아는 사람을 불러 오겠습니다.
ハングゴ ハルチュル アヌン サラムル プルロ オゲッスムニダ

🔊 32 係の者を呼んでまいります

I'll call the person in charge.
アイゥ コーゥ ザ パーソン イン チャージ

★ "the person in charge" は「担当者」または「責任者」の意味。

Wǒ jiào zhǔguǎn lái.
我叫主管来。
ウォ ジアオ ヂュゥグワン ライ

★ "主管/チュゥグワン" は「責任者」の意味です。

담당자를 불러 오겠습니다.
タムダンジャルル プルロ オゲッスムニダ

★「係の者」の "담당자/タムダンジャ" は、〈担当者〉という漢字語。

コラム：わからないときは日本語で！

　外国語が話せないことがコンプレックスになっている場合があります。うまく発音ができなかったり、自分の言いたいことがうまく言葉にならなかったりすると、「できない！」とパニックになってしまうのです。そのため、お客様を避けたり、貝のように押し黙ってしまいがちです。

　海外からのお客様に声をかけられたときに、言葉がわからないからといって黙ってしまうよりも、堂々と日本語で対応することをお勧めします。なぜなら、外国語はあくまでも道具であって、伝えたいことはあなたの hospitality（もてなしの心）だからです。

　「日本語でもかまわない」と思うと気持ちが楽になって、聞きとれないと思っていたお客様の言葉も、少し理解できるようになったりします。リラックスすることで、外国語とも仲良くすることができるのです。そのためにも、まずは日本語で一生懸命お客様に声をかけましょう。必ずコミュニケーションが生まれていきます。

　また、指さしや筆談でのコミュニケーションも便利です。その場合にも、無言で指さしたり紙を渡したりするよりも、日本語を言いながらの方が、「伝えようとする姿勢」が相手に伝わるのではないでしょうか？

✴ 会計 ✴ (⇒詳しくは p. 76-79)

🔊 33 合計金額はこちらです（金額を指さしながら）

This is the total.
ディス イズ ザ トータゥ

★レジの表示や、紙にメモした数字を指さしながら使えます。また、「勘定書」"bill"を差し出すときは、"Here's your bill." と言います。「合計～円です」のように具体的な金額を入れて言う場合は、p. 76 をご参照ください。

Zhè shì zǒnggòng de jīn'é.
这是总共的金额。
ヂョアシー ゾンゴンダ ジンウァー

★「これは合計の金額です」の意。「合計～円です」と金額を入れて言う場合は "一共～日元。/ Yígòng...riyuán. / イーゴン リーユエン" と言います。

총 금액은 이렇습니다.
チョングメグン イロッスムニダ

★「総金額はこうです」の意味です。

🔊 34 おつりとレシートでございます

Here's your change and receipt.
ヒアーズ ユア チェインジ アンッ レスィートゥ

★レジで、おつりとレシートをお渡しするときの決まり文句です。

Zhè shì zhǎo nín de língqián hé shōujù.
这是找您的零钱和收据。
ヂョアシー ヂャオニンダ リンチエン ホァ ショウジュィ

★"零钱／リンチエン"（おつり）と"收据／ショウジュィ"（レシート）をはっきり伝えましょう。

거스름돈하고 영수증입니다.
コスルムトナゴ ヨンスジュんイムニダ

★「レシート」は、普通 "영수증〈領収証〉／ヨンスジュん" と、漢字語を使います。

✱ お詫び ✱

🔊 35 申し訳ございません

I'm sorry.
アイム ソゥリー

Duìbuqǐ.
对不起。
ドゥイブチィ

★日本語では「申し訳ありません」が頻繁に使われますが、英語では自分に落ち度があったときのみです。「本当に申し訳ありません」と言うときは、"I'm terribly [very] sorry."となります。

★まずは"对不起。/ ドゥイブチィ"を覚えてください。"实在抱歉。/ Shízài bàoqiàn. / シーヅァイ バオチエン"(本当に申し訳ありません)と言うと、より丁寧です。

죄송합니다.
チェソんハムニダ

★前に、"정말 / チョンマル"(本当に)を組み合わせて使うことも多いです。「すみません」と、もう少し軽く謝罪するときは、"미안합니다. / ミアナムニダ"と言います。

🔊 36 私どもの手違いです

It was our mistake.
イッワズ アワー ミステイク

Shì wǒmen de chācuò.
是我们的差错。
シー ウォメンダ チャァツオ

★"差错 / チャァツオ"は「過ち、間違い」の意味です。

저희들의 실수입니다.
チョイドゥレ シルスイムニダ

★"실수"は〈失手〉と書く漢字語で、「失敗」や「ミス」といった意味です。

🔊 37 ご迷惑をおかけし、申し訳ありません

We are sorry for the inconvenience.
ウィアー ソゥリー フォー ジ インコンヴィニエンス

Gěi nín tiān máfan le, duìbuqǐ.
给您添麻烦了，对不起。
ゲイニン ティエン マァファンラ ドゥイブチィ

★「あなたにご迷惑をおかけしました、申し訳ありません」という意味です。

폐를 끼쳐 드려서, 대단히 죄송합니다.
ペルル キチョドゥリョソ テダニ チェソんハムニダ

🔊 38 以後気をつけます

We'll be more careful in the future.
ウィゥ ビー モア ケアフゥ イン ザ フューチャー

★ "We promise it won't happen again."（二度とこのようなことがないようにいたします）も覚えておきましょう。

Jīnhòu yídìng zhùyì.
今后一定注意。
ジンホウ イーディン ヂュイー

★ "一定/イーディン"は「きっと、必ず」、"注意/ヂュイー"は「気をつける」という意味です。

앞으로 주의하겠습니다.
アプロ チュイハゲッスムニダ

★ "주의"は漢字語で〈注意〉。直訳で「これから注意いたします」の意味です。

コラム：謝罪の文化

　日本語の接客では、「すみません」「申し訳ございません」「お待たせいたしました」などという謝罪の表現を頻繁に使います。特に、この「すみません」という表現は、短い言葉ですが用途が広いこともあり、日常生活でも接客の上でも非常によく使われます。
　しかし、英語では"I'm sorry."をあまり使わないことをお勧めします。日本語の「すみません」には、"Thank you."（感謝）、"Excuse me."（呼びかけ）、"I'm sorry."（謝罪）の3つの意味があります。日本語の「すみません」の意味では、感謝の"Thank you."が実は一番多いのです。状況に応じて意味を考え、この3つをきちんと使い分けることが大切です。接客の心は"Thank you."です。
　中国語の謝罪の言葉としては、とりあえず"对不起。/Duìbuqǐ. /ドゥイブチィ"、また"抱歉。/Bàoqiàn. /バオチエン"を覚えておきましょう。"对不起"は本来、「相手に顔向けができないほど申し訳ない」という意味の言葉です。最近は欧米の影響などもあって、外国人に対しては「ちょっと失礼」くらいの意味で使うこともあるようですが、基本的には、「相手に対して本当に申し訳ない」という、ここぞのときに使ってください。言い過ぎるとかえって信頼感を失います。
　韓国語の謝罪の表現は、"미안합니다. /ミアナムニダ"と"죄송합니다. /チェソンハムニダ"の2つがよく使われます。後者の方がより恐縮している感じです。謝罪に限らない日本語の「すみません」と違って、いずれも謝る時にしか使いません。しかも、韓国人にとって謝罪は基本的に、「自分が非を認めた上で、ある種の責任を覚悟して行うもの」との意識があり、心理的にかなり重いものなので、気軽に口にしたがらない傾向があります。しかし、怒っているお客様相手なら、とりあえず"죄송합니다. /チェソンハムニダ"と謝罪するしかないでしょう。

お店（共通）

store ストーア
商店 shāngdiàn シャンディエン
가게 カゲ

きほんの接客

① **いらっしゃいませ。何かお探しですか？**
Huānyíng guānglín, nín xūyào shénme?
欢迎光临，您需要什么？
ホワンイン グワンリン ニン シューヤオ シェンマ

Hello. May I help you?
ハロウ メイアイ ヘゥプ ユー

어서 오십시오. 뭘 찾으십니까？
オソ オシプシオ ムォル チャジュシムニッカ

買い物

② **どういったものがよろしいですか？**
Nín yào shénmeyàng de?
您要什么样的？
ニン ヤオ シェンマヤンダ

What do you have in mind?
ワッ ドゥユー ハヴ イン マインッ

어떤 걸 찾으십니까？
オットンゴル チャジュシムニッカ

③ **ご予算はどのくらいですか？**
Nín yùsuàn shì duōshao?
您预算是多少？
ニン ユースワン シー ドゥオシャオ

How much would you like to spend?
ハウ マッチ ウデュー ライッ トゥ スペンッ

예산은 어느 정도십니까？
イェサヌン オヌ ジョンドシムニッカ

会計〈応用〉

④ **サイズをお伺いしてよろしいですか？**
Nín chuān duōdà hào de?
您穿多大号的？
ニン チュワン ドゥオダァハオダ

May I ask what size you are?
メイアイ アスク ワッ サイズ ユーアー

사이즈가 어떻게 되십니까？
サイジュガ オットッケ ドェシムニッカ

食事

⑤ **どうぞお試しください**
Nín shìshi.
您试试。
ニン シーシー

Please feel free to try it.
プリーズ フィーウ フリー トゥ トライ イッ

한 번 입어 보세요.
ハンボン イボ ボセヨ

遊び・レジャー

⑥ **ごゆっくりご覧ください**
Qǐng suíbiàn kànkan ba.
请随便看看吧。
チン スイビエン カンカンバ

Please take your time.
プリーズ テイッ ユア タイム

천천히 둘러 보세요.
チョンチョニ トゥルロ ボセヨ

案内・交通・お金

⑦ **何かございましたらお呼びください**
Yǒushì, qǐng zhāohu wǒmen.
有事，请招呼我们。
ヨウシー チン ヂャオフゥ ウォメン

If you need any help, please let us know.
イフ ユー ニーッ エニイ ヘゥプ プリーズ レッ アス ノウ

필요하시면 불러 주십시오.
ピリョハシミョン プルロ ジュシプシオ

電話・トラブル

⑧ **よくお似合いです**
Fēicháng shìhé nín.
非常适合您。
フェイチャン シーホァ ニン

You look great in it.
ユー ルッ グレイッ イン イッ

잘 어울리십니다.
チャル オウルリシムニダ

🔊 1

⑨ お気に召しましたか？
How did you like it?
ハウ ディデュー ライキッ

Nín mǎnyi ma?
您满意吗？
ニン マンイーマ

마음에 드십니까？
マウメ トゥシムニッカ

⑩ ほかの色[デザイン]をご覧になりますか？
Would you like to see a different color [design]?
ウデュー ライッ トゥ スィー ア ディファレンッ カラー [デザイン]

Yào kànkan bié de yánsè [kuǎnshì] de ma?
要看看别的颜色[款式]的吗？
ヤオカンカン ビエダ イエンスァー [クワンシー] ダマ

다른 색도[디자인도] 보여 드릴까요？
タルン セクト [ティジャインド] ボヨ ドゥリルカヨ

⑪ こちらはいかがですか？
How about this?
ハウ アバウッ ディッ

Zhèi ge zěnmeyàng?
这个怎么样？
ヂェイガ ゼンマヤン

이런 건 어때세요？
イロンゴン オットセヨ

⑫ とても人気の商品です
This one is quite popular.
ディッ ワン イズ クワイッ ポピュラー

Zhèi ge shāngpǐn zuì shòu huānyíng.
这个商品最受欢迎。
ヂェイガシャンピン ツイショウ ホワンイン

요즘 아주 인기있는 상품이에요．
ヨジュム アジュ インキインヌン サンプミエヨ

⑬ 入荷したばかりの新製品です
This is a brand new product, just arrived.
ディス イズ ア ブランッ ニュー プロダクッ ジャスッ アライヴッ

Zhè shi gāng jìn de xīn chǎnpǐn.
这是刚进的新产品。
ヂョアシー ガンジンダ シンチャンピン

오늘 들어온 신제품입니다．
オヌル トゥロオン シンジェプミムニダ

⑭ こちらがおすすめです
I would recommend this one.
アイ ウドゥ レコメンッ ディッ ワン

Wǒ tuījiàn nín zhèi ge shāngpǐn.
我推荐您这个商品。
ウォ トゥイジエン ニン ヂェイガシャンピン

이걸 특히 권해 드리고 싶습니다．
イゴル トゥキ クォネ ドゥリゴ シアスムニダ

⑮ これは日本製です
This is made in Japan.
ディス イズ メイッ イン ジャパン

Zhè shi Rìběn chǎn de.
这是日本产的。
ヂョアシー リーベンチャンダ

이건 일제에요．
イゴン イルチェエヨ

⑯ もう少しお手頃な商品もございます
We have more reasonably priced items.
ウィ ハヴ モア リーズナブリー プライスッ アイテムズ

Hái yǒu gèng piányi de.
还有更便宜的。
ハイヨウ グン ビエンイーダ

가격이 좀 더 적당한 상품도 있습니다．
カギョギ チョムド チョクタンハン サンプムド イッスムニダ

買い物

お店（共通）

17

お店（共通）

① ほかの商品もご覧になりますか？
Hái kànkan bié de ma?
还看看别的吗？
ハイカンカン ビエダマ

Would you like anything else?
ウデュー ライク エニシンッ エゥス

다른 상품도 보시겠습니까？
タルン サンプムド ポシゲッスムニッカ

② 新しいものをお持ちしますか？
Wǒ gěi nín ná ge xīn de ba.
我给您拿个新的吧。
ウォ ゲイニン ナァガ シンダバ

Would you like me to bring a new one?
ウデュー ライク ミー トゥ ブリンッ ア ニュー ワン

새 걸로 가져 올까요？
セゴルロ カジョ オルカヨ

③ 在庫を確認します。少々お待ちください
Shāo hòu, wǒ kànkan yǒuméiyǒu kùcún.
稍候，我看看有没有库存。
シャオホウ ウォ カンカン ヨウメイヨウ クゥツン

Please wait for a moment. I'll check the stock.
プリー ウェイッ フォー ア モーメンッ アイゥ チェック ザ ストック

재고를 확인해 보겠습니다. 잠시만 기다리세요.
チェゴルル ファギネ ボゲッスムニダ チャムシマン キダリセヨ

④ 今出ているものだけでございます
Zhǐ shèngxia diànmiàn shàng de le.
只剩下店面上的了。
ヂーションシア ディエンミエンシャンダラ

This is all we have now.
ディス イズ オーゥ ウィ ハヴ ナゥ

지금 나와 있는 물건밖에 없습니다.
チグム ナワインヌン ムルゴンパケ オーブスムニダ

⑤ 申し訳ありません。売り切れです
Duìbuqǐ, dōu màiwán le.
对不起，都卖完了。
ドゥイブチィ ドウ マイワンラ

I'm sorry. It's sold out.
アイム ソゥリー イッツ ソゥルッ アゥッ

죄송합니다. 다 팔렸습니다.
チェソンハムニダ ター パルリョッスムニダ

⑥ 品切れです。お取り寄せなさいますか？
Xiànzài méi huò, yào dìnggòu ma?
现在没货，要订购吗？
シエンツァイ メイフォ ヤオ ディンゴウマ

It's out of stock. Would you like to order it?
イッツ アゥッ オヴ ストック ウデュー ライッ トゥ オーダー イッ

품절입니다. 주문하시겠습니까？
プムジョリムニダ チュムナシゲッスムニッカ

⑦ 入荷まで3日程かかりますがよろしいですか？
Sān tiān zuǒyòu dào huò, kěyǐ ma?
三天左右到货，可以吗？
サンティエン ヅオヨウ ダオフォ クァイーマ

It will take about 3 days. Is that alright?
イッ ウィゥ テイッ アバウッ スリー デイズ イズ ザッ オーゥライッ

3일 정도 걸립니다만, 괜찮으시겠습니까？
サミルジョンド コルリムニダマン クェンチャヌシゲッスムニッカ

⑧ 当店では扱っておりません
Běndiàn méiyǒu zhèi zhǒng shāngpǐn.
本店没有这种商品。
ベンディエン メイヨウ チェイヂョンシャンピン

I'm sorry. We don't have it.
アイム ソゥリー ウィ ドンッ ハヴ イッ

저희 가게에서는 취급하고 있지 않습니다.
チョイ カゲエソヌン チュイグパゴ イッチ アンスムニダ

🔊 2

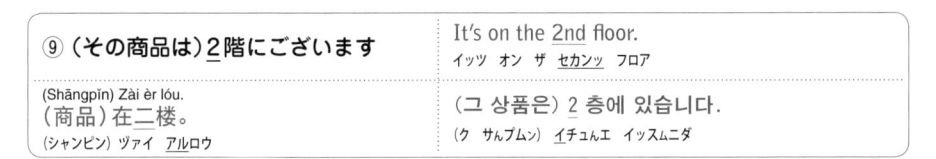

⑨ （その商品は）2階にございます	It's on the 2nd floor. イッツ オン ザ セカンッ フロア
(Shāngpǐn) Zài èr lóu. （商品）在二楼。 (シャンピン) ツァイ アルロウ	（ク サンプムン）2 층에 있습니다. (ク サンプムン) イチュンエ イッスムニダ

⑩ お会計はあちら[こちら]です	The cashier is over there [here]. ザ キャシュア イズ オゥヴァ ゼア [ヒア]
Zài nàbiān [zhèbiān] fùkuǎn. 在那边[这边]付款。 ツァイ ナァビエン[ヂョァビエン] フゥクワン	계산은 저기서[여기서] 합니다. ケサヌン チョギソ[ヨギソ] ハムニダ

ワードバンク ― 色

赤	red レッド	红色 hóngsè ホンスァ	빨간색 パルガンセク
白	white ワイト	白色 báisè バイスァ	흰색 ヒンセク
黄色	yellow イエロゥ	黄色 huángsè ホアンスァ	노란색 ノランセク
緑	green グリーン	绿色 lǜsè リュィスァ	초록색 チョロクセク
青	blue ブルー	蓝色 lánsè ランスァ	파란색 パランセク
紫	purple パープゥ	紫色 zǐsè ヅースァ	보라색 ポラセク
黒	black ブラック	黑色 hēisè ヘイスァ	까만색 カマンセク
茶色	brown ブラウン	茶色 chásè チャァスァ	고동색 コドンセク
ピンク	pink ピンク	粉色 fěnsè フェンスァ	핑크 ピンク
金	gold ゴゥルド	金色 jīnsè ジンスァ	금색 クムセク
銀	silver スィルヴァー	银色 yínsè インスァ	은색 ウンセク
黄緑	yellow green イエロゥ グリーン	黄绿色 huánglǜsè ホアンリュィスァ	황녹색 ファンノクセク
オレンジ	orange オリンジ	橘黄色 júhuángsè ジュィホアンスァ	오렌지색 オレンジセク
ベージュ	beige ベイジ	浅驼色 qiǎntuósè チエントゥオスァ	베이지색 ペイジセク
紺	dark blue ダーク ブルー	藏蓝色 zànglánsè ザンランスァ	감색 カムセク
グレー	gray グレイ	灰色 huīsè ホイスァ	회색 フェセク
薄い	light ライッ	淡 dàn ダン	옅은~ ヨトゥン
濃い	dark ダーク	浓 nóng ノン	진한~ チナン

コラム：文化と色

　文化によって、色の持つ意味は様々です。場合によっては注意が必要なこともあります。
　例えば、中国語に"红白事"（紅白事）という言葉がありますが、これは日本語から連想する「おめでたいこと」ではなく、"冠婚葬祭"全般を言う言葉です。中国ではお祝い事には"红"（赤）を用い、葬式などには"白"（白）を用いるのです。ですから、結婚式のときの花嫁の真っ白なウエディングドレスや、男性の白いネクタイなどは、中国の人たちには違和感があるようです。中国では、白はお葬式の色、不幸を表す色だということを覚えておきましょう。

価格交渉

price negotiation / プライス ニゴゥシエイシャン
讲价 jiǎngjià / ジアンジア
가격 교섭 / カギョク キョソプ

---

① セールを実施中です。大変お買い得になっております

现在大甩卖，价格优惠。
Xiànzài dàshuǎimài, jiàgé yōuhuì.
シエンツァイ ダァシュワイマイ ジアグァ ヨウホイ

We're having a sale. It's a good buy.
ウィア ハヴィンッ ア セイゥ イッツ ア グッ バイ

세일 중입니다. 아주 쌉니다.
セイルジュンイムニダ アジュ サムニダ

---

② こちらは全て2割引です

这些都打八折。
Zhèixiē dōu dǎ bā zhé.
ヂェイシエ ドゥダァ バァヂョア

These are all 20% off.
ジーズ アー オーゥ トゥエンティ パーセンッ オフ

이쪽은 전부 20 퍼센트 할인입니다.
イチョグン チョンブ イーシアポセントゥ ハリニムニダ

---

③ レジにて割引きいたします

在付款台打折。
Zài fùkuǎntái dǎzhé.
ツァイ フゥクワンタイ ダァヂョア

A discount will be given at the cashier.
ア ディスカウンッ ウイゥ ビー ギヴン アッ ザ キャシュアー

계산하실 때 할인해 드립니다.
ケサナシルテ ハリネ ドゥリムニダ

---

④ こちらとセットでしたらお安くなります

和这个一起买价钱优惠。
Hé zhèi ge yìqǐ mǎi jiàqián yōuhuì.
ホァ ヂェイガ イーチーマイ ジアチエン ヨウホイ

If you buy them together, you can get a discount.
イフ ユー バイ ゼム トゥゲザー ユーキャン ゲッ ア ディスカウンッ

이거하고 세트로 사시면 싸게 해 드립니다.
イゴハゴ セットゥロ サシミョン サゲ ヘ ドゥリムニダ

---

⑤ 2つお買い上げの場合、500円引きとなります

买两个便宜五百日元。
Mǎi liǎng ge piányi wǔbǎi rìyuán.
マイ リアンガ ピエンイー ウゥバイリーユエン

You can save 500 yen if you buy 2.
ユー キャン セイヴ ファイヴ ハンドレッ イエン イフ ユー バイ トゥー

2 개를 사시면 500 엔 빼 드립니다.
トゥーゲルル サシミョン オーベゲン ペ ドゥリムニダ

---

⑥ 3つお買い上げの方に1つプレゼントいたします

买三送一。
Mǎi sān sòng yī.
マイ サン ソン イー

If you buy 3, you can get 1 for free.
イフ ユー バイ スリー ユー キャン ゲッ ワン フォー フリー

3 개를 사시는 분께 하나 더 드립니다.
セーゲルル サシヌン ブンケ ハナ ト ドゥリムニダ

---

⑦ 既に半額になっております

已经是半价了。
Yǐjing shì bànjià le.
イージン シー バンジアラ

It's already discounted by 50%.
イッツ オーレディ ディスカウンティドゥ バイ フィフティ パーセンッ

벌써 반 값으로 내린 겁니다.
ポルソ パンカプスロ ネリンゴムニダ

---

⑧ こちらは値下げ後［前］の価格です

这是打折后［前］的价格。
Zhè shi dǎzhé hòu [qián] de jiàgé.
ヂョアシー ダァヂョアホウ［チエン］ダ ジアグァ

This is the price after [before] the discount.
ディス イズ ザ プライス アフター［ビフォー］ザ ディスカウンッ

이건 가격 인하 후의［전의］값입니다.
イゴン カギョク イナ フエ［ジョネ］カプシムニダ

🔊 3

⑨ こちらは割引対象外です
The discount doesn't apply to this item.
ザ ディスカウント ダズント アプライ トゥ ディス アイテム

Zhèi ge shāngpǐn bù dǎzhé.
这个商品不打折。
チェイガシャンピン ブゥダァチョア

이쪽은 할인대상품이 아닙니다.
イチョゲン ハリンデサンブミ アニムニダ

⑩ 税込価格です
This price includes tax.
ディス プライス インクルーツ タックス

Zhè shì hán shuì jiàgé.
这是含税价格。
チョアシー ハンシュイ ジアグァ

세금이 포함된 가격입니다.
セグミ ボハムドェン カギョギムニダ

⑪ 現金でのお支払いに限り、割引きいたします
Please pay in cash to get a discount.
プリー ペイ イン キャシュ トゥ ゲッ ア ディスカウンツ

Yòng xiànjīn zhīfù jiàgé yōuhuì.
用现金支付价格优惠。
ヨン シエンジン ヂーフゥ ジアグァ ヨウホイ

현금으로 지불하실 때만 할인이 됩니다.
ヒョングムロ チブラシルテマン ハリニ トェムニダ

⑫ 恐れ入りますが、値引きはいたしかねます
I'm afraid we can't give any discount.
アイム アフレイッ ウィ キャーンツ ギヴ エニイ ディスカウンツ

Bàoqiàn, bù néng yōuhuì.
抱歉，不能优惠。
バオチェン ブゥヌォン ヨウホイ

죄송합니다만, 깎아 드릴 수 없습니다.
チェソンハムニダマン カッカ ドゥリルス オプスムニダ

⑬ こちらが最終価格でございます
This is our best price.
ディス イズ アワー ベスト プライス

Zhè shì zuì dī jiàgé le.
这是最低价格了。
チョアシー ヅィディー ジアグァーラ

더 이상은 깎아 드릴 수 없습니다.
トイサンウン カッカ ドゥリルス オプスムニダ

コラム：値引きの習慣

　海外では、みやげもの屋、市場、マーケット等で買い物をする際、お店の人と言葉を交わしながら値段を交渉することがあります。安くしてもらったり、量をおまけしてもらったりと、様々な交渉が行われます。例えば、flea market や farmer's market での買い物で、英語でどのように交渉するのか見てみましょう。

　　Buyer： How much is it? (いくらですか？)
　　Seller： $50. It's a good buy. (50ドルです。お買い得ですよ。)
　　Buyer： Too expensive! I'll pay $30. (高すぎます！ 30ドルなら払えますけど。)
　　Seller： Sorry, I can't do that. (すみません、それは無理です。)
　　Buyer： How about $40? (40ドルならどうですか？)
　　Seller： Done! (わかりました。)

　買い手は、このように売り手の落とし所を探りながら、希望する金額に持っていこうとします。お客様がこのように値切ってくる可能性がありますので、覚えておきましょう。また、値引きができない場合もあいまいな表現はかえって誤解を生みます。「割引はできません」とはっきり言いましょう。

　なお、中国語で値引きの説明をする際は一つ注意が必要です。日本語で「2割引」と言うところを、中国語では"打八折"（8掛け）と言い、割引率ではなく掛け率で表すのです。誤解を防ぐためには、値引き後の具体的な金額をお伝えした方がいいかもしれません。

洋服 clothes 服装 fúzhuāng 옷
クローズ　フゥヂュアン　オッ

きほんの接客 / 買い物

① どのような色がお好みですか？
Nín xǐhuan shénme yánsè de?
您喜欢什么颜色的?
ニン　シィホワン　シェンマ　イエンスァダ

What color do you prefer?
ワッ　カラー　ドゥ　ユー　プリファー

어떤 색을 좋아하십니까?
オットン　セグル　チョアハシムニッカ

② おいくつくらいの方のものをお探しですか？
Nín yào duōdà niánlíng chuān de?
您要多大年龄穿的?
ニン　ヤオ　ドゥオダァニエンリン　チュワンダ

How old is the person you are buying for?
ハウ　オゥルッ　イズ　ザ　パーソン　ユー　アー　バイインッ　フォー

어느 정도 나이 드신 분이 입으실 거예요?
オヌジョンド　ナイドゥシンブニ　イブシル　コエヨ

③ 別のサイズ[色/デザイン]もございます
Hái yǒu bié de hàomǎ [yánsè / kuǎnshì].
还有别的号码[颜色 / 款式]。
ハイヨウ　ビエダ　ハオマァ［イエンスァ／クワンシー］

We have it in other sizes [colors / designs].
ウィ　ハヴ　イッ　イン　アザー　サイズィズ［カラーズ／ディザインズ］

다른 사이즈[색 / 디자인]도 있습니다.
タルン　サイジュ［セク／ティジャイン］ド　イッスムニダ

④ こちらの色はいかがですか？
Zhèi ge yánsè zěnmeyàng?
这个颜色怎么样?
チェイガ　イエンスァ　ゼンマヤン

How about this color?
ハウ　アバウッ　ディッ　カラー

이 색은 어떠세요?
イ　セグン　オットセヨ?

⑤ そちらに出ているものが全てです
Shāngpǐn quán zài zhèli.
商品全在这里。
シャンピン　チュエン　ヅァイヂョアリ

Everything we have is on display.
エヴリシンッ　ウィ　ハヴ　イズ　オン　ディスプレイ

거기 나와 있는 게 전부입니다.
コギ　ナワインヌンゲ　チョンブイムニダ

⑥ こちらがもう1サイズ上[下]の商品です
Zhèi jiàn shì dà [xiǎo] yí hào de.
这件是大[小]一号的。
チェイジエン　シー　ダァ［シアオ］　イーハオダ

This one is one size larger [smaller].
ディス　ワン　イズ　ワン　サイズ　ラージャー［スモーラー］

이쪽이 한 사이즈 더 큰[작은]겁니다.
イチョギ　ハンサイジュ　ト　クン［チャグン］ゴムニダ

⑦ 大きいサイズのコーナーは4階です
Dàhào fúzhuāng zài sì lóu.
大号服装在四楼。
ダァハオ　フゥヂュアン　ヅァイ　スーロウ

Larger sizes are on the 4th floor.
ラージャー　サイズィズ　アー　オン　ザ　フォース　フロア

큰 사이즈 코너는 4층에 있습니다.
クン　サイジュ　コノヌン　サーチュンエ　イッスムニダ

⑧ 素材は綿100%です
Miànliào shì quán mián de.
面料是全棉的。
ミエンリアオ　シー　チュエン　ミエンダ

This is 100% cotton.
ディス　イズ　ワン　ハンドレッ　パーセンツ　コトゥン

소재는 면 100 퍼센트입니다.
ソジェヌン　ミョン　ペクポセントゥイムニダ

会計〈応用〉／食事／遊び・レジャー／案内・交通・お金／電話・トラブル

🔊 4

⑨ こちらは形状記憶型です	It's wrinkle-free. イッツ リンクゥ フリー
Zhè shì jìyì miànliào de. 这是记忆面料的。 チョアシー ジーイーミエンリアオダ	이건 형상 기억 제품입니다. イゴン ヒョンサン キオク チェブミムニダ

⑩ これとこれはセットです	These are sold as a set. ジーズ アー ソゥルッ アズ ア セッ
Zhè liǎng jiàn shì yítào. 这两件是一套。 チョアリァンジエン シー イータオ	이거하고 이건 세트입니다. イゴハゴ イゴン セットゥイムニダ

⑪ フードは取り外しできます	The hood is removable. ザ フーツ イズ リムーヴァブゥ
Fēngmào kěyǐ zhāidiào. 风帽可以摘掉。 フォンマオ クァイー チャイディアオ	후드는 뗄 수 있습니다. フドゥヌン テルス イッスムニダ

買い物

洋服

ワードバンク　ファッション(1)

スカート	skirt スカーツ	裙子 qúnzi チュンヅ	치마/스커트 チマ/スコトゥ
ズボン/パンツ	pants パンツ	裤子 kùzi クゥヅ	바지 パジ
ジャケット	jacket ジャケッ	茄克 jiākè ジアクァ	재킷 チェキッ
コート	coat コゥト	大衣 dàyī ダァイー	코트 コトゥ
ネクタイ	tie タイ	领带 lǐngdài リンダイ	넥타이 ネクタイ
ワイシャツ	shirt シャーツ	衬衫 chènshān チェンシャン	와이셔츠 ワイショチュ
スーツ	suit スートゥ	西服套装 xīfú tàozhuāng シィフゥ タオヂュアン	양복 ヤンボク
セーター	sweater スウェター	毛衣 máoyī マオイー	스웨터 スウェト
Tシャツ	T-shirt ティーシャーツ	T恤衫 T xùshān ティーシュィシャン	티셔츠 ティショチュ
ジーンズ	jeans ジーンズ	牛仔裤 niúzǎikù ニウヅァイクゥ	청바지 チョンバジ
ブラウス	blouse ブラウス	罩衫 zhàoshān ヂャオシャン	블라우스 プルラウス
ワンピース	dress ドレス	连衣裙 liányīqún リエンイーチュン	원피스 ウォンピス
ドレス	dress ドレス	女礼服 nǚlǐfú ニュィリィフゥ	드레스 トゥレス
下着	underwear アンダーウェア	内衣 nèiyī ネイイー	속옷 ソゴッ

洋服

① このスーツに合わせるとぴったりです
Pèi zhèi shēn tàozhuāng zhèng héshì.
配这身套装正合适。
ペイ チェイシェン タオチュアン チョン ホァシー

It goes well with this suit.
イッ ゴウズ ウエゥ ウィズ ディッ スーツ

이 양복에 맞추시면 잘 어울리십니다.
イ ヤんボゲ マッチュシミョン チャル オウルリシムニダ

② 鏡の前で合わせてご覧ください
Qǐng zhào jìngzi kànkan.
请照镜子看看。
チン チャオジンツ カンカン

Please look at yourself in the mirror.
プリー ルックアッ ユァセゥフ イン ザ ミラー

거울 앞에서 한 번 보세요.
コウ ラベソ ハンボン ボセヨ

③ ご試着なさいますか？
Yào shìchuān ma?
要试穿吗？
ヤオ シーチュワンマ

Would you like to try it on?
ウデュー ライッ トゥ トライ イッ オン

한 번 입어 보시겠습니까？
ハンボン イボ ボシゲッスムニッカ

④ 試着室はこちらです
Shìyījiān zài zhèibiān.
试衣间在这边。
シーイージエン ヴァイヂェイビエン

The fitting room is here.
ザ フィッティンッ ルーム イズ ヒア

피팅룸은 이쪽입니다.
ピッティルムン イチョギムニダ

⑤ こちらはご試着ができません
Zhèi ge bù néng shìchuān.
这个不能试穿。
ヂェイガ ブゥヌォン シーチュワン

I'm afraid you can't try it on.
アイム アフレイッ ユー キャンッ トライ イッ オン

이건 입어 보실 수 없습니다.
イゴン イボボシルス オプスムニダ

⑥ フェイスカバーをお使いください
Qǐng dàishang liǎntào.
请戴上脸套。
チン ダイシャン リエンタオ

Please wear a face cover.
プリー ウェア ア フェイス カヴァー

페이스커버를 사용해 주십시오.
ペイスコボルル サヨンヘ ジュシプシオ

⑦ ご試着は1回につき3点までです
Yí cì zhǐ néng shìchuān sān jiàn.
一次只能试穿三件。
イーツー ヂーヌォン シーチュワン サンジエン

You can try 3 items at a time.
ユー キャン トライ スリー アイテムズ アッ ア タイム

한 번에 3 벌까지 입어 보실 수 있습니다.
ハンボネ セボルカジ イボボシルス イッスムニダ

⑧ お客様、サイズはいかがですか？
Chǐcùn héshì ma?
尺寸合适吗？
チーツン ホァシーマ

How does it fit?
ハウ ダズ イッ フィッ

손님, 사이즈는 어떠십니까？
ソンニム サイジュヌン オットシムニッカ

⑨ お気に召しましたか？

How did you like it?
ハゥ ディデュー ライキッ

Nín mǎnyì ma?
您满意吗？
ニン マンイーマ

마음에 드십니까?
マウメ トゥシムニッカ

⑩ こちらの商品はお決まりですか？

Are you going to take it?
アーユー ゴーイン トゥ テイキッッ

Zhèixiē shì xuǎnhǎo de ma?
这些是选好的吗？
ヂェイシエシー シュエンハオダマ

이걸로 하시겠습니까?
イゴルロ ハシゲッスムニッカ

⑪ レジでお預かりしましょうか？

Can we keep this at the counter for you?
キャンウィー キーッ ディッ アッ ザ カウンター フォーユー

Xiān fàngzài shōukuǎntái ba.
先放在收款台吧。
シエン ファンヅァイ ショウクワンタイバ

계산대에 갖다놓을까요?
ケサンテエ カッタノウルカヨ

⑫ ほかの商品もご覧になりますか？

Would you like anything else?
ウデュー ライッ エニシンッ エゥス

Hái yào kàn yíxià qítā de ma?
还要看一下其他的吗？
ハイヤオ カンイーシア チィタァダマ

다른 것도 보시겠습니까?
タルンゴット ボシゲッスムニッカ

買い物

洋服

ワードバンク ファッション(2)

カジュアルな	casual カジュアゥ	便装 biànzhuāng ビエンヂュアン	캐주얼 케쥬얼
フォーマルな	formal フォーマゥ	正装 zhèngzhuāng ヂョンヂュアン	정장 チョンジャン
ビジネス用	for business フォー ビジネス	商务装 shāngwùzhuāng シャンウゥヂュアン	비즈니스용 ビジュニスヨん
おしゃれな	stylish スタイリシュ	漂亮 piàoliang ピアオリアン	멋쟁이 モッチェんイ
暖かい	warm ウォーム	暖和 nuǎnhuo ヌワンフォ	따뜻한~ タットゥッタン
男性用の	men's メンズ	男式的 nánshì de ナンシーダ	남성용 ナムソんヨん
女性用の	women's ウィメンズ	女式的 nǚshì de ニュイシーダ	여성용 ヨソんヨん
子供用の	children's チゥドレンズ	儿童的 értóng de アルトンダ	어린이용 オリニヨん
ベビー用の	babies' ベイビーズ	婴儿的 yīng'ér de インアルダ	유아용 ユアヨん

サイズ調整・直し

size adjustment / alteration
サイズ　アジャストメンツ　オルタネーション

---

① ウエストサイズはおいくつですか？

May I ask your waist size?
メィアイ　アスク　ユア　ウエイスト　サイズ

Yāowéi shì duōshǎo?
腰围是多少？
ヤオウェイ　シー　ドゥオシャオ

허리 사이즈가 어떻게 되십니까？
ホリ　サイジュガ　オットッケ　テシムニッカ

---

② 失礼してお測りいたします

May I take your measurements?
メィアイ　テイク　ユア　メジャメンツ

Gěi nín liáng yíxià.
给您量一下。
ゲイニン　リアンイーシア

사이즈를 재 드리겠습니다.
サイジュルル　チェー　トゥリゲッスムニダ

---

③ （お客様のサイズは）首周り、40cm です

Your neck size is 40 cm.
ユア　ネック　サイズ　イズ　フォーティ　センチメーターズ

Nín de lǐngwéi shì sìshí gōngfēn.
您的领围是四十公分。
ニンダリンウェイ　シー　スーシーゴンフェン

(손님 사이즈는) 목 사이즈 40 센티입니다.
(ソンニム　サイジュヌン)　モクサイジュ　サシプセンティイムニダ

---

④ 日本のサイズでは41です

It's a size 41 in Japan.
イッツ　ア　サイズ　フォーティワン　イン　ジャパン

Rìběn chǐcùn shì sìshíyī hào.
日本尺寸是四十一号。
リーベンチーツン　シー　スーシーイーハオ

일본 사이즈로는 41 입니다.
イルボン　サイジュロヌン　サーシビリムニダ

---

⑤ 袖の長さは調整できます

We can adjust the length of the sleeve.
ウィ　キャン　アジャスト　ザ　レンクス　オヴ　ザ　スリーヴ

Xiùzi de chángdù kěyǐ tiáojié.
袖子的长度可以调节。
シウズダ　チャンドゥー　クァイー　ティアオジエ

소매 길이는 조정할 수 있습니다.
ソメギリヌン　チョジョンハルス　イッスムニダ

---

⑥ 裾上げをご希望ですか？

Would you like us to shorten it?
ウデュー　ライカス　トゥ　ショートゥン　イッ

Yào wǒ biān ma?
要窝边吗？
ヤオ　ウォビエンマ

단을 조금 올려 드릴까요？
タヌル　チョグム　オルリョ　トゥリルカヨ

---

⑦ ズボンの丈はこのくらいでいかがでしょうか？

Is the length of the pants alright?
イズ　ザ　レンクス　オヴ　ザ　パンツ　オーゥライツ

Kùzi de chángdù zhèyàng kěyǐ ma?
裤子的长度这样可以吗？
クゥヅダ　チャンドゥー　ヂョアヤン　クァイーマ

바지 길이는 이 정도면 되겠습니까？
パジギリヌン　イジョンドミョン　テゲッスムニッカ

---

⑧ 5cmお出し[お詰め]するのでいかがでしょうか？

How about lengthening [shortening] it by 5 cm?
ハウアバウツ　レンクスニッツ[ショートゥニンツ]　イッ　バイ　ファイヴセンタメーターズ

Fàngchū [wōjìn] wǔ gōngfēn, kěyǐ ma?
放出[窝进]五公分，可以吗？
ファンチュウ[ウォジン]　ウゥゴンフェン　クァイーマ

5 센티 내[줄여] 드리면 되겠습니까？
オセンティ　ネー[チュリョ]　ドゥリミョン　テゲッスムニッカ

調整尺寸、修改 tiáozhěng chǐcùn, xiūgǎi / サイズ調整・修繕
ティアオヂョン　チーツン　シウガイ　　　サイジュ　チョジョン　スソン

🔊 6

---

⑨ **ミシン縫い[まつり縫い]でよろしいですか？**

Suǒbiān [liáobiān] kěyǐ ma?
锁边[缭边]可以吗？
スオビエン[リアオビエン]　ケァイーマ

Would you like us to stitch it by <u>machine</u> [<u>hand</u>]?
ウデュー　ライカス　トゥ　スティッチ　イッ　バイ　<u>マシン</u>[<u>ハン</u>]

재봉틀[손바느질]로 해 드릴까요?
チェボントゥル[ソンバヌジル]ロ　ヘ　ドゥリルカヨ

---

⑩ **裾はダブルとシングル、どちらがよろしいですか？**

Wǒ shuāngbiān háishi dānbiān?
窝双边，还是单边？
ウォ　シュワンビエン　ハイシー　ダンビエン

Would you like them <u>cuffed</u> or <u>non-cuffed</u>?
ウデュー　ライッ　ゼム　<u>カフッ</u>　オア　<u>ノンカフッ</u>

단은 더블하고 싱글, 어느 쪽으로 해 드릴까요?
タヌン　トブルハゴ　シングル　オヌ　チョグロ　ヘ　ドゥリルカヨ

---

⑪ **針にお気を付けてお脱ぎください**

Tuō yīfu shí xiǎoxīn biézhēn.
脱衣服时，小心别针。
トゥオ　イーフ　シー　シアオシン　ビエヂェン

Please be careful of the pins when taking it off.
プリー　ビー　ケアフゥ　オヴ　ザ　ピンス　ウエン　テイキンッ　イッ　オフ

벗으실 때 바늘 조심하세요.
ボスシルテ　バヌル　チョシマセヨ

---

⑫ **ベルトの穴をもう１つあけますか？**

Pídài yào bu yào zài dǎ yī ge yǎnr?
皮带要不要再打一个眼儿？
ピィダイ　ヤオブヤオ　ヅァイダァ　イーガイアル

Should I make another hole in the belt?
シュダイ　メイク　アナザー　ホウゥ　イン　ザ　ベット

벨트 구멍을 하나 더 낼까요?
ベルトゥ　クモンウル　ハナ　トネルカヨ

---

⑬ **お直し代は<u>1000</u>円です**

Xiūgǎifèi yīqiān rìyuán.
修改费一千日元。
シウガイフェイ　イーチエンリーユエン

The adjustment fee is <u>1,000</u> yen.
ジ　アジャスメント　フィー　イズ　<u>ア　サウザンッ</u>　イエン

수선비는 <u>1000</u> 엔입니다.
スソンビヌン　<u>チョンエニムニダ</u>

---

⑭ **お直しには<u>１</u>週間かかります**

Xiūgǎi yào yī ge xīngqī.
修改要一个星期。
シウガイ　ヤオ　<u>イーガ</u>　シンチィ

It takes <u>1</u> week to adjust it.
イッ　テイクス　<u>ワン</u>　ウィーク　トゥ　アジャスッ　イッ

고치는 데 <u>1</u> 주일 걸립니다.
コッチヌンデ　<u>イルチュイル</u>　コルリムニダ

---

⑮ **仕上がり予定日は<u>20</u>日です**

Yùjì èrshí hào gǎihǎo.
预计二十号改好。
ユィジィ　<u>アルシーハオ</u>　ガイハオ

It will be ready by the <u>20th</u>.
イッ　ウィゥ　ビー　レディ　バイ　ザ　<u>トゥエンティース</u>

완성예정일은 <u>20</u> 일입니다.
ワンソンイェジョンイルン　<u>イーシビリムニダ</u>

---

⑯ **仕上がり具合をご確認ください**

Qǐng nín kàn yíxià gǎide zěnmeyàng.
请您看一下改得怎么样。
チン　ニン　カンイーシア　ガイダゼンマヤン

Please check if it's alright.
プリー　チェック　イフ　イッツ　オーゥライッ

제대로 됐는지 확인해 보세요.
チェデロドェンヌンジ　ファギネ　ボセヨ

買い物／サイズ調整・直し

オーダーメイド

made-to-order　服装定做 fúzhuāng dìngzuò
メイッ トゥ オーダー　フゥヂュアン ディンヅオ

① ご予算はおいくらですか？
ワッ イズ ユア バジェッ

What is your budget?

Nín de yùsuàn shì duōshao?
您的预算是多少？
ニンダ ュィスワン シー ドゥオシャオ

예산은 어느 정도십니까？
イェサヌン オヌジョンドシムニッカ

② ご希望の生地[デザイン]をお選びください

Please choose the material [design] you like.
プリー チューズ ザ マティリオゥ [デザイン] ユー ライッ

Nín xuǎn yíxià miànliào [yàngshi].
您选一下面料[样式]。
ニン シュエンイーシア ミエンリアオ [ヤンシー]

원하시는 옷감을[디자인을] 고르십시오.
ウォナシヌン オッカムル [ティジャイヌル] コルシプシオ

③ ネームはお入れしますか？

Would you like us to put your name on it?
ウデュー ライカス トゥ プッ ユア ネイム オン イッ

Yào xiùshang míngzi ma?
要绣上名字吗？
ヤオ シウシャン ミンヅマ

이름을 넣으시겠습니까？
イルムル ノウシゲッスムニッカ

④ ネームはどちらにお入れしますか？

Where would you like your name embroidered?
ウエア ウデュー ライッ ユア ネイム インブロイダードゥ

Míngzi xiùzài nǎr?
名字绣在哪儿？
ミンヅ シウヅァイ ナァル

이름은 어느 쪽에 넣어 드릴까요？
イルムン オヌチョゲ ノオ ドゥリルカヨ

⑤ お入れするネームをお書きください

Could you show me your name, please?
クデュー ショウ ミー ユア ネイム プリー

Qǐng xiě yíxià yào xiù de míngzi.
请写一下要绣的名字。
チン シエイーシア ヤオシウダ ミンヅ

넣으실 이름을 적어 주세요.
ノウシル イルムル チョゴ ジュセヨ

ワードバンク　サイズ

大きい	big ビッグ	大 dà ダァ	크다 クダ
小さい	small スモーゥ	小 xiǎo シアオ	작다 チャクタ
幅が広い	wide ワイドゥ	宽 kuān クワン	넓다 ノルタ
細身の	slim スリム	瘦 shòu ショウ	가는 〜 カヌン
長い	long ロング	长 cháng チャン	길다 キルダ
短い	short ショートゥ	短 duǎn ドワン	짧다 チャルタ
ゆるい	loose ルース	肥 féi フェイ	헐렁하다 ホルロンハダ
きつい	tight タイッ	紧 jǐn ジン	끼다 キダ
〜過ぎる	too 〜 トゥ	太〜 tài タイ	너무 〜하다 ノム ハダ

맞춤 양복
マッチュム　ヤンボク

🔊 7

コラム：各国のサイズ対応表

◆ 洋服　（※おおよその目安）

〈婦人服〉

日本	7	9	11	13	15
アメリカ	4	6	8	10	12
ヨーロッパ	36	38	40	42	44
韓国	44	55	66	77	88

〈紳士服（胸囲）〉

日本	S		M		L		LL	
アメリカ	34	36	38	40	42	44	46	48
ヨーロッパ	44	46	48	50	52	54	56	58
韓国		80	85	90	95	100	105	110

★ウエスト等は、アメリカやヨーロッパでは cm ではなく in（インチ）での表示が多い。中国では cm の表示が中心で、韓国では両者が混在している。なお、1 インチは約 2.54 cm。

★英語では S, M, L, LL をそれぞれ small, medium, large, extra-large（XL）と言う。「エス、エム、エル、エルエル」とは言わないので注意。

★中国では S, M, L 等の表示のほか、身長やウエスト、襟丈、肩幅、胸囲等の cm 表示をもとに自分に合ったサイズを選ぶことが多い。また、場合によってヨーロッパサイズの表示も混在している。中国語で S, M, L, LL は "小号 /xiǎohào/ シアオハオ"、"中号 /zhōnghào/ チョンハオ"、"大号 /dàhào/ ダァハオ"、"特大号 /tèdàhào/ トァダァハオ" と言う。

◆ 靴　（※おおよその目安）

〈婦人靴〉

日本	22	22.5	23	23.5	24	24.5	25	25.5
アメリカ	4	4 ½	5	6 ½	7	7 ½	8	8 ½
ヨーロッパ		35	36	37	38	39	40	

〈紳士靴〉

日本	24	24.5	25	25.5	26	26.5	27	27.5	28
アメリカ	6	6 ½	7	7 ½	8	8 ½	9	9 ½	10
ヨーロッパ	38		39		40	41	42		43

★中国では日本と同様 cm か、ヨーロッパサイズと同様に表示されていることが多い。

★韓国では mm で表示するので、日本の 24 なら 240、25.5 なら 255 となる。

買い物
オーダーメイド

洗濯・手入れ

washing, maintenance　洗衣服、保养 xǐ yīfu, bǎoyǎng
ウォッシンッ　メインタナンス　シィ　イーフ　バオヤン

---

① **洗濯機洗い[手洗い]可能です**

Kěyǐ jīxǐ [shǒuxǐ].
可以机洗[手洗]。
クァイー　ジィシィ[ショウシィ]

This is machine [hand] washable.
ディス　イズ　マシーン［ハンッ］　ウォッシャボゥ

세탁기 사용이[손 세탁이] 가능합니다.
セタクキ　サヨンイ[ソンセタギ]　カヌンハムニダ

---

② **色落ちするので単独で洗ってください**

Huì diào sè, yào dān xǐ.
会掉色，要单洗。
ホイ　ディアオスァ　ヤオ　ダンシィ

Please wash it separately to prevent color bleeding.
プリー　ウォッシュ　イッ　セパレイトリー　トゥ　プリヴェンッ　カラー　ブリーディンッグ

물이 빠지니까 따로 세탁하십시오.
ムリ　パジニカ　タロ　セタカシァシオ

---

③ **ネットに入れてお洗濯してください**

Yào fàngzài wǎng li xǐ.
要放在网里洗。
ヤオ　ファンヅァイ　ワンリィ　シィ

Please put it in a laundry wash bag.
プリー　プティッ　イナ　ローンドリー　ウォッシュ　バッ

세탁망에 넣어서 세탁하십시오.
セタンマンエ　ノオソ　セタカシァシオ

---

④ **ドライクリーニングしてください**

Yào gānxǐ.
要干洗。
ヤオ　ガンシィ

This is dry clean only.
ディス　イズ　ドライ　クリーン　オゥンリー

드라이크리닝을 하십시오.
トゥライクリニヌゥル　ハシァシオ

---

⑤ **日陰で平干しにしてください**

Yào zhǎnpíng liànggān.
要展平晾干。
ヤオ　チャンピン　リァンガン

Please dry it flat in the shade.
プリー　ドライ　イッ　フラッ　イン　ザ　シェイドゥ

그늘에서 넓게 펴서 말리십시오.
クヌレソ　ノルケ　ピョソ　マルリシァシオ

コラム：文化と数字(1)

　好まれる数、嫌われる数は、国や文化によって様々です。以下では英語圏、韓国語圏の場合についてご紹介します（中国語圏については、⇒ p. 65）。

英語圏の場合：英語圏では、奇数は **odd number**（異常な数）といって嫌われています。つまり、奇数は割り切れない奇妙な数と考えられるのです。逆に割り切れる数として偶数（**even number**）が好まれています。**even** には「均衡のとれた」とか「対等の」という公平感を与えるようです。
　茶碗のセットも5脚ではなく、6脚が普通です。これは **half a dozen**（半ダース）という考え方から来ています。お花をプレゼントするときには **a dozen**（12本）が基本になり、少ない場合も12本の半分ということで、**half a dozen**(6本)が好まれます。

韓国語圏の場合：好まれない数字は「4」（サー）で、これは「死」（サー）と発音が同じだからです。アパートなどでも稀にそうですが、病院となると必ず、「4」のつく階や病室はありません。実際は4階の7号室であっても、507号室となっているのです。しかし、「1004」という数字は"천사：チョンサ〈天使〉"と、非常に喜ばれるのを見ると、数字そのものより「音」を嫌っているわけなのです。
　好まれる数字は、特別意識されることもないようですが、しいて言えばラッキーセブンの「7」です。

세탁・손질
セタク ソンジル

ワードバンク　ファッション（3）

柄/模様	pattern パターン	花样 huāyàng ホアヤン	무늬 ムニ
リボン	ribbon リバン	缎带 duàndài ドワンダイ	리본 リボン
刺繍	embroidery インブロイダリー	刺绣 cìxiù ツーシウ	자수 チャス
ボタン	button バトン	纽扣 niǔkòu ニウコウ	단추 タンチュ
抗菌	antibacterial アンタイバクテリアゥ	抗菌 kàngjūn カンジュイン	항균 ハんギュン
防臭	deodorant ディオゥダランッ	防臭 fángchòu ファンチョウ	방취 パんチゥィ
軽い	light ライッ	轻 qīng チン	가벼운～ カビョウン
厚い	thick スィック	厚 hòu ホウ	두꺼운～ トゥコウン
薄い	thin スィン	薄 báo バオ	얇은～ ヤルブン
長袖	long sleeves ロンッ スリーヴス	长袖 chángxiù チャンシウ	긴 소매 キン ソメ
半袖	short sleeves ショーッ スリーヴス	半袖 bànxiù バンシウ	반 소매 パンソメ
ポケット	pocket パキッ	口袋 kǒudài コウダイ	포켓 ポケッ
襟	collar カラー	衣领 yīlǐng イーリン	칼라 カルラ

買い物

洗濯・手入れ

コラム：丁寧な言い方を心がけよう（英語）（1）

　接客には丁寧な表現が必須です。いろいろな言い方がありますが、基本パターンを覚えましょう。
　まずは"Would you like ～?"を使った「お客様に勧める表現」です。接客で一番重要なことはお客様の希望を正確に把握して対応することです。"Would you like to ～?"（～してはいかがですか？）は婉曲的に丁寧にお客様の意向を伺うことができます。例えば、ブティックでは"Would you like to try it on?"（試着なさいますか？）とお客様に試着を促すことができます。"Do you want to ～?"（～したいですか？）は直接的で接遇表現には向きませんので注意しましょう。
　また、"Would you like some more tea?"（もう少しお茶はいかがですか？）とお茶を勧めたり、支払い時に"Would you like a receipt?"（領収書はご入用ですか？）と領収書が必要かを尋ねることもできます。これらは"Would you like + 名詞 ?"の形です。
　より丁寧な表現は"Would you mind ～ing?"（～していただいても構いませんでしょうか？）です。例えばレストランが混んでいるときに"Would you mind sharing a table?"（相席でもよろしいでしょうか？）と、申し訳ない気持ちを伝えながらご提案します。このとき、お客様の返答に要注意です！「～は気にしますか？」と尋ねていますので、お客様が「気にしません」「構いません」と了解する場合は No と答えます。日本語ですと「はい、気にしません」と言いますから、英語でも Yes と答えるものと思ってしまいますが、これでは「はい、気にします」と逆の意味になります。この点をよく頭に入れて対応してください。
　Would you の前に How をつけた応用表現で表現の幅を広げましょう。レストランで"How would you like your steak?"（ステーキの焼き加減はどうなさいますか？）とお客様の希望を尋ねたり、銀行やホテルのフロントで"How would you like your money?"（換金の仕方はどのようになさいますか？）と紙幣と硬貨の希望を確認することができます。
　また、「～しましょうか？」と店員側が申し出る際には、"May I ～?"や"Could I ～?" "Would you like me to ～?"などの表現が丁寧です。

バッグ・小物

bags, accessories バッグズ アクセサリーズ
包、装飾品 bāo, zhuāngshìpǐn バオ ヂュアンシーピン

① こちらはラビットファーです

This is rabbit fur.
ディス イズ ラビッ ファー

Zhè shì tùmáopí de.
这是兔毛皮的。
ヂョアシー トゥーマオピィダ

이 모피는 토끼털로 되어 있습니다.
イ モピヌン トッキトルロ トェオ イッスムニダ

② 本物のダチョウ革です

It's genuine ostrich leather.
イッツ ジェヌイン オストリッチ レザー

Zhēnzhèng de tuóniǎopí.
真正的鸵鸟皮。
ヂェンヂョンダ トゥオニアオピィ

진짜 타조 가죽입니다.
チンチャ タジョ カジュギムニダ

③ お手入れの際は乾いた布でおふきください

Please wipe it off with a dry cloth for maintenance.
プリー ワイプ イッ オフ ウィズ ア ドライクロス フォー メインテーナンス

Hùyǎng shí, yòng gānmáojīn cāshì.
护养时，用干毛巾擦拭。
フゥヤンシー ヨン ガンマオジン ツァーシー

손질하실 땐 마른 천으로 닦으십시오.
ソンジラシルテン マルンチョヌロ タクシプシオ

ワードバンク　バッグ・小物

雨傘	umbrella アンブレラ	雨伞 yǔsǎn ユィサン	우산 ウサン
日傘	parasol パラソゥ	阳伞 yángsǎn ヤンサン	양산 ヤンサン
折り畳み傘	folding umbrella フォーゥディンッ アンブレラ	折叠伞 zhédiésǎn ヂョアディエサン	접는 우산 チョプヌン ウサン
UVカット	UV protective ユーヴィー プロテクティヴ	防紫外线 fángzǐwàixiàn ファンヅーワイシエン	자외선 차단 チャウェソン チャダン
マフラー	scarf スカーフ	围巾 wéijīn ウェイジン	머플러 モプルロ
スカーフ	scarf スカーフ	头巾 tóujīn トウジン	스카프 スカプ
ストール	stole ストーゥ	披肩 pījiān ピィジエン	스톨 ストル
ハンカチ	handkerchief ハンカチーフ	手帕 shǒupà ショウパァ	손수건 ソンスゴン
ベルト	belt ベゥト	腰带 yāodài ヤオダイ	밸트 ベルトゥ
サングラス	sunglasses サングラスィーズ	墨镜 mòjìng モゥジン	선글라스 ソングラス
手袋	gloves グラヴズ	手套 shǒutào ショウタオ	장갑 チャンガプ
財布	wallet ワリッ	钱包 qiánbāo チエンバァ	지갑 チガプ
名刺入れ	card case カーッ ケイス	名片夹 míngpiànjiā ミンピエンジア	명함 지갑 ミョンハム チガプ
スーツケース	suitcase スーッケイス	行李箱 xínglixiāng シンリィシアン	슈트케이스 シュトゥケイス
リュック	backpack バッパック	背包 bēibāo ベィパオ	배낭 ペナン
持ち手	handle ハンドゥ	提手 tíshǒu ティーショウ	손잡이 ソンチャビ
ファスナー	zipper ズィッパー	拉链 lāliàn ラァリエン	지퍼 チポ

핸드백・부속품
ヘンドゥベク　ブソクプム

ワードバンク　素材

綿	cotton カトゥン	棉 mián ミエン	면 ミョン
麻	hemp ヘンプ	麻 má マァ	마 マ
シルク	silk スィウク	丝绸 sīchóu スーチョウ	실크 シルク
ウール	wool ウール	羊毛 yángmáo ヤンマオ	울 ウル
カシミア	cashmere キャシュミア	羊绒 yángróng ヤンロン	캐시미어 ケシミオ
ツイード	tweed トゥイードゥ	粗花呢 cūhuāní ツゥホアニィ	트위드 トゥウィドゥ
牛革	cowhide カウハイドゥ	牛皮 niúpí ニウピィ	소가죽 ソガジュク
豚革	pig leather ピッグ レザー	猪皮 zhūpí ヂュウピィ	돼지가죽 テジガジュク
ワニ革	crocodile leather クロコダイゥ レザー	鳄鱼皮 èyúpí ウァユィピィ	악어가죽 アゴガジュク
ヘビ革	snakeskin スネイク スキン	蛇皮 shépí ショァピィ	뱀가죽 ペムガジュク
シカ革	deer leather ディア レザー	鹿皮 lùpí ルゥピィ	사슴가죽 サスムジュク
エナメル革	patent leather パテンツ レザー	漆皮 qīpí チィピィ	에나멜 エナメル
ダウン	down ダウン	鸭绒 yāróng ヤァロン	다운 タウン
フェザー	feather フェザー	羽绒 yǔróng ユィロン	페더 ペド
中綿	cotton pad カトゥン パッ	棉衬 miánchèn ミエンチェン	안솜 アンソム
フォックスファー	fox fur フォックス ファー	狐皮 húpí フゥピィ	여우털 ヨウトル
アライグマファー	raccoon fur ラクーン ファー	浣熊皮 huànxióngpí ホワンシォンピィ	너구리털 ノグリトル
フェイクファー	fake fur フェイク ファー	人工毛皮 réngōng máopí レンゴウマオピィ	모조털 モジョトル
合成の	synthetic シンセティック	合成的 héchéng de ホァチョンダ	합성 ハプソン
化学繊維	chemical fiber ケミカゥ ファイバー	化纤 huàxiān ホアシエン	화학섬유 ファハクソミュ

買い物

バッグ・小物

コラム：物の数え方（英語）

　英語では、"a person"（1人）、"two tickets"（チケット2枚）などのような "数 + 名詞（単数形または複数形）" という数え方のほかに、物の前に "数 + 単位 + of" をつける数え方があります。

　　　a piece of 名詞：　a piece of paper（1枚の紙）　a piece of cake（1切れのケーキ）
　　　a pair of 名詞：　a pair of shoes（1足の靴）　a pair of jeans（ジーンズ1足）
　　　a cup of 名詞：　a cup of coffee（コーヒー1杯）　a cup of tea（紅茶1杯）
　　　a glass of 名詞：　a glass of beer（ビール1杯）　a glass of milk（ミルク1杯）
　　　a slice of 名詞：　a slice of bread（パン1切れ）
　　　a loaf of 名詞：　a loaf of bread（パン1かたまり）

　お店で商品を詳しく説明するときや、レストランで料理の説明をするときに、これらの言い方を知っていると便利ですし、お客様の質問やオーダーの中に含まれていることがあります。決まった表現として覚えておきましょう。

靴 shoes 鞋 xié 신발
シューズ シエ シンバル

① 柔らかくてはき心地がいいですよ
Zhìdì róuruǎn, chuān zhe shūfu.
质地柔软，穿着舒服。
ヂーディー ロウルワン チュワンヂャ シュゥフ

They are soft and very comfortable.
ゼイアー ソフト アンッ ヴェリー カンファタブゥ

부드러워서 발이 아주 편합니다.
ブドゥロウォソ パリ アジュ ピョナムニダ

② もっと幅の広いものもございます
Hái yǒu gèng féi de.
还有更肥的。
ハイヨウ グンフェイダ

We have wider ones.
ウィ ハヴ ワイダー ワンズ

좀 더 폭이 넓은 것도 있습니다.
チョムド ポギ ノルブンゴット イッスムニダ

③ サイズを伺ってもよろしいですか？
Nín chuān duōdà hào de?
您穿多大号的？
ニン チュワン ドゥオダァハオダ

May I ask what size you are?
メィアイ アスク ワッ サイズ ユーアー

사이즈가 어떻게 되십니까？
サイジュガ オットッケ ドェシムニッカ

④ アメリカサイズで言うと6½です
Měiguó chǐcùn shì liù hào bàn.
美国尺寸是六号半。
メイグオ チーツン シー リウハオバン

It's a size 6 and a half in the US.
イッツ ア サイズ シックス アンッ ア ハーフ イン ザ ユーエス

미국 사이즈로는 6½ 입니다.
ミグク サイジュロヌン ユクチョムオイムニダ

⑤ 日本サイズでは24cmです
Rìběn chǐcùn shì èrshisì gōngfēn.
日本尺寸是二十四公分。
リーベン チーツン シー アルシースーゴンフェン

It's size 24 in Japan.
イッツ サイズ トゥエンティ フォー イン ジャパン

일본 사이즈로는 24 센티입니다.
イルボン サイジュロヌン イーシプサセンティイムニダ

⑥ 鏡と椅子はこちらです。お試しください
Jìngzi hé yǐzi zài zhèbiān, nín shìshi.
镜子和椅子在这边，您试试。
ジンツ ホァ イーツ ヅァイヂェイビエン ニン シーシー

Here's a mirror and a chair. Please try them on.
ヒアズ ア ミラー アンッ ア チェア プリー トライ ゼム オン

거울하고 의자는 이쪽입니다. 한 번 신어 보십시오.
コウラゴ ウィジャヌン イチョギムニダ ハンボン シノ ボシプシオ

⑦ サイズはいかがですか？
Dàxiǎo héshì ma?
大小合适吗？
ダァシアオ ホァシーマ

How do they fit?
ハウ ドゥ ゼイ フィッ

사이즈는 어떻습니까？
サイジュヌン オットッスムニッカ

⑧ もう1サイズ上[下]をお持ちしますか？
Ná shuāng dà [xiǎo] yī hào de ba?
拿双大[小]一号的吧？
ナァシュアン ダァ[シアオ] イーハオダバ

Would you like to try one size larger [smaller]?
ウデュー ライッ トゥ トライ ワン サイズ ラージャ[スモーラ]

하나 더 큰[작은] 사이즈를 가져 와 볼까요？
ハナド クン[チャグン] サイジュルル カジョワ ボルカヨ

🔊 10

⑨ （中敷きで）サイズを調整いたします
Let me adjust the size (using insoles).
レッ ミー アジャスッ ザ サイズ （ユージンッ インソゥルズ）

(Yòng xiédiàn) Gěi nín tiáozhěng yíxià.
（用鞋垫）给您调整一下。
（ヨン シエディエン）ゲイニン ティアオヂョン イーシア

（깔창으로）사이즈를 조정해 보겠습니다.
（カルチャヌロ）サイジュルル チョジョンヘ ボゲッスムニダ

⑩ 新しいものをお持ちしましょうか？
Would you like me to bring a new pair?
ウデュー ライッ ミー トゥ ブリンッ ア ニュー ペア

Gěi nín ná shuāng xīn de ba?
给您拿双新的吧？
ゲイニン ナァシュアン シンダバ

새 걸 가져 올까요？
セゴル カジョ オルカヨ

⑪ 箱にお入れしますか？
Should I put them in a box for you?
ジュダイ プッ ゼムィン ア ボックス フォー ユー

Yào zhuāng hézi ma?
要装盒子吗？
ヤオ ヂュアン ホァヅマ

상자에 넣어 드릴까요？
サンジャエ ノオ ドゥリルカヨ

⑫ すぐにご着用になりますか？
Would you like to wear them now?
ウデュー ライッ トゥ ウェア ゼム ナゥ

Mǎshàng chuān ma?
马上穿吗？
マァシャン チュワンマ

지금 바로 신으시겠습니까？
チグム パロ シヌシゲッスムニッカ

買い物

靴

ワードバンク　靴

ブーツ	boots ブーツ	靴子 xuēzi シュエヅ	부츠 プチュ
サンダル	sandals サンダゥズ	凉鞋 liángxié リアンシエ	샌들 センドゥル
スニーカー	sneakers スニーカーズ	运动鞋 yùndòngxié ユンドンシエ	운동화 ウンドゥファ
レインシューズ	rain shoes レイン シューズ	防雨鞋 fángyǔxié ファンュィシエ	비오는 날 용 ピオヌンナルリョん
スノーブーツ	snow boots スノゥ ブーツ	防雪靴 fángxuěxuē ファンシュエシュエ	눈오는 날 용 ヌノヌンナルリョん
ビジネス用	for business フォー ビジネス	上班鞋 shàngbānxié シャンバンシエ	비즈니스용 ビジュニスヨん
ウォーキング用	for walking フォー ウォーキンッ	散步鞋 sànbùxié サンブゥシエ	워킹용 ウォキんニョん
アウトドア用	for outdoor use フォー アウッドア ユース	室外用 shìwài yòng シーワイヨン	야외용 ヤウェヨん
ストラップ	strap ストラップ	鞋带 xiédài シエダイ	가죽끈 カジュックン
すべり止め	anti-slip アンタイスリップ	防滑 fánghuá ファンホァ	미끄럼 방지 ミクロム バンジ
つま先	tiptoe ティップトゥ	脚尖 jiǎojiān ジアオジエン	발끝 パルクッ
かかと	heel ヒーゥ	后跟 hòugēn ホウゲン	발꿈치 パルクムチ
靴べら	shoehorn シューホーン	鞋拔子 xiébázi シエバァヅ	구두주걱 クドゥチュゴク
ストッキング	stockings ストッキンッグズ	长筒袜 chángtǒngwà チャントンワァ	스타킹 スタキん

時計

watches ウォッチズ
钟、表 zhōng, biǎo チョン ビアオ
시계 シゲ

① 女性用の商品をお探しですか？

Shi zhǎo nǚshì de ma?
是找女式的吗？
シーヂャオ ニュィシーダマ

Are you looking for female items?
アー ユー ルッキンヅ フォー フィーメィル アイテムズ

여성용을 찾으십니까?
ヨソンニョンウル チャジュシムニッカ

② こちらのデザインが特に人気です

Zhèi ge kuǎnshi zuì shòu huānyíng.
这个款式最受欢迎。
チェイガ クワンシー ヅイショウ ホワンイン

This design is particularly popular.
ディス ディザイン イズ パティキュラーリー ポピュラー

이쪽 디자인이 특히 인기가 있습니다.
イチョク ティジャイニ トゥキ インキガ イッスムニダ

③ ケース内の商品をご覧になりますか？

Yào kàn yíxià chénlièguì li de ma?
要看一下陈列柜里的吗？
ヤオ カンイーシア チェンリエグイリィダマ

Would you like to look at the items in the showcase?
ウデュー ライッ トゥ ルックアッ ジ アイテムズ イン ザ ショウケイス

쇼 케이스 안의 상품을 보시겠습니까?
ショ ケイス アネ サンプムル ポシゲッスムニッカ

④ 左から2番目の商品でよろしいですか？

Shi zuǒbiān di èr ge ma?
是左边第二个吗？
シー ヅオビエン ディーアルガマ

Is that the 2nd one from the left?
イズ ザッ ザ セカンッ ワン フロム ザ レフッ

왼쪽에서 2 번째 상품이십니까?
ウェンチョゲソ トゥボンチェ サンプミシムニッカ

⑤ おつけになってみますか？

Yào dài yíxià shìshi ma?
要戴一下试试吗？
ヤオ ダイイーシア シーシーマ

Would you like to try it on?
ウデュー ライッ トゥ トライ イッ オン

(손목에) 차 보시겠습니까?
(ソンモゲ) チャ ポシゲッスムニッカ

⑥ 革のベルトがよろしいですか？

Xǐhuan píbiǎodài ma?
喜欢皮表带吗？
シィホワン ピィビアオダイマ

Would you prefer a leather belt?
ウデュー プリファー ア レザー ベッ

가죽 줄로 하시겠습니까?
カジュク チュルロ ハシゲッスムニッカ

⑦ ベルトは付け替えられます

Biǎodài kěyǐ huàn.
表带可以换。
ビアオダイ クァイー ホワン

The belt can be changed.
ザ ベッ キャン ビー チェインジドゥ

줄은 바꿀 수 있습니다.
チュルン パックルス イッスムニダ

⑧ 電池は約3年持ちます

Diànchí néng yòng sān nián.
电池能用三年。
ディエンチィ ヌォンヨン サンニエン

The battery lasts for about 3 years.
ザ バッタリー ラスツ フォー アバウッ スリー イヤーズ

전지는 한 3 년 갑니다.
チョンジヌン ハン サムニョン カムニダ

★中国語で「時計」と言うとき、置時計や掛時計の場合は"钟"を、腕時計など小型の時計の場合は"表"を用います。

🔊 11

⑨ ソーラー電池なので電池交換不要です

Shì tàiyángnéng diànchí, bú yòng huàn.
是太阳能电池，不用换。
シー タイヤンヌォン ディエンチィ ブゥヨン ホワン

It's a solar battery, so you don't need to change it.
イッツ ア ソーラ バッタリー ソウ ユー ドンッ ニーッ トゥ チェインジ イッ

태양전지라서 전지를 교환하실 필요가 없습니다.
テヤンジョンジラソ チョンジルル キョファナシル ピリョガ オプスムニダ

⑩ ベルトを調整いたします

Tiáojié yíxià biǎodài.
调节一下表带。
ティアオジエ イーシア ビアオダイ

Let me adjust the belt.
レッ ミー アジャスッ ザ ベッㇳ

줄을 조정해 드리겠습니다.
チュルル チョジョンヘ ドゥリゲッスムニダ

⑪ 文字盤は白蝶貝です

Biǎopán shì yòng báidiébèi zuò de.
表盘是用白蝶贝做的。
ビアオパンシー ヨン バイディエベイ ヅオダ

Mother of pearl is used for the watch face.
マザー オヴ パーゥ イズ ユーズドゥ フォー ザ ウォッチ フェイス

자판은 흰 자개입니다.
チャパヌン ヒン チャゲイムニダ

⑫ シンプルで飽きの来ないデザインです

Kuǎnshì jiǎnjié, bú huì nì de.
款式简洁，不会腻的。
クワンシー ジエンジエ ブゥホイ ニィダ

The design is simple so it won't go out of style.
ザ デザイン イズ シンプゥ ソー イッ ウォウンッ ゴゥ アウッ オヴ スタイゥ

심플하고 싫증 나지 않는 디자인입니다.
シムプラゴ シルチュん ナジアンヌン ティジャイニムニダ

⑬ 保証は１年間で、海外でも有効です

Bǎozhìqī yì nián, yě shìyòng yú guówài.
保质期一年，也适用于国外。
バオチーチィ イーニエン イエ シーヨン ユィ グオワイ

It's guaranteed for 1 year and effective abroad.
イッツ ギャランティーッ フォー ワン イヤー アンッ イフェクティヴ アブロード

보증기간은 1 년이고, 해외에서도 유효합니다.
ポジュんギガヌン イルリョニゴ ヘウェエソド ユヒョハムニダ

買い物
時計

ワードバンク　時計

置時計	table clock テイブゥ クロック	座钟 zuòzhōng ヅオヂォン	탁상시계 タクサンシゲ
目覚まし時計	alarm clock アラーム クロック	闹钟 nàozhōng ナオヂォン	알람시계 アルラムシゲ
電波時計	radio-controlled watch レイディオ コントロードゥ ウォッチ	电波表 diànbōbiǎo ディエンボォビアオ	전파시계 チョンパシゲ
デジタル	digital ディジタゥ	数字表 shùzìbiǎo シュゥヅゥビアオ	디지털 ティジトル
アナログ	analog アナログ	指针表 zhǐzhēnbiǎo ヂーヂェンビアオ	아날로그 アナログ
長針	long hand ロンッ ハンッ	分针 fēnzhēn フェンチェン	분침 プンチム
短針	hour hand アワー ハンッ	时针 shízhēn シーヂェン	시침 シチム
防水	waterproof ウォーターブルーフ	防水 fángshuǐ ファンシュイ	방수 パンス

37

ジュエリー

jewelry / ジュエリー
珠宝饰物 zhūbǎo shìwù / ヂュゥバオシーウゥ
보석 / ポソク

きほんの接客

① 指輪のサイズは何号ですか？

Nín dài jǐ hào de jièzhi?
您带几号的戒指？
ニン ダイ ジィハオダ ジェヂー

What is your ring size?
ワッ イズ ユア リンッ サイズ

반지 사이즈는 몇 호입니까?
パンジ サイジュヌン ミョットイムニッカ

買い物

② サイズをお測りしましょうか？

Gěi nín liáng yíxià chǐcùn.
给您量一下尺寸。
ゲイニン リアンイーシア チーツン

May I take your measurements?
メィアイ テイッ ユア メジャメンツ

사이즈를 재 드릴까요?
サイジュルル チェー トゥリルカヨ

---

③ こちらはペアになっています

Zhè shi yíduì.
这是一对。
ヂョアシー イードゥイ

They are a matching pair.
ゼイ アー ア マッチンッ ペア

이쪽은 페어입니다.
イチョグン ペオイムニダ

会計〈応用〉

④ こちらの指輪とセットでございます

Hé zhèi ge jièzhi shì yítào.
和这个戒指是一套。
ホァ ヂェイガジェヂー シー イータオ

It's sold with this ring.
イッツ ソールド ウィズ ディッ リンッ

이쪽 반지하고 세트입니다.
イチョク パンジハゴ セトゥイムニダ

---

⑤ チェーンの長さは調整可能です

Liànzi de chángduǎn kěyǐ tiáojié.
链子的长短可以调节。
リエンヅダ チャンドワン クァイー ティアオジェ

We can adjust the length of the chain.
ウィ キャン アジャスッ ザ レンクス オヴ ザ チェイン

체인의 길이는 조정할 수 있습니다.
チェイネ キリヌン チョジョンハルス イッスムニダ

食事

⑥ このネックレスは鑑定書付きです

Zhèi tiáo xiàngliàn yǒu jiāndìngshū.
这条项链有鉴定书。
ヂェイティアオ シアンリェン ヨウ ジエンディンシュウ

This necklace has a certificate.
ディス ネックリス ハズ ア サーティフィケイトゥ

이 목걸이에는 감정서가 들어 있습니다.
イ モッコリエヌン カムジョンソガ トゥロ イッスムニダ

遊び・レジャー

⑦ 大粒の本真珠を使用しています

Yòng de shi dà kē chúnzhēnzhū.
用的是大颗纯珍珠。
ヨンダシー ダァクァ チュンヂェンヂュ

Large drops of real pearl are used.
ラージ ドロップス オヴ リアゥ パール アー ユーズッ

알이 굵은 천연진주로 만들었습니다.
アリ クルグン チョニョンジンジュロ マンドゥロッスムニダ

案内・交通・お金

⑧ 0.3カラットのダイヤモンドです

Líng diǎn sān kèlā de zuànshí.
零点三克拉的钻石。
リンディエンサン クァラァダ ヅワンシー

It's a 0.3 carat diamond.
イッツ ア ゼロ ポインツ スリー キャラッ ダイアモンッ

0.3 캐럿짜리 다이아몬드입니다.
ヨンチョムサム ケロッチャリ タイオモンドゥイムニダ

電話・トラブル

38

🔊 12

⑨ 10石のルビーを使用しています

Yòng le shí kē hóngbǎoshí.
用了十颗红宝石。
ヨンラ シークァ ホンバオシー

It has 10 rubies.
イッ ハズ テン ルビーズ

루비 10 개로 만들었습니다.
ルビ ヨルケロ マンドゥロッスムニダ

⑩ 台の部分はプラチナです

Dǐzuò shì báijīn de.
底座是白金的。
ティーヅオシー バイジンダ

The setting is platinum.
ザ セッティンッ イズ プラティナム

받침대는 백금입니다.
パッチムデヌン ペックミムニダ

ワードバンク — ジュエリー

ピアス	pierced earrings ピアスッ イアリングス	耳坠 ěrzhuì アルヂュイ	피어스 ピオス
イヤリング	earrings イアリングス	耳环 ěrhuán アルホワン	귀걸이 クィゴリ
ブレスレット	bracelet ブレイスリッ	手链 shǒuliàn ショウリエン	팔찌 パルチ
ブローチ	broach ブロウチ	饰针 shìzhēn シーヂェン	브로치 プロチ
ネクタイピン	tiepin タイピン	领带别针 lǐngdài biézhēn リンダイ ビエヂェン	넥타이핀 ネクタイピン
シルバー	silver スィヴバー	银的 yín de インダ	실버 シルボ
18 金	18-carat gold エイティーン キャラッ ゴウルド	18K 金 shíbā K jīn シーバァケイジン	18 금 シプァルグム
淡水パール	fresh water pearl フレッシュ ウォーター パーゥ	淡水珍珠 dànshuǐzhēnzhū ダンシュイヂェンヂュゥ	담수진주 タムスジンジュ
ガーネット	garnet ガーニッ	石榴石 shíliúshí シーリウシー	가넷 カネッ
アメジスト	amethyst アマスィスッ	紫水晶 zǐshuǐjīng ツーシュイジン	자수정 チャスジョん
エメラルド	emerald エメラゥド	绿宝石 lǜbǎoshí リュィバオシー	에메랄드 エメラルドゥ
サファイア	sapphire サファイア	蓝宝石 lánbǎoshí ランバオシー	사파이어 サパイオ
オパール	opal オウバゥ	蛋白石 dànbáishí ダンバイシー	오팔 オパル
トパーズ	topaz トウパス	黄玉 huángyù ホアンユィ	토파즈 トパジュ
水晶	crystal クリスタゥ	水晶 shuǐjīng シュイジン	수정 スジョん
珊瑚	coral コーラゥ	珊瑚 shānhú シャンフゥ	산호 サノ
天然石	natural stone ナチュラゥ ストーン	天然石 tiānránshí ティエンランシー	천연석 チョニョンソク
人工石	artificial stone アーティフィシャル ストーン	人工石 réngōngshí レンゴンシー	인공석 インゴんソク
人造石	imitation stone イミテイション ストーン	人造石 rénzàoshí レンヅァオシー	인조석 インジョソク
メッキ	plating プレイティンッ	镀金 dùjīn ドゥージン	도금 トグム

買い物 / ジュエリー

39

化粧品

cosmetics / カズメティクス
化妆品 huàzhuāngpǐn / ホアヂュアンピン
화장품 / ファジャンブム

---

① 何かお探しですか？

May I help you?
メィアイ ヘゥプ ユー

Nín yào shénme?
您要什么？
ニン ヤオ シェンマ

뭘 찾으십니까？
ムォル チャジュシムニッカ

---

② どのブランドをお探しですか？

Which brand do you have in mind?
ウイッチ ブランッ ドゥ ユー ハヴ イン マインッ

Nín yào něi ge pǐnpái de?
您要哪个品牌的？
ニン ヤオ ネイガ ピンパイダ

어느 브랜드를 찾으십니까？
オヌ ブレンドゥルル チャジュシムニッカ

---

③ 今話題の人気商品です

This one is very popular now.
ディス ワン イズ ヴェリー ポピュラー ナウ

Dāngqián liúxíng de shāngpǐn.
当前流行的商品。
ダンチエン リウシンダ シャンピン

요즘 한창 인기 있는 상품입니다.
ヨジュム ハンチャン インキインヌン サンプミムニダ

---

④ 春限定のカラーです

This color is sold only in the spring.
ディス カラー イズ ソゥルッ オゥンリー イン ザ スプリンッ

Jǐn xiàn chūnjì de yánsè.
仅限春季的颜色。
ジンシエン チュンジィダ イエンスァ

봄 한정 컬러입니다.
ポム ハンジョン コルロイムニダ

---

⑤ こちらがテスターです

This one is a sample.
ディス ワン イズ ア サンプル

Zhè shi shìyòngpǐn.
这是试用品。
チョアシー シーヨンピン

샘플이니까 테스트 해 보세요.
セムプリニッカ テストゥ ヘ ボセヨ

---

⑥ お試しになりますか？

Would you like to try it?
ウデュー ライッ トゥ トライ イッ

Nín yào shì yíxià ma?
您要试一下吗？
ニン ヤオ シーイーシアマ

한 번 발라 보시겠습니까？
ハンボン パルラ ボシゲッスムニッカ

---

⑦ 一旦メイクを落としますがよろしいですか？

May I remove your makeup first?
メィアイ リムーヴ ユア メイキャップ ファースッ

Xiān xiè yíxià zhuāng, kěyǐ ma?
先卸一下妆，可以吗？
シエン シエイーシア チュアン クァイーマ

일단 메이크를 지워야 하는데 괜찮겠습니까？
イルタン メイクルル チウォヤ ハヌンデ クェンチャンケッスムニッカ

---

⑧ 1回の使用量はこの位です

This is the recommended quantity to use.
ディス イズ ザ リコメンディッ クァンティティー トゥ ユーズ

Zhè shi měicì de yòngliàng.
这是每次的用量。
チョアシー メイツダ ヨンリアン

일회 사용량은 이 정도입니다.
イレ サヨンニャンウン イジョンドイムニダ

🔊 13

⑨ この容器1本分で半年程度持ちます

Yì píng néng shǐyòng bànnián.
一瓶能使用半年。
イーピン ヌォンシーヨン バンニエン

1 bottle will last for 6 months.
ワン ボトゥ ウィゥ ラスッ フォー シックス マンツ

이거 하나면 반년 정도는 쓸 수 있습니다.
イゴ ハナミョン パンニョンジョンドヌン スルス イッスムニダ

⑩ よくお似合いです

Hěn shìhé nín.
很适合您。
ヘンシーホァ ニン

This suits you well.
ディス スーツ ユー ウェゥ

잘 어울리십니다.
チャル オウルリシムニダ

⑪ こちらの色がお似合いだと思います

Zhèi ge yánsè shìhé nín.
这个颜色适合您。
チェイガ イエンスァ シーホァ ニン

I think this color matches your skin tone.
アイ スィンク ディス カラー マッチズ ユア スキン トーン

이 색깔이 더 잘 맞는 것 같습니다.
イ セッカリ ト チャルマンヌンゴッ カッスムニダ

買い物
化粧品

ワードバンク 化粧品

美容液	beauty essence ビューティー エッセンス	美容液 měiróngyè メイロンイエ	미용액 ミヨンエク
パック	face pack フェイス パック	面膜 miànmó ミエンモゥ	팩 ペク
日焼け止め	sunscreen サンスクリーン	防晒霜 fángshàishuāng ファンシャイシュアン	선크림 ソンクリム
パウダリーファンデーション	powdery foundation パウダリー ファウンデイション	粉底 fěndǐ フェンディー	가루타입파운데이션 カルタイプパウンデイション
リキッドファンデーション	liquid foundation リキッド ファウンデイション	粉底液 fěndǐyè フェンディーイエ	액체파운데이션 エクチェ パウンデイション
化粧下地	makeup base メイキャップ ベイス	隔离霜 gélíshuāng グァリシュアン	메이크 업 베이스 メイク オプ ベイス
チーク	blush ブラッシュ	腮红 sāihóng サイホン	치크 チク
口紅	lipstick リップスティック	口红 kǒuhóng コウホン	립스틱 リプスティク
リップライナー	lip liner リップ ライナー	唇线笔 chúnxiànbǐ チュンシエンビィ	립 라이너 リプ ライノ
グロス	lip gloss リップ グラス	唇彩 chúncǎi チュンツァイ	립 그로스 リプ クロス
マスカラ	mascara マスカラ	睫毛膏 jiémáogāo ジエマオガオ	마스카라 マスカラ
アイシャドー	eye shadow アイ シャドウ	眼睑膏 yǎnjiǎngāo イエンジエンガオ	아이섀도 アイシェド
アイライナー	eyeliner アイライナー	眼线笔 yǎnxiànbǐ イエンシエンビィ	아이라이너 アイライノ
アイブロー	eyebrow pencil アイブロウ ペンシゥ	眉黛 méidài メイダイ	아이브로우 펜슬 アイブロウ ペンスル
香水	perfume パフューム	香水 xiāngshuǐ シアンシュイ	향수 ヒャンス
マニキュア	nail polish ネイゥ ポリッシュ	指甲油 zhǐjiǎyóu ヂージアヨウ	매니큐어 メニキュオ

化粧品

① 化粧水のあとにお付けください
Please use it after applying toner.
プリー ユーズ イッ アフター アプライング トゥナー

Mǒwán huàzhuāngshuǐ hòu zài yòng.
抹完化妆水后再用。
モォワン ホアヂュアンシュイホウ ヅァイヨン

화장수 다음에 바르십시오.
ファジャンス タウメ パルシァシオ

② 乳液とセットで使うと効果的です
For best results, please use it with a moisturizer.
フォー ベスッ リザウツ プリー ユーズ イッ ウィズ ア モイスチャライザー

Hé rǔyè dāpèi yòng, xiàoguǒ gèng hǎo.
和乳液搭配用，效果更好。
ホア ルーイエ ダァペイヨン シアオグオ グンハオ

로션하고 같이 쓰면 더 효과적입니다.
ロションガ カッチ スミョン ト ヒョクァジョギムニダ

③ お肌に潤いを与え、美肌効果抜群です
It moisturizes and enhances your skin.
イッ モイスチャライズィズ アンッ インハンスィズ ユア スキン

Zīrùn pífū, yǒu hěn hǎo de měiróng xiàoguǒ.
滋润皮肤，有很好的美容效果。
ヅールン ピィフゥ ヨウ ヘンハオダ メイロン シアオグオ

촉촉하게 해 주기 때문에, 피부가 아주 좋아집니다.
チョクチョカゲ ヘジュギテムネ ピブガ アジュ チョアジムニダ

④ 敏感肌に適しています
This is good for sensitive skin.
ディス イズ グッ フォー センスィティヴ スキン

Shìhé mǐngǎn pífū shǐyòng.
适合敏感皮肤使用。
シーホア ミンガン ピィフゥ シーヨン

민감 피부에 적합합니다.
ミガマン ピブエ チョカパムニダ

⑤ 落ちにくいタイプです
This is a long-lasting one.
ディス イズ ア ロンッ ラスティンッ ワン

Bù róngyì tuōluò.
不容易脱落。
ブゥロンイー トゥオルオ

잘 지워지지 않는 타입입니다.
チャル チウォジジアンヌン タイビムニダ

⑥ お肌に優しい成分でできています
This is gentle on the skin.
ディス イズ ジェントゥ オン ザ スキン

Lǐmian de chéngfèn bú cìjī pífū.
里面的成分不刺激皮肤。
リィミエンダ チョンフェン ブゥツージィ ピィフゥ

피부에 순한 성분으로 되어 있습니다.
ピブエ スナン ソンブヌロ テォ イッスムニダ

⑦ 肌診断を受けてみませんか？
Would you like to have your skin analyzed?
ウデュー ライッ トゥ ハヴ ユア スキン アナライズドゥ

Yào cèshì yíxià pífū ma?
要测试一下皮肤吗？
ヤオ ツァシーイーシア ピィフゥマ

피부 테스트를 해 보시겠습니까？
ピブ テストゥルル ヘ ボシゲッスムニッカ

⑧ 袋に試供品を入れておきます
I put a sample in the bag.
アイ プット ア サンプル イン ザ バッ

Dàizi li gěi nín zhuāngshang shìyòngpǐn.
袋子里给您装上试用品。
ダイヅリィ ゲイニン ヂュアンシャン シーヨンピン

(봉지에) 샘플을 같이 넣어 드리겠습니다.
(ボンジヘ) セムプルル カッチ ノオ ドゥリゲッスムニダ

ワードバンク　化粧品(2)

化粧落とし	makeup remover メイキャップ リムーヴァ	卸妆 xièzhuāng シエヂュアン	메이크 업 리무버 メイクオァ リムボ
美白効果	whitening effect ワイトニンッ イフェクッ	白嫩效果 báinèn xiàoguǒ バイネン シアオグオ	미백효과 ミベキョクァ
オイルフリー	oil-free オイゥ フリー	不含油 bù hán yóu ブゥハン ヨウ	오일 프리 オイル プリ
無香料	fragrance-free フレイグランス フリー	不含香料 bù hán xiāngliào ブゥハン シアンリアオ	무향료 ムヒャンニョ
乾燥肌	dry skin ドライ スキン	干燥性皮肤 gānzàoxìng pífū ガンザオシン ピィフゥ	건성피부 コンソンピブ
脂性肌	oily skin オイリー スキン	油脂性皮肤 yóuzhīxìng pífū ヨウヂーシン ピィフゥ	지성피부 チソンピブ
さっぱりした	light ライッ	清爽 qīngshuǎng チンシュアン	산뜻한 サントゥッタン
しっとりした	moisturizing モイスチャライジンッ	湿润 shīrùn シールン	촉촉한 チョクチョカン
ニキビ対策	anti-pimple measure アンタイ ピンプゥ メジャー	防止粉刺 fángzhǐ fěncì ファンヂー フェンツー	여드름 방지 ヨドゥルム バンジ

コラム：和製英語に注意！(1)

　カタカナと英語が全く違って通じないということがよくあります。いくつかパターンを知っておくといざというときに困らなくてすみます。

　パターン①短縮型　長い英語を短くして言いやすくしているものです。例えば「コンビニ」は convenience store が短くなったものですし、「スーパー」は supermarket が短縮されたものです。このほか、「ボールペン」(ballpoint pen)や「マーカー」(magic marker)なども同様です。

　パターン②変更型　カタカナと全く違っているためにお客様の英語が理解できないことがあります。精算をする「レジ」は cashier です。レジはもともと register(自動登録機)という単語を短くしたものですが、一般的にはレジを打つ会計係を指す cashier が使われています。「コンセント」は outlet と言います。英語の consent は「同意」や「意見の一致」を表し、「電気をとるための差し込み口」の意味はありません。concentric plug から「コンセント」になったもののようです。

　パターン③アクセント変化型　英語は強弱のアクセントがつくのが特徴です。日本語の高低アクセントとは全く違うので、戸惑うことが多いようです。ハンバーガーショップの「マクドナルド」(McDonald's)は英語のアクセントがつくと「マクドナルズ」と真ん中が強く読まれます。そのため「マクドナルズ」と「ド」が強調して聞こえますので、日本語読みの「マクドナルド」とは聞こえ方があまりにも違っています。

　「オレンジジュース」(orange juice)もお客様の英語を聞きとることのできない単語のひとつです。アクセントが最初の o につきます。そのため「オーレンジュー」となります。

　　　　　　McDonald's　　　　　　orange juice
　　　　　　「マクドナルズ」　　　　　　「オーレンジュー」

　パターン④発音型　カタカナは英語を日本語の発音に変化させています。そのために英語の原音とは大きく違っているものが多く、お客様の英語を聞きとる弊害となっています。

　「バニラ」(vanilla)をオーダーしたいお客様の英語は「ヴァニラ」となり、「ニ」が耳に残ります。V は下くちびるをしっかりと噛んで作りだされる音で、日本語に比べてとても強く発音されます。「ソファー」(sofa)は日本語でもそのまま使われているので問題がないように思われますが、「ソウファ」と母音がカタカナとは違っており、ちょっとした違いが全く違った単語のように聞こえさせます。

　なお、上記以外の具体的な和製英語の例は p.81 のコラムで紹介していますのでご参照ください。

総合案内 / information desk / 综合导购 zōnghé dǎogòu / 종합 안내
インフォメーション デスク / ヅォンホォァ ダオゴウ / ジョンハブ アンネ

① 英語[中国語/韓国語]のフロアガイドはこちらです

Zhōngwén bǎn dǎogòu zhǐnán zài zhèibiān.
中文版导购指南在这边。
ヂォンウェンバン ダオゴウヂーナン ヅァイヂェイビエン

Here is a floor map in English.
ヒア イズ ア フロア マッ イン イングリッシュ

한국어로 된 매장 안내는 이겁니다.
ハングゴロドェン メジャんアンネヌン イゴムニダ

② エレベーターは左手奥にございます

Diàntī zài zuǒshǒu jìntóu.
电梯在左手尽头。
ディエンティー ヅァイ ヅオショウ ジントウ

The elevator is at the end on your left.
ジ エレヴェイター イズ アッジ エンッ オン ユア レフッ

엘리베이터는 왼쪽 안에 있습니다.
エルリベイトヌン ウェンチョガネ イッスムニダ

③ 別館へは2階の連絡通路をご利用ください

Qù pèilóu, qǐng zǒu èr lóu liánjiē tōngdào.
去配楼，请走二楼连接通道。
チュィ ペイロウ チン ヅォウ アルロウ リエンジエトンダオ

Take the passage on the 2nd floor to the annex.
テイク ザ パッシッヂ オン ザ セカンッ フロア トゥ ジ アネックス

별관은 2층 연결통로를 이용해 주십시오.
ビョルグァヌン イーチュん ヨンギョルトんノルル イヨンヘ ジュシプシオ

④ 子供服は地下2階にございます

Tóngzhuāng zài dìxià èr céng.
童装在地下二层。
トンヂュアン ヅァイ ディーシア アルツン

Children's wear is on the 2nd basement level.
チゥドレンズ ウエア イズ オン ザ セカンッ ベイスメンッ レヴェゥ

아동복은 지하 2층에 있습니다.
アドんボグン チハ イーチゅんエ イッスムニダ

⑤ 西陣織展を開催中です

Zhèngzài zhǎnchū Xīzhènjǐnduàn.
正在展出西阵锦缎。
ヂォンヅァイ ヂャンチュゥ シィヂェンジンドワン

An exhibition of Nishijin textile is being held.
アン イクシビション オヴ ニシジン テクスタイウ イズ ビーインッ ヘゥド

니시진 직물전을 개최하고 있습니다.
ニシジン チムルジョヌル ケチェハゴ イッスムニダ

⑥ ベビーカー[車いす]を貸出ししております

Chūjiè yīng'érchē [lúnyǐ].
出借婴儿车[轮椅]。
チュゥジエ インアルチョァ[ルンイー]

We lend strollers [wheelchairs] to customers.
ウィ レンツ ストロウラーズ[ウィーゥチェアーズ] トゥ カスタマーズ

베이비 카[휠체어]를 빌려 드립니다.
ペイビ カ[フィルチェオ] ルル ピルリョ ドゥリムニダ

⑦ お買い上げ商品のお預かりを承ります

Bànlǐ gòuwù jìcún.
办理购物寄存。
バンリィ ゴウゥゥ ジィツン

We can keep your goods.
ウィ キャン キープ ユア グッヅ

구입하신 물건을 보관해 드립니다.
クイパシン ムルゴネ ボグァネ ドゥリムニダ

⑧ 平日の営業時間は10時から8時です

Píngrì de yíngyè shíjiān cóng shí diǎn dào bā diǎn.
平日的营业时间从十点到八点。
ピンリィダインイエシージエン ツォンシーディエン ダオバァディエン

We are open from 10 a.m. to 8 p.m. on weekdays.
ウィアー オゥプン フロム テンエイエム トゥ エイッピーエム オン ウィークデイズ

평일 영업시간은 10시부터 8시입니다.
ピョンイル ヨんオプシガヌン ヨルシブット ヨドルシイムニダ

🔊 15

⑨ 定休日は毎月第3水曜日です

Měiyuè di sān ge xīngqīsān shì xiūxiri.
每月第三个星期三是休息日。
メイユエ ディーサンガ シンチィーサン シー シウシィリー

We are closed on the 3rd Wednesday of the month.
ウィ アー クロウズド オン ザ サード ウェンズディ オヴ ザ マンス

정기 휴일은 매달 제 3 수요일입니다.
チョンギヒュイルン メーダル チェ サム スヨイルミニダ

⑩ 年中無休です

Zhōngnián wúxiū.
终年无休。
チォンニエン ウゥシウ

We are open throughout the year.
ウィ アー オゥプン スルーアウッ ザ イヤー

연중무휴입니다.
ヨンジュんムヒュイムニダ

⑪ 1月1日から3日は休業します

Cóng yīyuè yī hào dào sān hào tíngyè.
从一月一号到三号停业。
ツォン イーユエ イーハオ ダオ サンハオ ティンイエ

We'll be closed from the 1st to the 3rd of January.
ウィーウ ビー クロウズド フロム ザ ファースト トゥ ザ サード オヴ ジャヌアリー

1 월 1 일부터 3 일간은 쉽니다.
イルオル イリルブット サミルガヌン シウィムニダ

⑫ 土日祝日は7時までの営業です

Jiéjiàri yíngyè dào qī diǎn.
节假日营业到七点。
ジエジアリー インイエダオ チィディエン

We are open until 7 p.m. on weekends and holidays.
ウィアー オゥプン アンティゥ セヴン ピーエム オン ウィーケンズ アンツ ホリデイズ

토요일, 일요일, 공휴일은 7 시까지 영업합니다.
トヨイル イリョイル コんヒュイルン イルゴァシカジ ヨんオパムニダ

⑬ 閉店のお時間となりました

Dào guānmén shijiān le.
到关门时间了。
ダオ グワンメン シージエンラ

It's time to close.
イッツ タイム トゥ クロウズ

폐점 시간입니다.
ペジョム シガニムニダ

買い物
総合案内

ワードバンク　総合案内

ベビー休憩所	baby restroom ベイビー レスルーム	婴儿休息室 yīng'ér xiūxishì インアル シウシィシー	유아 휴게실 ユア ヒュゲシル
改装	refurbishment リファービジュメンッ	重新装修 chóngxīn zhuāngxiū チォンシン ヂュアンシゥ	신장개업 シンジャンゲオプ
催し物	exhibition エクサビション	展销会 zhǎnxiāohuì ヂャンシアオホイ	이벤트 イベントゥ
クローク	cloakroom クロゥクルーム	衣帽间 yīmàojiān イーマオジエン	보관소 ボグァンソ
ロッカー	locker ロッカー	保存柜 bǎocúnguì バオツングイ	로커 ロクコ
エスカレーター	escalator エスカレイター	滚梯 gǔntī グンティー	에스컬레이터 エスコルレイト
階段	stairway ステアウェイ	楼梯 lóutī ロウティー	계단 ケダン
トイレ	restroom レストルーム	洗手间 xǐshǒujiān シィショウジエン	화장실 ファジャンシル
喫煙所	smoking room スモーキンッ ルーム	吸烟室 xīyānshì シィイェンシー	흡연실 フビョンシル

家電量販店

home appliance store　电器商店 diànqì shāngdiàn
ホウム　アプライアンス　ストーア　ディエンチィ　シャンディエン

きほんの接客

① ご予算はどのくらいですか？
Nín yùsuàn shì duōshao?
您预算是多少？
ニン　ユースワン　シー　ドゥオシャオ

How much would you like to spend?
ハゥ　マッチ　ウデュー　ライト　トゥ　スペンドゥ

예산은 어느 정도십니까?
イェサヌン　オヌジョンドシムニッカ

買い物

② 現在どの機種をお使いですか？
Xiànzài yòng de shì shénme jīxíng?
现在用的是什么机型？
シエンヅァイ　ヨンダ　シー　シェンマ　ジィシン

Which model are you using now?
ウイッチ　モデゥ　アー　ユー　ユーズィンヌ　ナゥ

현재 어떤 기종을 사용하고 계십니까?
ヒョンジェ　オットン　キジョンウル　サヨンハゴ　ゲシムニッカ

会計〈応用〉

③ こちらは海外向けの商品です
Zhèixiē shì miànxiàng guówài de shāngpǐn.
这些是面向国外的商品。
ヂェイシエ　シー　ミエンシアン　グオワイダ　シャンピン

These are for overseas use.
ジーズ　アー　フォー　オゥヴァースィーズ　ユース

이쪽은 해외용 상품입니다.
イチョグン　ヘウェヨン　サンプミニダ

④ 海外では使用できない場合もあります
Kěnéng zài guówài bù néng yòng.
可能在国外不能用。
クァヌォン　ヅァイ　グオワイ　ブゥヌォンヨン

This might not work overseas.
ディス　マイッ　ノッ　ワーク　オゥヴァースィーズ

해외에서는 사용 못 할 수도 있습니다.
ヘウェエソヌン　サヨン　モッタルスド　イッスムニダ

食事

⑤ 海外でのご使用には変圧器が必要です
Zài guówài shǐyòng xūyào biànyāqì.
在国外使用需要变压器。
ヅァイ　グオワイ　シーヨン　シューヤオ　ビエンヤァチィ

You need a transformer to use it overseas.
ユー　ニーッ　ア　トランスフォーマー　トゥ　ユーズ　イッ　オゥヴァースィーズ

해외에서는 변압기가 필요합니다.
ヘウェエソヌン　ピョナプキガ　ピリョハムニダ

遊び・レジャー

⑥ こちらにはバッテリーがついています
Zhèi ge dàiyǒu xùdiànchí.
这个带有蓄电池。
ヂェイガ　ダイヨウ　シュィディエンチー

This one includes a rechargeable battery.
ディス　ワン　インクルーヅ　ア　リチャージャボゥ　バッタリー

이 상품에는 배터리가 들어 있습니다.
イ　サンプメヌン　ベトリガ　トゥロ　イッスムニダ

案内・交通・お金

⑦ メモリーカードは別売りです
Cúnchǔkǎ dān mài.
存储卡单卖。
ツンチュゥカァ　ダンマイ

A memory card is not included.
ア　メモリーカード　イズ　ノッ　インクルーディッ

메모리카드는 별도로 판매합니다.
メモリカドゥヌン　ピョルトロ　パンメハムニダ

電話・トラブル

⑧ 一番人気の商品です
Zhè shì zuì shòu huānyíng de.
这是最受欢迎的。
ヂョアシー　ヅゥイショウ　ホワンインダ

This is the most popular item.
ディス　イズ　ザ　モゥスト　ポピュラー　アイテム

제일 인기있는 상품입니다.
チェイル　インキインヌン　サンプミニダ

가전제품 양판점
カジョンジェブム　ヤンパンジョム　🔊 16

⑨ 使い方はとても簡単です	This is user-friendly. ディス イズ ユーザ フレンッリー
Shǐyòng fāngfǎ hěn jiǎndān. 使用方法很简单。 シーヨンファンファー ヘン ジエンダン	사용법은 아주 간단합니다. サヨンボブン アジュ カンタナムニダ
⑩ 最新型で、とても高機能です	This is the latest and multi-functional. ディス イズ ザ レイテスト アンッ マゥティ ファンクショナゥ
Zhè shì gāogōngnéng de zuì xīnxíng chǎnpǐn. 这是高功能的最新型产品。 チョアシー ガオゴンヌォンダ ヅイシンシン チャンピン	최신형으로, 기능이 뛰어납니다. チェシンヒョンウロ キヌンイ トゥィオナムニダ
⑪ 乾電池も使えます	This works by dry-batteries as well. ディス ワークス バイ ドライ バッタリーズ アズ ウェゥ
Yě kěyǐ yòng gāndiànchí. 也可以用干电池。 イエ クァイーヨン ガンディエンチー	건전지도 쓸 수 있습니다. コンジョンジド スルス イッスムニダ
⑫ 1回の充電で約3時間使えます	This runs for 3 hours on a single charge. ディス ランズ フォー スリー アワーズ オン ア シングゥ チャージ
Chōng yí cì diàn kěyǐ shǐyòng sān ge xiǎoshí. 充一次电可以使用三个小时。 チョン イーツー ディエン クァイー シーヨン サンガ シアオシー	한 번 충전하시면 약 3 시간 쓸 수 있습니다. ハンボン チュンジョナシミョン ヤク セー シガン スルス イッスムニダ

買い物　家電量販店

ワードバンク　家電製品（1）

デジタルカメラ	digital camera ディジタゥ キャメラ	数码相机 shùmǎ xiàngjī シュゥマシアンジィ	디지털카메라 ティジトルカメラ
ビデオカメラ	video camera ヴィデオ キャメラ	录像机 lùxiàngjī ルゥシアンジィ	비디오카메라 ビデオカメラ
一眼レフ	single-lens reflex シングゥ レンズ リフレックス	单镜头反光式 dānjìngtóu fǎnguāng shì ダンジントウ ファングアンシー	일안 리플렉스 카메라 イラン リプルレクス カメラ
光学レンズ	optical lens オプティカゥ レンズ	光学镜头 guāngxué jìngtóu グアンシュエ ジントウ	광학 렌즈 クァンハク レンジュ
600万画素	6 million pixels シックス ミリオン ピクセゥズ	六百万画素 liùbǎiwàn huàsù リウバイワン ホアスゥ	600 만 화소 ユクペンマン ファソ
世界最小	the world's smallest ザ ワールズ スモーレスゥ	世界最小 shìjiè zuìxiǎo シージエ ヅイシアオ	세계 최소 セゲ チェソ
省エネ	energy saving エナジー セイヴィンッ	节能 jiénéng ジエヌォン	에너지 절약 エノジ チョリャゥ
耐水	waterproof ウォータープルーフ	防水 fángshuǐ ファンシュイ	방수 パンス
アダプター	adapter アダプター	接电器 jiēdiànqì ジエディエンチィ	어댑터 オデプト
充電器	battery charger バッタリー チャージャー	充电器 chōngdiànqì チョンディエンチィ	충전기 チュンジョンギ
オーディオプレーヤー	audio player オーディオゥ プレイヤー	音响设备 yīnxiǎng shèbèi インシアンシャーベイ	오디오 (플레이어) オディオ(プレイオ)

家電量販店

きほんの接客 / 買い物

① ブレ防止機能付きです
Yǒu fángzhǐ huàngdòng de gōngnéng.
有防止晃动的功能。
ヨウ　ファンヂー　ホアンドンダ　ゴンヌォン

This camera has an anti-shake function.
ディス　キャメラ　ハズ　アン　アンタイ　シェイク　ファンクション
흔들림 방지 기능이 있습니다.
フンドゥルリム　バんジ　キヌんイ　イッスムニダ

② 基本機能は十分に備えています
Jùbèi le jīběn gōngnéng.
具备了基本功能。
ジュイベイラ　ジィベん　ゴンヌォん

This has enough basic functions.
ディス　ハズ　イナフ　ベイスィック　ファンクションズ
기본 기능은 충분히 갖추고 있습니다.
キボン　キヌんウン　チュんブニ　カッチュゴ　イッスムニダ

③ 保証は国内使用に限ります
Bǎoxiū zhǐ xiàn yú Rìběn guónèi.
保修只限于日本国内。
バオシゥ　ヂーシエン　ユィ　リーベん　グオネイ

The warranty is valid only in Japan.
ザ　ウォランティー　イズ　ヴァリッ　オウンリー　イン　ジャパン
국내 사용에 한해서만 보증이 됩니다.
クんネ　サヨんエ　ハネソマン　ボジュんイ　トェムニダ

④ 保証期間は5年です
Bǎoxiūqī wǔ nián.
保修期五年。
バオシゥチィ　ウゥニエン

This has a 5-year guarantee.
ディス　ハズ　ア　ファイヴ　イヤー　ギャランティー
보증기간은 5 년입니다.
ボジュんギガヌン　オーニョニムニダ

⑤ セットで買うとお得ですよ
Chéngtào mǎi huì hésuàn yìxiē.
成套买会合算一些。
チョンタオマイ　ホイ　ホアスワン　イーシエ

We offer special discounts if you buy them together.
ウィ　オファ　スペシャゥ　ディスカウンツ　イフ　ユー　バイ　ゼム　トゥゲザー
세트로 사시는 게 더 쌉니다.
セトゥロ　サシヌんゲ　ト　サムニダ

⑥ ハードディスクの容量は600GBです
Yìngpán shì liùbǎi GB de róngliàng.
硬盘是六百GB 的容量。
インパン　シー　リウバイ　ジービーダ　ロンリアン

The hard disk capacity is 600 GB.
ザ　ハーツ　ディスク　キャパシティ　イズ　シックス　ハンドレッ　ギガバイツ
하드디스크 용량은 600 기가입니다.
ハドゥディスク　ヨんニャんウん　ユクペッキガイムニダ

⑦ メモリーは増設可能です
Cúnchǔkǎ kěyǐ jiāshè.
存储卡可以加设。
ツンチューカァ　クァイー　ジアシャー

You can add additional memory to it.
ユー　キャン　アッ　アディショナゥ　メモリー　トゥ　イッ
메모리는 추가할 수 있습니다.
メモリヌん　チュガハルス　イッスムニダ

⑧ 商品カタログはこちらです
Zhè shì shāngpǐn mùlù.
这是商品目录。
ヂョアシー　シャンピン　ムゥルゥ

Here is the catalog.
ヒア　イズ　ザ　カタログ
상품 카탈로그는 여기 있습니다.
サんプム　カタルログヌん　ヨギ　イッスムニダ

🔊 17

⑨ 英語[中国語/韓国語]の説明書もございます	We also have the manual in English. ウィ オーゥソゥ ハヴ ザ マニュアゥ イン イングリシュ
Yǒu Zhōngwén shuōmíngshū. 有中文说明书。 ヨウ ヂォンウェン シュオミンシュー	한국어 설명서도 있습니다. ハングゴ ソルミョンソド イッスムニダ

⑩ 担当者を連れてまいります	I'll call the person in charge. アイゥ コーゥ ザ パーソン イン チャージ
Wǒ qù jiào zhǔguǎn lái. 我去叫主管来。 ウォ チュィジアオ ヂューグワン ライ	담당자를 불러 오겠습니다. タムダンジャルル プルロ オゲッスムニダ

⑪ 旧型モデルがお安くなっています	Older models are discounted. オゥルダー モデルズ アー ディスカウンティッ
Jiù jìxíng piányi yìxiē. 旧机型便宜一些。 ジウジィシン ピエンイー イーシエ	구형 모델은 값이 쌉니다. クヒョん モデルン カプシ サムニダ

⑫ そちらに出ているものだけでございます	These are the last ones. ジーズ アー ザ ラスト ワンズ
Zhǐ yǒu zhèixiē le. 只有这些了。 ヂーヨウ ヂェイシエラ	거기 나와 있는 게 다입니다. コギ ナワインヌンゲ ターイムニダ

買い物 / 家電量販店

ワードバンク 家電製品(2)

MP3 プレーヤー	MP3 player エムピースリー プレーヤー	MP3 播放器 MP sān bōfàngqì エムピーサン ボォファンチィ	엠피스리 (플레이어) エムピスリ(プレイオ)
ステレオコンポ	stereo system ステリオゥ システム	立体声音响 lìtǐshēng yīnxiǎng リィティーション インシアン	스테레오 콤퍼넌트 ステレオ コムポノントゥ
ヘッドホン	headphone ヘッフォゥン	耳机 ěrjī アルジィ	헤드폰 ヘドゥポン
パソコン	PC ピースィー	电脑 diànnǎo ディエンナオ	컴퓨터 コムピュト
ノート型	laptop ラップトップ	笔记本式 bǐjìběn shì ビィジベンシー	노트북 ノトゥブク
デスクトップ型	desktop デスクトップ	台式 táishì タイシー	데스크 탑 テスク タプ
モニター	monitor モニター	显示器 xiǎnshìqì シエンシーチィ	모니터 モニト
マウス	mouse マウス	鼠标器 shǔbiāoqì シュゥビアオチィ	마우스 マウス
キーボード	keyboard キーボードゥ	键盘 jiànpán ジエンパン	키보드 キボドゥ
プリンター	printer プリンター	打印机 dǎyìnjī ダーインジィ	프린터 プリント
インクカートリッジ	ink cartridge インッ カートリッジ	油墨盒 yóumòhé ヨウモォホァ	잉크 카트리지 インク カトゥリジ
ケーブル	cable ケイブゥ	电线 diànxiàn ディエンシエン	케이블 ケイブル
ソフト	software ソフッウェア	软件 ruǎnjiàn ルワンジエン	소프트 웨어 ソフト ウェオ
OS	operating system オペレイティンッ システム	操作系统 cāozuò xìtǒng ツァオヅオ シートン	오에스(OS) オエス

家電量販店

① 数に限りがございます / The supply is limited. / ザ サプライ イズ リミッティッ

Shùliàng yǒuxiàn.
数量有限。
シュゥリアン ヨウシエン

수량 한정 품목입니다.
スリャん ハンジョん プムモギムニダ

② お会計は各フロアでお願いいたします / Please pay at the cashier on each floor. / プリー ペイ アッ ザ キャシァー オン イーチ フロア

Qǐng zài gè lóucéng fùkuǎn.
请在各楼层付款。
チン ヅァイ グァロウツォン フゥクワン

계산은 각 층에서 해 주십시오.
ケサヌン カクチュんエソ ヘ ジュシプシオ

ワードバンク　家電製品（3）

USB メモリー	USB memory stick ユーエスビー メモリー スティッ	U盘 U pán ユーパン	유에스비(USB)(메모리) ユエスピ（メモリ）
薄型テレビ	flat-screen TV フラット スクリーン ティーヴィー	薄型电视 báoxíng diànshì パオシン ディエンシ	슬림형 TV スルリムヒョん ティブイ
DVDプレーヤー	DVD player ディーヴィーディー プレイヤー	DVD 影碟机 DVD yǐngdiéjī ディーヴィーディー インディエジィ	DVD 플레이어 ティブイディ プレイオ
録画[録音]	recording レコーディンッ	录像[录音] lùxiàng [lùyīn] ルゥシアン[ルゥイン]	녹화[녹음] ノクヮ [ノグム]
リモコン	remote control リモート コントローゥ	遥控器 yáokòngqì ヤオコンチィ	리모컨 リモコン
掃除機	vacuum cleaner ヴァキューム クリーナー	吸尘器 xīchénqì シィチェンチィ	청소기 チョンソギ
電話機	telephone テレフォゥン	电话机 diànhuàjī ディエンホアジィ	전화기 チョナギ
携帯電話	cell phone セゥ フォゥン	手机 shǒujī ショウジィ	핸드폰 ヘンドゥポン
電子辞書	electronic dictionary エレクトロニッ ディクショナリー	电子词典 diànzǐ cídiǎn ディエンヅ ツーディエン	전자사전 チョンジャサジョン
ゲーム機	game console ゲイム コンソゥル	游戏机 yóuxìjī ヨウシィジィ	게임기 ケイムギ
電子レンジ	microwave マイクロウェイヴ	微波炉 wēibōlú ウェイボォルゥ	전자레인지 チョンジャレインジ
炊飯器	rice cooker ライス クッカー	电饭锅 diànfànguō ディエンファングオ	전기 밥솥 チョンギ パプソッ
タイマー機能	timer function タイマー ファンクション	定时功能 dìngshí gōngnéng ティンシー ゴンヌォン	타이머 기능 タイモ キヌん
冷蔵庫	refrigerator リフレッジャレイター	冰箱 bīngxiāng ビンシアン	냉장고 ネンジャンゴ
ウォシュレット	shower toilet seat シャワー トイレッ スィーッ	卫洗丽 Wèixǐlì ウェイシィリー	비데 ビデ
シェーバー	shaver シェイヴァー	剃须刀 tìxūdāo ティーシュィダオ	전기 면도기 チョンギ ミョンドギ
ドライヤー	hair dryer ヘア ドライヤー	吹风机 chuīfēngjī チュイフォンジィ	드라이어 トゥライオ
美顔器	facial beauty device フェイシャゥ ビューティ ディヴァイス	美容器 měiróngqì メイロンチィ	미안기 ミアンギ
中古	used ユーズドゥ	半新品 bànxīnpǐn バンシンピン	중고 チュんゴ

🔊 18

コラム：アメリカ英語とイギリス英語（語彙の違い）

同じ英語でも、アメリカとイギリスでは使っている単語が違うことがあります。よくわからずに混同して使っていることもあります。いくつか例を見てみましょう。日本語の50音順に並べてあります。

[日]	[米]	[英]
運転免許証	driver's license	driving license
映画館	movie theater	cinema
エレベーター	elevator	lift
往復切符	round-trip ticket	return ticket
大通り	main street	high street
おむつ	diaper	nappy
ガソリンスタンド	gas station	petrol station
片道切符	one-way ticket	single ticket
（レストランの）勘定書	check	bill
クッキー	cookie	biscuit
コインランドリー	laundromat	launderette
交差点	intersection	junction
サッカー	soccer	football
紙幣	bill	note
（下着の）シャツ	undershirt	vest
ズボン	pants	trousers
セーター	sweater	jumper
地下鉄	subway	underground
駐車場	parking lot	car park
中心街	downtown	city centre
ドラッグストア	drugstore	chemist's
（車の）トランク	trunk	boot
なす	eggplant	aubergine
（下着の）パンツ	underpants	pants
ベビーベッド	crib	cot
ポテトチップス	potato chips	crisps
ミルク入りのコーヒー	coffee with milk	white coffee
持ち帰り	takeout	takeaway
郵便番号	zip code	postcode
リュックサック	backpack	rucksack
列	line	queue
ロータリー	traffic circle	roundabout
路面電車	street car	tram

このほか、階数の言い方もアメリカとイギリスでは違いがあります。「1階、2階、3階…」は、アメリカでは "first floor, second floor, third floor..." と言いますが、イギリスでは "ground floor, first floor, second floor..." となります。

買い物

家電量販店

ホビーショップ

hobby shop　娯乐用品商店　yúlèyòngpǐn shāngdiàn
ホビーショッ　　　　　　　ュィラァヨンピン　シャンディエン

① アニメのキャラクターグッズはこちらです

Kǎtōng wánjù zài zhèibiān.
卡通玩具在这边。
カァトン　ワンジュィ　ヅァイ　ヂェイビエン

Anime goods are over here.
アニメ　グッヅ　アー　オゥヴァー　ヒア

애니메이션 캐릭터 상품은 이쪽입니다.
エニメイション　ケリクト　サンプムン　イチョギムニダ

② フィギュアは2階にございます

Wánjù wáwa zài èr lóu.
玩具娃娃在二楼。
ワンジュィワワ　ヅァイ　アルロウ

We have figurines on the 2nd floor.
ウィ　ハヴ　フィギュリーンズ　オン　ザ　セカンツ　フロア

피규어는 2 층에 있습니다.
ピギュオヌン　イーチュンエ　イッスムニダ

③ ショーケース内の商品をご覧になりますか？

Yào kàn yíxià chénlièguì li de shāngpǐn ma?
要看一下陈列柜里的商品吗？
ヤオ　カンイーシア　チェンリエグイリィダ　シャンピンマ

Would you like to look at the items in the showcase?
ウデュー　ライク　トゥ　ルックァッ　ジ　アイテムズ　イン　ザ　ショウケイス

진열장 안의 상품을 보시겠습니까？
チニョルチャンアネ　サンプムル　ポシゲッスムニッカ

④ 組み立てると全長200mmになります

Zǔhéqǐlai cháng liǎngbǎi háomǐ.
组合起来长两百毫米。
ヅゥホァチライ　チャン　リアンバイハオミイ

The total length is 200 mm when assembled.
ザ　トウタゥ　レンクス　イズ　トゥ　ハンドレッ　ミリミーターズ　ウエン　アセンブゥドゥ

조립하면 전체 길이가 200 밀리입니다.
チョリパミョン　チョンチェ　キリガ　イべンミルリイムニダ

⑤ 関節パーツは可動式です

Liánjiē bùjiàn shì kědòng shì de.
连接部件是可动式的。
リエンジエ　ブゥジェン　シー　ケァードンシーダ

The joints are movable.
ザ　ジョインツ　アー　ムーヴァブゥ

관절 부분은 가동식입니다.
クァンジョル　ブブヌン　カドンシギムニダ

⑥ 塗装済み、10分の1スケールです

Shí fēn zhī yī dàxiǎo, yǐ shàng qī.
十分之一大小，已上漆。
シーフェンヂーイー　ダーシァオ　イー　シャンチィ

It's already painted and the scale is one-tenth.
イッツ　オーレディ　ペインティッ　アンツ　ザ　スケール　イズ　ワン　テンス

색칠이 되어 있고, 크기는 10 분의 1 입니다.
セクチリ　テオイッコ　クギヌン　シブネ　イリムニダ

⑦ スイッチを入れると声が出ます

Dǎkāi kāiguān, huì fāchū shēngyīn.
打开开关，会发出声音。
ダァカイ　カイグワン　ホイファーチュウ　ションイン

A voice will be activated when you switch it on.
ア　ヴォイス　ウィゥビー　アクティヴェイティッ　ウエン　ユー　スウィッチ　イッ　オン

스위치를 켜면 소리가 납니다.
スウィチルル　キョミョン　ソリガ　ナムニダ

⑧ 武器が付属で入っています

Wǔqì shì pèijiàn, yǐ zhuāngzài lǐmian.
武器是配件，已装在里面。
ウゥチィ　シー　ペイジェン　イー　ヂュアンヅァイ　リィミエン

A weapon is included.
ア　ウェポン　イズ　インクルーディッ

무기가 부속품으로 들어 있습니다.
ムギガ　ブソクプムロ　トゥロ　イッスムニダ

취미용품 숍
チュィミヨんプム ショプ

🔊 19

⑨ この復刻版は非常にレアです
This replica model is very rare.
ディス レプリカ モデゥ イズ ヴェリー レア

Zhèi ge fùzhìpǐn hěn shǎojiàn.
这个复制品很少见。
ヂェイガ フゥヂーピン ヘンシャオジエン

이 복각판은 아주 드문 겁니다.
イ ポクカクパヌン アジュ トゥムン ゴムニダ

⑩ 数量限定ですのでお早めにどうぞ
The supply is limited, so please hurry.
ザ サプライ イズ リミッティッ ソゥ プリー ハリー

Shùliàng yǒuxiàn, màiwán jiù méiyou le.
数量有限，卖完就没有了。
シュゥリアン ヨウシエン マイワン ジウ メイヨウラ

수량 한정 품목입니다. 더 늦기 전에!
スリゃン ハンジょン プムモギムニダ ト ヌッキ ジョネ

⑪ 初回限定版のご予約を受付中です
We accept pre-orders for the limited first edition.
ウィ アクセプッ プリオーダーズ フォー ザ リミティッ ファースッ エディション

Dìyī cì xiàndìng bǎn zhèngzài bànlǐ yùgòu.
第一次限定版正在办理预购。
ディーイーツー シエンディンパン チョンツァイ パンリィ ユィゴウ

첫 회 한정판 예약 접수 중입니다.
チョットェ ハンジョんパン イェヤク チョプス ジュんイムニダ

⑫ 3時からサイン会を行います
We are holding an autograph session from 3 p.m.
ウィ アー ホゥルディンッ アン オートゥグラフ セッション フロム スリー ピーエム

Sān diǎn yǒu qiānmínghuì.
三点有签名会。
サンディエン ヨウ チエンミンホイ

3 시부터 사인회가 있겠습니다.
セーシプト サイヌェガ イッケッスムニダ

⑬ メーカーの都合で発売中止になりました
The manufacturer has discontinued this item.
ザ マニュファクチャラー ハズ ディスコンティニュードゥ ディス アイテム

Yóuyú chǎngjiā de yuányīn, xiàn tíngzhǐ xiāoshòu.
由于厂家的原因，现停止销售。
ヨウユィ チャンジアダ ウェンイン シエン ティンヂー シアオショウ

메이커 사정으로 발매가 중지되었습니다.
メイコ サジョんウロ パルメガ チュんジドェオッスムニダ

買い物 ホビーショップ

ワードバンク ホビーショップ

プラモデル	plastic model プラスティッ モデゥ	塑料模型 sùliào móxíng スゥリアオ モォシン	플라모델 プルラモデル
非売品	not for sale ノッ フォー セイゥ	非出售品 fēichūshòupǐn フェイチューショウピン	비매품 ピメプム
組み立て式	sectional セクショナゥ	组合式 zǔhéshì ツゥホァシー	조립식 チョリプシク
ソフトビニール製	soft vinyl ソフッ ヴァイヌゥ	软塑料制品 ruǎnsùliàozhìpǐn ルワンスゥリアオ ヂーピン	소프트 비닐 키트 ソフトゥビニル キトゥ
等身大	life-size ライフ サイズ	等身大 děngshēndà デゥンシェンダァ	실물크기 シルムルクギ
漫画	comics コミックス	漫画 mànhuà マンホワ	만화 マヌァ
同人誌	fanzine ファンズィーン	同人杂志 tóngrén zázhì トンレンザァヂー	동인지 トんインジ
イベント	event イヴェンッ	活动 huódòng フオドン	이벤트 イベントゥ

53

スーパー・100円ショップ
supermarket, 100-yen shop
スーパーマーケッ　ハンドレッイエン　ショッ

---

① **かご**をご利用ください

Qǐng shǐyòng gòuwùkuāng.
请使用购物筐。
チン　シーヨン　ゴウウックアン

Please use a shopping basket.
プリー　ユーズ　ア　ショッピンッ　バスケッ

바구니를 사용해 주십시오.
バグニルル　サヨンヘ　ジュシプシオ

---

② **パン**売り場はこちらです

Miànbāo guìtái zài zhèibiān.
面包柜台在这边。
ミエンバオグイタイ　ツァイ　チェイビエン

The bread section is here.
ザ　ブレッ　セクション　イズ　ヒア

빵 매장은 이쪽입니다.
パン　メジャンウン　イチョギムニダ

---

③ **大変お買い得**になっております

Xiànzài mǎi hésuàn.
现在买合算。
シエンツァイ　マイ　ホァスワン

This is a bargain.
ディス　イズ　ア　バーギン

원래 가격보다 훨씬 쌉니다.
ウォルレ　カギョクボダ　フォルシン　サムニダ

---

④ **300円均一**です

Yílǜ sānbǎi rìyuán.
一律三百日元。
イーリュィ　サンバイリーユエン

They are 300 yen each.
ゼイ　アー　スリー　ハンドレッ　イエン　イーチ

300엔 균일입니다.
サムベゲン　キュニリムニダ

---

⑤ **おひとり様2個**までです

Měirén zhǐ xiàn liǎng ge.
每人只限两个。
メイレン　ヂーシエン　リアンガ

Up to 2 pieces per person, please.
アップ　トゥ　トゥ　ピースィズ　パー　パーソン　プリー

1 인당 2 개까지입니다.
イリンダん　トゥゲカジイムニダ

---

⑥ **このコーナーは3つで1000円**です

Zhèi ge zhuānguì sān ge mài yìqiān rìyuán.
这个专柜三个卖一千日元。
チェイガ　チュアングイ　サンガ　マイ　イーチエンリーユエン

These are 1,000 yen for any 3 items.
ジーズ　アー　ア　サウザンッ　イエン　フォー　エニィ　スリー　アイテムズ

이 코너는 3 개에 1000 엔입니다.
イ　コノヌン　セーゲエ　チョネニムニダ

---

⑦ **当店で調理**しています

Zài diàn li zuò de.
在店里做的。
ツァイ　ディエンリィ　ツオダ

They are made on the premises.
ゼイ　アー　メイド　オン　ザ　プレミスィズ

여기서 조리하고 있습니다.
ヨギソ　チョリハゴ　イッスムニダ

---

⑧ **ただいまできたて**です

Gāng zuòhǎo de.
刚做好的。
ガンヅオハオダ

This is just cooked and hot.
ディス　イズ　ジャスッ　クックトゥ　アン　ハッ

방금 조리한 겁니다.
パングム　チョリハンゴムニダ

超市、百元商店 chāoshì, bǎiyuán shāngdiàn　　**슈퍼, 백엔 숍**
チャオシー　バイユエン　シャンディエン　　シュポ　ペゲン　ショプ

ワードバンク　スーパー

野菜	vegetables ヴェジタブゥズ	蔬菜 shūcài シューツァイ	야채 ヤチェ
果物	fruit フルートゥ	水果 shuǐguǒ シュイグオ	과일 クァイル
米	rice ライス	大米 dàmǐ ダァミィ	쌀 サル
小麦粉	flour フラゥアー	小麦粉 xiǎomàifěn シアオマイフェン	밀가루 ミルカル
お菓子	sweets スウィーツ	糕点 gāodiǎn ガオディエン	과자 クァジャ
飲料	beverage ベヴァリッジ	饮料 yǐnliào インリアオ	음료 ウムニョ
鮮魚	fresh fish フレッシュ フィッシュ	鲜鱼 xiānyú シエンユィ	생선 センソン
肉類	meat ミートゥ	肉类 ròulèi ロウレイ	고기류 コギリュ
調味料	seasoning スィーズニンッ	调料 tiáoliào ティアオリアオ	조미료 チョミリョ
インスタント食品	instant foods インスタンッ フーズ	方便食品 fāngbiàn shípǐn ファンビエン シーピン	인스턴트 식품 インストントゥ シクプム
缶詰	canned foods キャンドゥ フーズ	罐装 guànzhuāng グワンヂュアン	통조림 トンジョリム
乳製品	dairy products デアリー プロダクツ	乳制品 rǔzhìpǐn ルゥヂーピン	유제품 ユジェプム
発酵食品	fermented foods ファーメンティッ フーズ	发酵食品 fājiào shípǐn ファージアオ シーピン	발효식품 パルヒョシクプム
乾物	dried foods ドライッ フーズ	干货 gānhuò ガンフオ	건어물 コノムル
冷凍の	frozen フロゥズン	冷冻 lěngdòng ロンドン	냉동(한) ~ ネンドン(ハン)
輸入の	imported インポーティッドゥ	进口的 jìnkǒu de ジンコウダ	수입(한) ~ スイプ(ハン)
国産	domestic ドメスティッ	国产 guóchǎn グオチャン	국산 クゥサン
量り売り	sell ~ by measure セゥ バイ メジャー	论分量卖 lùn fènliang mài ルン フェンリアン マイ	계량 판매 ケリャン パンメ
バラ売り	sell ~ loose セゥ ルース	零卖 língmài リンマイ	낱개 판매 ナッケ パンメ
詰め放題	all you can pack オーゥ ユーキャン パッ	随便装 suíbiàn zhuāng スイビエン ヂュアン	막 담아 세일 マク タマ セイル
調理済み	cocked クックドゥ	熟食 shúshí シューシー	조리(한) チョリ(ハン)
お惣菜	deli food デリ フーッ	副食品 fùshípǐn フゥシーピン	반찬 パンチャン
新鮮な	fresh フレッシュ	新鲜 xīnxiān シンシエン	신선(한) シンソン(ハン)
無農薬	pesticide-free ペスタサイドゥフリー	无农药 wúnóngyào ウゥノンヤオ	무농약 ムノンヤク
低脂肪	low-fat ロゥファッ	低脂肪 dīzhīfáng ディーヂーファン	저지방 チョジバン
日用品	daily necessities デイリー ネセシティーズ	日用品 rìyòngpǐn リーヨンピン	일용품 イリョンプム
原材料	ingredients イングリーディエンツ	原材料 yuáncáiliào ユエンツァイリアオ	원재료 ウォンジェリョ
2人前	2 portions トゥー ポーションズ	两份儿 liǎng fènr リアンフェル	2 인분 イーインブン
調理法	recipe レサピ	烹调方法 pēngtiáo fāngfǎ ポンティアオ ファンフアー	조리법 チョリポプ

買い物

スーパー・一〇〇円ショップ

スーパー・100円ショップ

① ご試食はいかがですか？
Qǐng shì cháng.
请试尝。
チン シーチャン

Would you like to try some?
ウデュー ライッ トゥ トライ サム

시식해 보시겠습니까？
シシケ ボシゲッスムニッカ

② 中にカレーペーストが入っています
Lǐmiàn shì gālíjiàng.
里面是咖喱酱。
リィミエン シー ガァリィジアン

It has curry paste inside.
イッ ハズ カリー ペイスッ インサイッ

안에 카레가 들어 있습니다.
アネ カレガ トゥロ イッスムニダ

③ 化学調味料は使用しておりません
Méiyǒu shǐyòng huàxué tiáoliào.
没有使用化学调料。
メイヨウ シーヨン ホアシュエ ティアオリアオ

It contains no chemical seasoning.
イッ コンテインズ ノウ ケミカゥ シーズニンッ

화학 조미료는 사용하지 않았습니다.
ファハク チョミリョヌン サヨンハジ アナッスムニダ

④ 肉は入っていません
Lǐmiàn méi fàng ròu.
里面没放肉。
リィミエン メイファン ロウ

There's no meat inside.
ゼアーズ ノウ ミーッ インサイッ

고기는 안 들어 있습니다.
コギヌン アンドゥロ イッスムニダ

⑤ 静岡産の新茶です
Zhè shì Jìnggāng chǎn de xīnchá.
这是静冈产的新茶。
ヂョアシー ジンガンチャンダ シンチャア

It's the first tea of the season from Shizuoka region.
イッツ ザ ファースッ ティー オヴ ザ シーズン フロム シズオカ リージョン

시즈오카산 햇차입니다.
シジュオカサン ヘッチャイムニダ

⑥ 賞味期限は3日以内です
Yǒuxiàoqī zài sān tiān yǐnèi.
有效期在三天以内。
ヨウシアオチィ ヅァイ サンティエン イーネイ

Please eat this within 3 days.
プリー イーッ ディス ウィズイン スリー デイズ

유효기간은 3 일 이내입니다.
ユヒョギガヌン サミル イネイムニダ

⑦ 冷蔵庫で1週間持ちます
Bīngxiāng li kě bǎocún yí ge xīngqī.
冰箱里可保存一个星期。
ビンシアンリィ クァーバオツン イーガ シンチィ

It will last for 1 week in a refrigerator.
イッ ウィゥ ラスッ フォー ワン ウィーク イン ァ リフレジャレイター

냉장고에서 1 주일은 괜찮습니다.
ネンジャンゴエソ イルチュイルン クェンチャンスムニダ

⑧ このパックにご自分でお取りください
Yòng zhèi ge hézi zìjǐ zhuāng.
用这个盒子自己装。
ヨン ヂェイガ ハヅツ ヅージィ チュアン

Please pack them yourself.
プリー パッ ゼム ユアセゥフ

이 팩에 직접 담으십시오.
イペゲ チクチョブ タムシブシオ

🔊 21

⑨ 100g [1個] あたり 50円です	It's 50 yen per 100 g [each].
Yìbǎi kè [Yí ge] wǔshí rìyuán. 一百克 [一个] 五十日元。 イーバイクァー [イーガ] ウゥシーリーユエン	イッツ フィフティ イエン パー ア ハンドレッ グラムズ [イーチ] 100 그램 [1 개]당 50 엔입니다. ペククレム [ハンゲ] 당 オーシペニムニダ

⑩ 何g [何個] にしましょうか？	How much [many] would you like?
Nín yào jǐ kè [jǐ ge]? 您要几克 [几个]？ ニン ヤオ ジィクァー [ジィガ]	ハウ マッチ [メニー] ウデュー ライッ 몇 그램 [몇 개] 드릴까요？ ミョックレム [ミョッケ] トゥリルカヨ

⑪ お会計はこちら [レジ] でお願いします	Please pay here [at the cashier].
Zài zhèlǐ [shōukuǎntái] fùkuǎn. 在这里 [收款台] 付款。 ツァイチョァリ [ショウクワンタイ] フゥクワン	プリー ペイ ヒア [アッ ザ キャシュア] 계산은 여기서 [계산대에서] 해 주십시오. ケサヌン ヨギソ [ケサンデエソ] ヘ ジュシプシオ

買い物 スーパー・一〇〇円ショップ

ワードバンク　肉・乳製品など

豚肉	pork ポーク	猪肉 zhūròu デューロウ	돼지고기 トェジゴギ
鶏肉	chicken チキン	鸡肉 jīròu ジィロウ	닭고기 タクゴギ
牛肉	beef ビーフ	牛肉 niúròu ニウロウ	소고기 ソゴギ
羊肉	mutton マトン	羊肉 yángròu ヤンロウ	양고기 ヤンゴギ
仔羊肉	lamb ラム	羊羔肉 yánggāoròu ヤンガオロウ	어린 양고기 オリン ヤンゴギ
ひき肉	ground meat グラゥンドゥ ミーツ	肉馅儿 ròuxiànr ロウシアル	다진 고기 タジンゴギ
骨付き肉	meat with the bone ミーツ ウィズ ザ ボゥン	带骨肉 dàigǔròu ダイグゥロウ	뼈 붙은 고기 ピョブットゥン コギ
魚のすり身	fish paste フィッシュ ペイスト	鱼肉泥 yúròuní ユィロウニィ	다진 생선 タジン センソン
ハム	ham ハム	火腿 huǒtuǐ フォトゥイ	햄 ヘム
ソーセージ	sausage ソーシッジ	香肠 xiāngcháng シアンチャン	소시지 ソシジ
卵	egg エッグ	鸡蛋 jīdàn ジィダン	계란 ケラン
牛乳	milk ミゥク	牛奶 niúnǎi ニウナイ	우유 ウユ
豆乳	soybean milk ソイビーン ミゥク	豆浆 dòujiāng ドウジアン	두유 トゥユ
チーズ	cheese チーズ	奶酪 nǎilào ナイラオ	치즈 チジュ
バター	butter バター	黄油 huángyóu ホアンヨウ	버터 ポト
生クリーム	fresh cream フレッシュ クリーム	鲜奶油 xiānnǎiyóu シエンナイヨウ	생크림 センクリム
ヨーグルト	yogurt ヨウガーッ	酸奶 suānnǎi スワンナイ	요구르트 ヨグルトゥ

スーパー・100円ショップ

① お次でお待ちのお客様、どうぞ
Next person, please.
ネクスト パーソン プリー

Xià yí wèi qǐng.
下一位请。
シアイーウェイ チン

그럼, 다음 손님!
クロム タウム ソンニム

② レジ袋はご利用ですか？
Do you need a plastic bag?
ドゥ ユー ニードァ プラスティック バッグ

Yào sùliàodài ma?
要塑料袋吗？
ヤオ スゥリアオダイマ

비닐 봉지 필요하세요?
ビニルボンジ ピリョハセヨ

③ 保冷剤をお入れいたします
I'll put a cold pack inside.
アイゥ ブッ ァ コウルッ パック インサイッ

Gěi nín fàngshang bǎolěngjì.
给您放上保冷剂。
ゲイニン ファンシャン バオルォンジィ

보냉제를 넣어 드리겠습니다.
ポネンジェルル ノオ ドゥリゲッスムニダ

④ カートは出入口付近にご返却ください
Please return the cart at the entrance.
プリー リターン ザ カー アッ ジ エントランス

Gòuwùchē qǐng huándào ménkǒu fùjìn.
购物车请还到门口附近。
ゴウウゥチョア チン ホワンダオ メンコウ フゥジン

카트는 출입구 쪽에 돌려 놔 주십시오.
カトゥヌン チュリブクチョゲ トルリョノァ ジュシァシオ

コラム：間違えやすい英語表現（否定疑問文の答え方）

お客様とのコミュニケーションでよく問題になるのが、否定疑問文に対する答え方です。
"Don't you have any stamps?"（切手、扱っていないんですか？）と尋ねられたとき、「いえ、扱ってますよ」という日本語を思い浮かべて No と答えがちです。これでは、お客様は「扱っていない」と誤解してしまいます。英語では "Yes, we do."（はい、扱っています）と Yes で答えます。英語と日本語の表現の違いがあるために、とっさに答えるときに、混乱するのが常です。
英語では "Do you have any stamps?" と聞かれても "Don't you have any stamps?" と聞かれても、「扱っている」場合は、いずれも Yes で答えるのがルールです。

お客様:	Do you have any stamps?	店員:	Yes, we do.（扱っている）
			No, we don't.（扱っていない）
お客様:	Don't you have any stamps?	店員:	Yes, we do.（扱っている）
			No, we don't.（扱っていない）

日本語の方が複雑です。「扱っていますか」に対しては「はい、扱っています」と答え、「扱っていないんですか」に対しては「いえ、扱っています」と答えます。

お客様:	扱っていますか？	店員:	はい、扱っています。
			いいえ、扱っていません。
お客様:	扱っていないんですか？	店員:	いいえ、扱っています。
			はい、扱っていません。

表現方法の違いがはっきりすると、英語の方が簡単なことがわかります。

ワードバンク 野菜・穀類

野菜	vegetable ヴェジタブゥ	蔬菜 shūcài シューツァイ	야채 ヤチェ
にんじん	carrot キャロッ	胡萝卜 húluóbo フゥルオボ	당근 タングン
キャベツ	cabbage キャビッヂ	洋白菜 yángbáicài ヤンパイツァイ	양배추 ヤンベチュ
白菜	Chinese cabbage チャイニーズ キャビッヂ	白菜 báicài パイツァイ	배추 ベチュ
ほうれん草	spinach スピニッチ	菠菜 bōcài ボォツァイ	시금치 シグムチ
アスパラガス	asparagus アスパラガス	芦笋 lúsǔn ルゥスン	아스파라거스 アスパラガス
大根	daikon radish ダイコン ラディシュ	萝卜 luóbo ルオボ	무 ムー
きゅうり	cucumber キューカンバ	黄瓜 huángguā ホアングア	오이 オイ
レタス	lettuce レティス	生菜 shēngcài ションツァイ	양상치 ヤンサンチ
もやし	bean sprout ビーン スプラウッ	豆芽菜 dòuyácài ドウヤァツァイ	콩나물 コンナムル
ブロッコリー	broccoli ブラッカリー	绿菜花 lǜcàihuā リュィツァイホア	브로콜리 プロコルリ
セロリ	celery セラリ	芹菜 qíncài チンツァイ	샐러리 セルロリ
トマト	tomato トメイトゥ	西红柿 xīhóngshì シィホンシー	토마토 トマト
なす	eggplant エッグプランツ	茄子 qiézi チエヅ	가지 カジ
ピーマン	green pepper グリーン ペッパー	青椒 qīngjiāo チンジアオ	피망 ピマン
ねぎ	leek リーク	葱 cōng ツォン	파 パ
玉ねぎ	onion アニャン	洋葱 yángcōng ヤンツォン	양파 ヤンパ
じゃがいも	potato ポテイトゥ	土豆 tǔdòu トゥードウ	감자 カムジャ
さつまいも	sweet potato スウィート ポテイトゥ	红薯 hóngshǔ ホンシュー	고구마 コグマ
山芋	yam ヤム	山药 shānyao シャンヤオ	참마 チャムマ
かぼちゃ	pumpkin パンプキン	南瓜 nánguā ナングワ	호박 ホバク
とうもろこし	corn コーン	玉米 yùmǐ ユィミィ	옥수수 オクスス
にんにく	garlic ガーリック	蒜 suàn スワン	마늘 マヌル
しょうが	ginger ジンジャー	姜 jiāng ジアン	생강 センガン
しいたけ	shiitake mushroom シイタケ マシュルーム	香菇 xiānggū シアングゥ	표고 버섯 ピョゴボソッ
ゴボウ	burdock バードッ	牛蒡 niúbàng ニウバン	우엉 ウオん
たけのこ	bamboo shoot バンブー シューツ	竹笋 zhúsǔn ヂュウスン	죽순 チュクスン
大豆	soy bean ソイ ビーン	大豆 dàdòu ダァドウ	콩 コン
あずき	adzuki bean アズキ ビーン	小豆 xiǎodòu シアオドウ	팥 パッ
枝豆	green soybean グリーン ソイビーン	毛豆 máodòu マオドウ	풋콩 プッコん
米	rice ライス	大米 dàmǐ ダミィ	쌀 サル
小麦粉	flour フラウアー	小麦粉 xiǎomàifěn シアオマイフェン	밀가루 ミルカル

買い物

スーパー・一〇〇円ショップ

スーパー・100円ショップ

ワードバンク　果物・ナッツ類

オレンジ	orange オリンジ	橙子 chéngzi チョンヅ	오렌지 オレンジ
グレープフルーツ	grapefruit グレイプフルーツ	葡萄柚 pútaoyòu プタオヨウ	그레이프루트 クレイプブルチュ
みかん	mandarin orange マンダリン オリンジ	橘子 júzi ジュィヅ	귤 キュル
りんご	apple アップゥ	苹果 píngguǒ ピングオ	사과 サグァ
ぶどう	grape グレイプ	葡萄 pútao プタオ	포도 ポド
いちご	strawberry ストローベリー	草莓 cǎoméi ツァオメイ	딸기 タルギ
スイカ	watermelon ウォーターメロン	西瓜 xīguā シィグワ	수박 スパク
もも	peach ピーチ	桃子 táozi タオヅ	복숭아 ボクスんァ
さくらんぼ	cherry チェリー	樱桃 yīngtáo インタオ	버찌 ポチ
ライチ	lychee ライチー	荔枝 lìzhī リーチー	라이치 ライチ
ブルーベリー	blueberry ブルーベリー	蓝莓 lánméi ランメイ	블루베리 ブルベリ
マンゴー	mango マンゴゥ	芒果 mángguǒ マングオ	망고 マんゴ
梨	pear ペア	梨 lí リィ	배 ペ
柿	persimmon パーシモン	柿子 shìzi シーヅ	감 カム
あんず	apricot アプラカッ	杏 xìng シン	살구 サルグ
ゆず	citron シトロン	柚子 yòuzi ヨウヅ	유자 ユジャ
バナナ	banana バナァナ	香蕉 xiāngjiāo シアンジァオ	바나나 バナナ
メロン	melon メロン	甜瓜 tiánguā ティエングア	멜론 メロン
パイナップル	pineapple パイナポゥ	菠萝 bōluó ボォルオ	파인애플 パイネプル
レモン	lemon レマン	柠檬 níngméng ニンモン	레몬 レモン
キウイ	kiwi キーウィー	猕猴桃 míhóutáo ミィホウタオ	키위 キウィ
ナッツ	nut ナッ	坚果 jiānguǒ ジエングオ	너츠 ノチュ
ピーナッツ	peanut ピーナッ	花生豆 huāshēngdòu ホアションドゥ	땅콩 タんコん
くるみ	walnut ウォルナッ	核桃 hétao ホァタオ	호두 ホドゥ
アーモンド	almond アーマンドゥ	杏仁 xìngrén シンレン	아몬드 アモンドゥ
栗	chestnut チェスナッ	栗子 lìzi リィヅ	밤 パム

ワードバンク　お菓子類

ゼリー	jelly ジェリー	果冻 guǒdòng グオドン	젤리 チェлリ
プリン	pudding プッディンッ	布丁 bùdīng ブディン	푸딩 プディん
寒天	agar アーガー	洋粉 yángfěn ヤンフェン	한천 ハンチョン
チョコレート	chocolate チョーカラッ	巧克力 qiǎokèlì チアオクァーリィ	초콜릿 チョコルリッ
飴	candy キャンディ	糖果 tángguǒ タングオ	엿 ヨッ
クッキー	cookie クッキー	饼干 bǐnggān ビンガン	쿠키 クキ
せんべい	rice cracker ライス クラッカー	脆饼 cuìbǐng ツゥイビン	전병 チョンビョん
餅	rice cake ライス ケイク	年糕 niángāo ニエンガオ	떡 トク
つぶあん	red bean jam レッビーン ジャム	带皮豆馅儿 dàipídòuxiànr ダイピドウシァル	통팥 トンパッ
こしあん	smooth red bean paste スムース レッビーン ペイスト	细豆沙 xìdòushā シィドウシャー	앙금팥 アんグムパッ
きな粉	soybean flour ソイビーン フラウアー	黄豆粉 huángdòufěn ホアンドウフェン	콩가루 コんカル
ケーキ	cake ケイク	蛋糕 dàngāo ダンガオ	케이크 ケイク
パイ	pie パイ	馅饼 xiànbǐng シエンビン	파이 パイ
アイスクリーム	ice cream アイス クリーム	冰激凌 bīngjīlíng ビンジィリン	아이스크림 アイスクリム
シャーベット	sorbet ソァベイ	果汁冰霜 guǒzhī bīngshuāng グオヂービンシュアン	샤벳 シャベッ
ジャム	jam ジャム	果酱 guǒjiàng グオジアン	잼 チェム

ワードバンク　調味料

醤油	soy sauce ソイ ソース	酱油 jiàngyóu ジアンヨウ	간장 カンジャん
塩	salt ソーゥト	盐 yán イエン	소금 ソグム
砂糖	sugar シュガー	砂糖 shātáng シャータン	설탕 ソルタん
はちみつ	honey ハニー	蜂蜜 fēngmì フォンミィ	꿀 クル
味噌	miso ミソ	酱 jiàng ジアン	된장 トェンジャん
わさび	wasabi ワサビ	日本芥末 Rìběn jièmo リーベンジエモォ	와사비 ワサビ
辛子	mustard マスターッ	芥末 jièmo ジエモッ	겨자 キョジャ
唐辛子	red pepper レッ ペッパー	辣椒 làjiāo ラァジオ	고추 コチュ
こしょう	pepper ペッパー	胡椒 hújiāo フゥジァオ	후추 フチュ
油	oil オイゥ	油 yóu ヨウ	기름 キルム
ごま	sesame セサミ	芝麻 zhīma ヂーマ	깨 ケ
酢	vinegar ヴィネガー	醋 cù ツゥ	식초 シクチョ
ケチャップ	ketchup ケチャップ	番茄酱 fānqiéjiàng ファンチエジアン	케첩 ケチョプ
ドレッシング	dressing ドレッシンッ	色拉调料 sèlātiáoliào サラァティオリオォ	드레싱 トゥレシん
マヨネーズ	mayonnaise メイネイズ	蛋黄酱 dànhuángjiàng ダンホアンジアン	마요네즈 マヨネジュ
ソース	sauce ソース	沙司 shāsī シャースー	소스 ソス

買い物　スーパー・一〇〇円ショップ

61

ドラッグストア

drugstore ドラッグストアー
药店 yàodiàn ヤオディエン
약국 ヤックク

---

① 風邪薬はこちらです

Gǎnmàoyào zài zhèibiān.
感冒药在这边。
ガンマオヤオ ヅァイ チェイビエン

Cold medicines are over here.
コゥルッ メダスィンズ アー オゥヴァー ヒア

감기약은 여기 있습니다.
カムギヤグン ヨギ イッスムニダ

---

② おむつはこの棚です

Zhǐniàobù zài zhèi ge huòjià shang.
纸尿布在这个货架上。
ヂーニアオブゥ ヅァイ チェイガ フォジアシャン

Diapers are on this shelf.
ダイパーズ アー オン ディス シェゥフ

기저귀는 이쪽에 있습니다.
キジョグィヌン イチョゲ イッスムニダ

---

③ アレルギーはありますか？

Yǒu guòmǐn fǎnyìng ma?
有过敏反应吗？
ヨウ グオミンファンインマ

Do you have any allergies?
ドゥユー ハヴ エニ アラヂーズ

알레르기 있습니까？
アルレルギ イッスムニッカ

---

④ 吐き気に効果があります

Duì zhìliáo èxīn bǐjiào yǒuxiào.
对治疗恶心比较有效。
ドゥイ ヂーリアオ ゥアシン ビィジアオ ヨウシアオ

It's effective against nausea.
イッツ イフェクティヴ アゲンスッ ノーズィア

구역질에 효과가 있습니다.
クヨクチレ ヒョクアガ イッスムニダ

---

⑤ 軽い症状でしたらこれがお勧めです

Zhèngzhuàng qīng de huà, yòng zhèi ge yào.
症状轻的话，用这个药。
ジョンジュアン チンダホワ ヨン チェイガ ヤオ

This is effective for mild symptoms.
ディス イズ イフェクティヴ フォー マイルッ スィンプトムズ

가벼운 증상이면 이걸 권해 드립니다.
カビョウン チュンサンイミョン イゴル クォネ ドゥリムニダ

---

⑥ こちらは10日分です

Zhè shì shí tiān de yào.
这是十天的药。
チョアシー シーティエンダ ヤオ

This is enough for 10 days.
ディス イズ イナフ フォー テン デイズ

이건 10 일분입니다.
イゴン シビルブニムニダ

---

⑦ 大人は1回2錠です

Dàrén yí cì fúyòng liǎng lì.
大人一次服用两粒。
ダレン イーツー フゥヨン リアンリィ

The dose for an adult is 2 tablets at a time.
ザ ドゥス フォー アン アダゥト イズ トゥ タブレッツ アッ ア タイム

어른은 한 번에 2 알씩입니다.
オルヌン ハンボネ トゥーアルシギムニダ

---

⑧ 毎食後にお飲みください

Fànhòu fúyòng.
饭后服用。
ファンホウ フゥヨン

Please take this after meals.
プリー テイッ ディッ アフター ミールズ

세 번, 식후에 드십시오.
セーボン シクエ トゥシプシオ

ワードバンク ドラッグストア(1)

🔊 23

就寝前	before bedtime ビフォー ベッタイム	睡觉前 shuìjiào qián シュイジアオ チエン	자기 전 チャギジョン
～時間毎に	every ~ hours エヴリ アワーズ	每隔～小时 měi gé...xiǎoshí メイグァ シアオシー	～시간 마다 シガンマダ
痛み止め	painkiller ペインキラー	止疼药 zhǐténgyào ヂートンヤオ	진통제 チントンジェ
解熱剤	antifebrile アンタイフィーブリゥ	退烧药 tuìshāoyào トゥイシャオヤオ	해열제 ヘヨルチェ
頭痛	headache ヘッデイク	头疼 tóu téng トウトン	두통 トゥトン
腹痛	stomachache スタマックェイク	肚子疼 dùzi téng ドゥーヅトン	복통 ポクトン
咳止め	cough medicine カフメダスィン	止咳药 zhǐkéyào ヂークァヤオ	기침약 キチムヤク
鼻水がでる	have a runny nose ハヴ ア ラニー ノウズ	流鼻涕 liú bítì リウ ビィティー	콧물이 나온다 コンムリ ナオンダ
下痢	diarrhea ダイアリア	腹泻 fùxiè フゥシエ	설사 ソルサ
便秘	constipation カンスタペイシャン	便秘 biànmì ビエンミィ	변비 ピョンビ
二日酔い	hangover ハングオゥヴァ	宿醉 sùzuì スゥヅイ	숙취 スクチゥイ
睡眠薬	sleeping drug スリーピンヶ ドラッグ	安眠药 ānmiányào アンミエンヤオ	수면제 スミョンジェ
目薬	eyedrops アイドロップス	眼药 yǎnyào イエンヤオ	안약 アニャク
漢方薬	Chinese medicine チャイニーズ メダスィン	中药 zhōngyào ヂォンヤオ	한약 ハニャク
アトピー	atopy アタピー	特应性炎 tèyìngxìng píyán トァインシン ピィイエン	아토피 アトピ
かゆみ止め	antipruritic アンタイプルリティッ	止痒药 zhǐyǎngyào ヂーヤンヤオ	가려움증 약 カリョウムチュン ヤク
ビタミン剤	vitamin compound ヴァイタミン コンパウンヅ	维生素片 wéishēngsùpiàn ウェイションスゥピエン	비타민제 ピタミンジェ
のど飴	candy for throat キャンディ フォー スローッ	清凉糖 qīngliángtáng チンリアンタン	목캔디 モクケンディ
栄養食品	restorative リストラティヴ	营养食品 yíngyǎng shípǐn インヤン シーピン	영양식품 ヨンヤンシクプム
離乳食	baby food ベイビー フーッ	断奶食品 duànnǎi shípǐn ドワンナイ シーピン	이유식 イユシク
バンドエイド	Band-Aid バンヅ エイッ	创口贴 chuāngkǒutiē チュアンコウティエ	일회용 밴드 イルフェヨん ベンドゥ
包帯	bandage バンディッジ	绷带 bēngdài ボンダイ	붕대 プンデ
消毒液	antiseptic solution アンタセプティック ソリューシャン	消毒液 xiāodúyè シアオドゥーイエ	소독액 ソドゲク
虫よけ	repellent リペランッ	防虫剂 fángchóngjì ファンチョンジィ	제충약 チェチュンヤク
マスク	flu mask フルー マスク	口罩 kǒuzhào コウヂャオ	마스크 マスク
生理用品	sanitary napkins サナタリー ナプキンッ	妇女用品 fùnǚ yòngpǐn フゥニュィ ヨンピン	생리용품 せんニヨムブム
ティッシュ	tissue ティッシュー	纸巾 zhǐjīn ヂージン	티슈 ティシュ
トイレットペーパー	toilet paper トイレッ ペイパー	手纸 shǒuzhǐ ショウヂ	화장지 ファジャンジ
カイロ	body warmer バディウォーマー	暖身宝 nuǎnshēnbǎo ヌワンシェンパオ	핫 팩 ハッペク
湿布	compress カンプレッ	湿敷药巾 shīfū yàojīn シーフゥヤオジン	파스 パス

買い物 ドラッグストア

ドラッグストア

① お子様用で、飲みやすい薬です
Zhè shì értóng yòng yào, róngyì fúyòng.
这是儿童用药，容易服用。
チョアシー アルトンヨンヤオ ロンイー フゥヨン

This is for children and very easy to take.
ディス イズ フォー チゥドレン アンッ ヴェリー イーズィー トゥ テイッ

어린이 용으로, 먹기 쉬운 약입니다.
オリニ ヨンウロ モッキ シィウン ヤギムニダ

② 服用法はここに書いてあります
Fúyòng fāngfǎ xiězài zhèlǐ.
服用方法写在这里。
フゥヨンファンファー シエヅァイ ヂョアリ

The instructions are written here.
ジ インストラクションズ アー リトゥン ヒア

복용법은 여기에 쓰여 있습니다.
ポギョンポブン ヨギエ スヨ イッスムニダ

③ 早く効きます
Jiànxiào kuài.
见效快。
ジエンシアオ クワイ

This works quickly.
ディス ワークス クイックリー

빨리 듣습니다.
パルリ トゥッスムニダ

④ 処方箋が必要です
Xūyào chǔfāng.
需要处方。
シューヤオ チューファン

A prescription is necessary.
ア プリスクリプション イズ ネセサリー

처방전이 필요합니다.
チョバンジョニ ピリョハムニダ

⑤ 薬剤師を呼んできましょうか？
Wǒ jiào yàojìshī lái ba.
我叫药剂师来吧。
ウォ ジアオ ヤオジィシー ライバ

Would you like me to call a pharmacist?
ウデュー ライッ ミー トゥ コーゥ ア ファーマスィスト

약사를 불러 올까요？
ヤクサルル プルロ オルカヨ

⑥ 錠剤［粉薬］の方がいいですか？
Yàopiàn [Yàomò] kěyǐ ma?
药片［药末］可以吗？
ヤオピエン［ヤオモォ］ クァイーマ

Would you prefer a tablet [powder]?
ウデュー プリファー ア タブレッ［パウダー］

알약［가루약］을 원하십니까？
アルリャ［カルヤ］グル ウォナシムニッカ

⑦ 直接患部に塗ってください
Zhíjiē túmǒzài huànbù.
直接涂抹在患部。
ヂージエ トゥーモォ ヅァイ ホワンブゥ

Please apply it directly to the affected area.
プリー アプライ イッ ディレクトリー トゥ ジ アフェクティッ エアリア

직접 환부에 바르십시오.
チクチョブ ファンブエ パルシプシオ

ワードバンク ドラッグストア(2)

シャンプー	shampoo シャンプー	洗发液 xǐfàyè シィファーイエ	샴푸 シャムプ
リンス	conditioner カンディシャナー	润发液 rùnfàyè ルンファーイエ	린스 リンス
トリートメント	hair treatment ヘア トリートメンツ	护发液 hùfàyè フゥファーイエ	트리트먼트 トゥリトゥモントゥ
ヘアスタイリング	hairstyling ヘアスタイリンッ	固发液 gùfàyè グゥファーイエ	정발제 チョンパルチェ
ハンドクリーム	hand cream ハンヅ クリーム	擦手油 cāshǒuyóu ツァーショウヨウ	핸드크림 ヘンドゥクリム
シェービングクリーム	shaving cream シェイヴィンッ クリーム	剃须膏 tìxūgāo ティーシュィガオ	면도용 크림 ミョンドヨん クリム
歯ブラシ	toothbrush トゥースブラシュ	牙刷 yáshuā ヤァシュワ	칫솔 チッソル
歯磨き粉	toothpaste トゥースペイスッ	牙膏 yágāo ヤァガオ	치약 チヤク
石鹸	soap ソウプ	香皂 xiāngzào シアンザオ	비누 ピヌ
ボディソープ	body wash ボディ ウォシュ	洗浴液 xǐyùyè シィユィイエ	보디 솝 ボディソプ
コンタクトレンズ用品	contact lens solution コンタクッ レンズ ソリューション	镜片清洗液 jìngpiàn qīngxǐyè ジンピエン チンシィイエ	콘택트렌즈 용품 コンテクトゥレンジュ ヨんプム
耳かき	earpick イアピッ	掏耳勺 tāoěrsháo タオアルシャオ	귀이개 クィイゲ
爪切り	nail clippers ネイゥ クリッパーズ	指甲刀 zhǐjiǎdāo ヂージアダオ	손톱깎이 ソントッカクミ
洗濯用洗剤	laundry detergent ローンドリー ディタージェンツ	洗衣剂 xǐyījì シィイージィ	세탁용 세제 セタンニョん セジェ
食器用洗剤	dishwashing detergent ディッシュウォッシンッ ディタージェンツ	洗碗剂 xǐwǎnjì シィワンジィ	식기용 세제 シクキヨん セジェ
そうじ用洗剤	cleaner クリーナー	扫除清洗剂 sǎochú qīngxǐjì サオチュー チンシィジィ	청소용 세제 チョンソヨん セジェ

コラム：文化と数字(2)

　ここでは、中国語圏で好まれる数字、嫌われる数字について見てみましょう（英語圏、韓国語圏については⇒ p. 30)。

　一般的に、中国の人々は偶数を好む傾向があるようです。中でも"八"（バー）は、「発展する、富む」という意味の"发"（ファー）と発音が近いため、特別に縁起の良い数字です。ちなみに、北京オリンピックの開会式は、"八"が5つも並んだ2008年8月8日午後8時8分に開幕されました。また"六"も、「すべてが順調にはかどる」を意味する"六六大顺"という言葉があるように、大変縁起が良いとされています。

　奇数の中で縁起が良いのは"九"です。日本では敬遠される数字ですが、中国ではむしろ、「最も大きな陽数」として尊ばれ、"九"の重なる九月九日は「重陽」として節句のひとつに数えられています。「陽」は中国古来の「陰陽説」によれば、エネルギーに満ちあふれていることを意味します。

　反対に、嫌われる数字としては"四"や"五"があります。"四"（スー）は、発音が"死"（スー）を連想させることから、"五"（ウー）は、「無い」を意味する"无"（ウー）を連想させることから、あまり好まれない数字です。なお、"四"は発音そのものは嫌われることがありますが、一方で中国ではとてもなじみのある数字とも言えるでしょう。安定したリズムを持つことから、「四字成句」を構成したり、「文房四宝」と言われたり、"青椒肉丝"や"麻婆豆腐"などのように4文字の料理名として用いられたりと、日常で身近に使われていることがわかります。また、日本と違って、贈り物を4つセットで贈ることは、中国では全く問題ありません。

書店

bookstore / ブックストーア
书店 shūdiàn / シューディエン
서점 / ソジョム

---

① ふりがなつきの辞典はこちらです

A dictionary with furigana is here.
ア ディクショナリー ウィズ フリガナ イズ ヒア

Zhù jiǎmíng de cídiǎn zài zhèibiān.
注假名的词典在这边。
ヂュージアミンダ ツーディエン ヴァイ チョアビエン

후리가나가 달린 사전은 이것입니다.
フリガナガ タルリン サジョヌン イゴシムニダ

---

② 洋書はこちらにあるものだけです

These are all the foreign books we have.
ジーズ アー オーゥ ザ フォーリン ブックス ウィ ハヴ

Wàiguó shūkān quán zài zhèibiān.
外国书刊全在这边。
ワイグオ シューカン チュエンヴァイ チェイビエン

외국서적은 이쪽에 있는 게 전부입니다.
ウェグクソジョグン イチョゲ インヌンゲ チョンブイムニダ

---

③ 日本文化に関する本はこちらです

Here are books about Japanese culture.
ヒア アー ブックス アバウツ ジャパニーズ カゥチャー

Guānyú Rìběn wénhuà de shū zài zhèibiān.
关于日本文化的书在这边。
グワンユィ リーベンウェンホワダシュー ヴァイ チェイビエン

일본 문화에 관한 책은 이쪽입니다.
イルボンムヌァエ クァナン チェグン イチョギムニダ

---

④ この本が特に人気です

This book is very popular.
ディス ブック イズ ヴェリー ポピュラー

Zhèi běn shū hěn shòu huānyíng.
这本书很受欢迎。
チェイベンシュー ヘンショウ ホワンイン

이 책이 특히 인기가 있습니다.
イ チェギ トゥキ インキガ イッスムニダ

---

⑤ 漫画は右手奥にございます

The comics are at the end on the right.
ザ コミックス アー アッジ エンヅ オン ザ ライヅ

Mànhuà zài yòucè jìntóu.
漫画在右侧尽头。
マンホワ ヴァイ ヨウツァー ジントウ

만화는 오른쪽 안에 있습니다.
マヌァヌン オルンチョク アネ イッスムニダ

---

⑥ タイトル、著者名はおわかりですか？

Could you tell me the title and the author name?
クデユー テゥミー ザ タイトゥ アンヅ ジ オーサー ネイム

Nín zhīdào shūmíng hé zuòzhě de míngzi ma?
您知道书名和作者的名字吗？
ニン ヂーダオ シューミン ホア ゾォチャーダ ミンヅマ

제목, 저자명은 알고 계십니까？
チェモク チョジャミョンウン アルゴ ゲシムニッカ

---

⑦ 探してまいりますのでお待ちください

I'll check our stock, so please wait.
アイゥ チェッ アワー ストッ ソゥ プリー ウエイツ

Qǐng shāo hòu, wèi nín chá yíxià.
请稍候，为您查一下。
チン シャオホウ ウェイニン チャアイーシア

지금 곧 찾아보고 오겠습니다.
チグムゴッ チャジャボゴ オゲッスムニダ

---

⑧ ただいま在庫を切らしております

We have run out of stock now.
ウィ ハヴ ラン アウト オヴ ストック ナウ

Xiànzài méiyǒu cúnhuò le.
现在没有存货了。
シエンヅァイ メイヨウ ツンフオラ

지금 재고가 없습니다.
チグム チェゴガ オプスムニダ

🔊 25

⑨ 来週入荷する予定です
It will arrive next week.
イッ ウィゥ アライヴ ネクスッ ウィーク

Yùjì xià xīngqī jìnhuò.
预计下星期进货。
ユィジィ シアシンチィ ジンフォ

다음주에 들어올 예정입니다.
タウムチュエ トゥロオル イェジョんイムニダ

⑩ 絶版のため注文をお受けできません
We cannot accept the order. It's out of print.
ウィ キャンノッ アクセプッ ジ オーダー イッツ アウッ オヴ プリンッ

Yǐjīng juébǎn le, bú zài jiēshòu dìnghuò.
已经绝版了，不再接受订货。
イージン ジュエバンラ ブゥヅァイ ジエショゥ ディンフォ

절판이라서 주문을 받을 수가 없습니다.
チョルパニラソ チュムヌル パドゥルスガ オプスムニダ

⑪ 中身を確認したい場合はお知らせください
Please let us know if you'd like to look inside.
プリーズ レッ アス ノゥ イフ ユードゥ ライッ トゥ ルック インサイッ

Yào quèrèn lǐmian nèiróng shí, qǐng dǎ zhāohu.
要确认里面内容时，请打招呼。
ヤオ チュエレン リィミエンネイロンシー チン ダァヂャオフゥ

내용을 확인하고 싶으면 말씀해 주십시오.
ネヨんウル ファギナゴ シプミョン マルスメ ジュシプシオ

⑫ 電子辞書は扱っておりません
We don't have electronic dictionaries.
ウィ ドンッ ハヴ エレクトロニック ディクショナリーズ

Zhèli méiyou diànzǐ cídiǎn.
这里没有电子辞典。
ヂョアリ メイヨウ ディエンヅ ツーディエン

전자사전은 취급하고 있지 않습니다.
チョンジャサジョヌン チュイグパゴ イッチ アンスムニダ

買い物

書店

ワードバンク 書店(1)

著者名	author name オーサー ネイム	作者姓名 zuòzhě xìngmíng ヅオヂャー シンミン	저자명 チョジャミョん
出版社	publisher パブリッシャー	出版社 chūbǎnshè チュゥバンシャー	出版社 チュルパンサ
英語[中国語/韓国語]の	English イングリシュ	中文 Zhōngwén ヂョンウェン	한국어 ハングゴ
子供向け	for children フォー チゥドレン	面向儿童 miànxiàng értóng ミエンシアン アルトン	아동용 アドんニョん
学習用の	for learning フォー ラーニンッ	学习用 xuéxí yòng シュエシィヨン	학습용 ハクスビョル
初級の	elementary エレメンタリー	初级 chūjí チュゥジィ	초급 チョグプ
中級の	intermediate インターミディエッ	中级 zhōngjí ヂョンジィ	중급 チュんグプ
上級の	advanced アドヴァンスト	高级 gāojí ガオジィ	상급 サんグプ
専門的な	technical テクニカゥ	专业 zhuānyè チゥワンイエシュー	전문적 チョンムンジョク
翻訳	translation トランスレイション	翻译 fānyì ファンイー	번역 ポニョク
雑誌	magazine マガズィーン	杂志 zázhì ザーチー	잡지 チャプチ
英和辞典	English-Japanese dictionary イングリシュ ジャパニーズ ディクショナリー	英日词典 YīngRì cídiǎn インリーツーディエン	영일사전 ヨんイルサジョン

67

書店

① お会計は各フロアでお願いします
Qǐng zài gè lóucéng fùkuǎn.
请在各楼层付款。
チン ヅァイ グァロウツォン フゥクワン

Please pay at the cashier on each floor.
プリー ペイ アッ ザ キャシュア オン イーチ フロア

계산은 각 층에서 해 주십시오.
ケサヌン カクチュンエソ ヘ ジュシプシオ

② カバーをおかけしますか？
Yào bāo shūpí ma?
要包书皮吗？
ヤオ パオ シューピィマ

Would you like me to put a book cover on it?
ウデュー ライク ミー トゥ プッ ア ブック カヴァー オン イッ

커버를 해 드릴까요？
コボルル ヘ ドゥリルカヨ

③ お取り寄せなさいますか？
Yào dìnggòu ma?
要订购吗？
ヤオ ディンゴウマ

Would you like to order it?
ウデュー ライク トゥ オーダー イッ

주문하시겠습니까？
チュムナシゲッスムニカ

④ 入荷まで2週間ほどかかります
Dàohuò yào liǎng ge xīngqī.
到货要两个星期。
ダオフォ ヤオ リアンガ シンチィ

It takes about 2 weeks to arrive.
イッ テイクス アバウッ トゥー ウィークス トゥ アライヴ

입고까지 2 주일 정도 걸립니다.
イプコカジ イージュイル ジョンド コルリムニダ

⑤ お名前と電話番号をご記入ください
Qǐng bǎ míngzi hé diànhuà hàomǎ xiězài zhèli.
请把名字和电话号码写在这里。
チン パァミンヅ ホァ ディエンホワハオマァ シエヅァイ ヂョアリ

Please fill in your name and phone number.
プリー フィゥ イン ユア ネイム アンヅ フォウン ナンバー

성함하고 전화번호를 기입해 주십시오.
ソンハマゴ チョナボノルル キイペ ジュシプシオ

⑥ 入荷次第ご連絡いたします
Yí dàohuò lìjí tōngzhī nín.
一到货立即通知您。
イーダオフォ リィジィ トンヂーニン

We'll contact you as soon as we receive it.
ウィゥ コンタクト ユー アズ スーン アズ ウィ レスィーヴ イッ

들어오는 대로 곧 연락을 드리겠습니다.
トゥロオヌンデロ コッ ヨルラグル トゥリゲッスムニダ

⑦ この伝票を持ってお越しください
Qǐng chí fāpiào qǔ huò.
请持发票取货。
チン チー ファーピアオ チュイフォ

Please come with this slip.
プリー カム ウィズ ディス スリップ

이 전표를 가지고 찾으러 오십시오.
イ チョンピョルル カジゴ チャジュロ オシプシオ

⑧ ご注文品のキャンセルはできません
Dìng le jiù bù néng tuìhuò le.
订了就不能退货了。
ディンラ ジウ ブゥノン トゥイフオラ

Cancellation of the order is not accepted.
キャンセレイション オヴ ジ オーダー イズ ノッ アクセプティッ

일단 주문하신 상품은 취소할 수 없습니다.
イルタン チュムナシン サンプムン チュイソハル ス オプスムニダ

🔊 26

⑨ **無料配達のサービスを行っております**

Yǒu miǎnfèi sònghuò de yèwù.
有免费送货的业务。
ヨウ ミエンフェイ ソンフオダ イエウゥ

We have free delivery.
ウィ ハヴ フリー デリヴァリー

무료 배달 서비스를 실시하고 있습니다.
ムリョ ペダル ソビスルル シルシハゴ イッスムニダ

ワードバンク　書店(2)

文庫	paperback ペイパーバック	袖珍本 xiùzhēnběn シウチェンベン	문고 ムンゴ
絵本	picture book ピクチャー ブッ	图画书 túhuàshū トゥホワシュー	그림책 クリムチェク
料理本	recipe book レサピ ブッ	烹饪书 pēngrènshū ポンレンシュー	요리책 ヨリチェク
日本語能力試験	Japanese Language Proficiency Test リーユィ ヌォンリィ カオシー	日语能力考试 Rìyǔ nénglì kǎoshì	일본어능력시험 イルボノヌンニョクシホム
日本留学試験	Examination for Japanese University admission for International Students	日本留学考试 Rìběn liúxué kǎoshì リーベン リウシュエ カオシー	일본유학시험 イルボンニュハクシホム
願書	application アプリケイション	报名表 bàomíngbiǎo バオミンビアオ	원서 ウォンソ
旅行ガイド	tourist guide トゥアリスト ガイッ	旅游指南 lǚyóu zhǐnán リュィヨウヂーナン	여행 안내서 ヨヘン アンネソ
地図	map マッ	地图 dìtú ディートゥー	지도 チド
文房具	stationery ステイショナリ	文具 wénjù ウェンジュィ	문방구 ムンバング
カレンダー	calendar カレンダー	月历 yuèlì ユェリィ	달력 タルリョク
図書カード	book voucher ブッ ヴァウチャー	图书卡 túshūkǎ トゥーシューカァ	도서카드 トソカドゥ
バックナンバー	back issue バッ イシュー	既刊号 jìkānhào ジィカンハオ	지난 호 チナノ
写真集	collection of photographs コレクション オヴ フォトグラフス	摄影集 shèyǐngjí シャーインジィ	사진집 サジンチプ
詩集	poetry book ポウイトリ ブッ	诗集 shījí シージィ	시집 シジプ
画集	collection of pictures コレクション オヴ ピクチャーズ	画册 huàcè ホワツァー	화집 ファジプ

買い物　書店

コンビニ

convenience store / カンヴィニエンス ストーア
方便店 fāngbiàndiàn / ファンビエンディエン
편의점 / ピョニジョム

---

① コピー機[ATM]はこちらです
ア コピーマシン [エイティーエム] イズ ヒア
A copy machine [ATM] is here.

Fùyìnjī [Qǔkuǎnjī] zài zhèibiān.
复印机[取款机]在这边。
フゥインジィ [チュイクワンジィ] ヅァイ ヂェイビエン

복사기는[에이티엠은] 이쪽에 있습니다.
ポクサギヌン[エイティエムン] イチョゲ イッスムニダ

---

② コピーは1枚10円です
イッツ テン イエン パー コピー
It's 10 yen per copy.

Fùyìn yì zhāng shí rìyuán.
复印一张十日元。
フゥイン イーヂャン シーリーユエン

복사는 1 장에 10 엔입니다.
ポクサヌン ハンジャンㇸ シベニムニダ

---

③ 温かい飲み物はこちらです
ハッ ドリンクス アー オウヴァー ヒア
Hot drinks are over here.

Rèyǐn zài zhèibiān.
热饮在这边。
ルァイン ヅァイ ヂェイビエン

따끈한 음료수는 이쪽에 있습니다.
タックナン ウムニョスヌン イチョゲ イッスムニダ

---

④ この中身は鮭[たらこ]です
イッ ハズ サーモン [コド ロゥ] インサイッ
It has salmon [cod roe] inside.

Lǐmiàn shì guīyú [xuěyúzi] xiànr.
里面是鲑鱼[鳕鱼子]馅儿。
リィミエンシー グイユィ [シュエユィヅ] シアル

이 안에는 연어가[대구알이] 들어 있습니다.
イアネヌン ヨノガ [テグアリ] トゥロ イッスムニダ

---

⑤ 切手、葉書も販売しております
ウィ ハヴ スタンプス アンツ ポゥストカーヅ
We have stamps and postcards.

Hái mài yóupiào hé míngxìnpiàn.
还卖邮票和明信片。
ハイマイ ヨウピアオ ホァ ミンシンピエン

우표, 엽서도 판매하고 있습니다.
ウピョ ヨプソド パンメハゴ イッスムニダ

---

⑥ お酒[煙草]は扱っておりません
ウィ ドンッ ハヴ リカー [シガレッツ]
We don't have liquor [cigarettes].

Zhèlǐ bú mài jiǔshuǐ [yān].
这里不卖酒水[烟]。
ヂョアリ ブマイ ジウシュイ [イエン]

술은[담배는] 안 팝니다.
スルン [タムベヌン] アンパムニダ

---

⑦ 温めますか？
キャナイ ウォーム イッ アップ フォー ユー
Can I warm it up for you?

Yào jiārè ma?
要加热吗？
ヤオ ジアルァマ

데워 드릴까요?
テウォ ドゥリルカヨ

---

⑧ 温め終わったらお呼びします
アイゥ コーウ ユー ウエン イッツ レディ
I'll call you when it's ready.

Rèhǎo le jiào nín.
热好了叫您。
ルァハオラ ジアオニン

다 데워지면 알려 드리겠습니다.
タ テウォジミョン アルリョ ドゥリゲッスムニダ

🔊 27

⑨ お弁当をお待ちのお客様、お待たせしました	Your lunch box is ready. Thank you for waiting. ユア ランチ ボックス イズ レディ サンキュー フォー ウェイティンッ
Héfàn rèhǎo le. 盒饭热好了。 ホァファン ルァハオラ	도시락 손님, 다 됐습니다. トシラク ソンニム タ トェッスムニダ

⑩ おはし[スプーン]はお入れしますか？	Would you like chopsticks [a spoon]? ウデュー ライッ チャップスティクス [ア スプーン]
Yào kuàizi [sháozi] ma? 要筷子[勺子]吗？ ヤオ クワイヅ [シャオヅ] マ	젓가락[숟가락] 드릴까요？ チョッカラク [スッカラク] トゥリルカヨ

⑪ 袋は一緒でもよろしいですか？	Can I put them in one plastic bag? キャナイ プッ ゼム イン ワン プラスティッ バッグ
Kěyǐ fàngzài yí ge dàizi li ma? 可以放在一个袋子里吗？ クァイー ファンヅァイ イーガダイヅリマ	(봉지에) 같이 넣어도 되겠습니까？ (ポンジエ) カッチ ノオド トェゲッスムニッカ

⑫ お湯はそちらにございます	There's hot water over there. ゼアズ ハッ ウォータ オゥヴァ ゼア
Kāishuǐ zài nèibiān. 开水在那边。 カイシュイ ヅァイ ネイビエン	뜨거운 물은 그쪽에 있습니다. トゥゴウン ムルン クッチョゲ イッスムニダ

⑬ おでんの具は何になさいますか？	What oden would you like? ワッ オデン ウデュー ライク
Záhuì de pèiliào yào něi zhǒng? 杂烩的配料要哪种？ ザァホイダ ペイリァオ ヤオ ネイチォン	오뎅은 어느 걸로 드릴까요？ オデンウン オヌ ゴルロ トゥリルカヨ

⑭ おでんの具はご自分でお取りください	Please choose the oden by yourself. プリー チューズ ジ オデン バイ ユアセゥフ
Pèiliào qǐng zìjǐ chéng. 配料请自己盛。 ペイリァオ チン ヅージィ チョン	오뎅 종류는 손님이 직접 고르십시오. オデンジョンニュヌン ソンニミ チクチョァ コルシプシオ

⑮ チケット予約はこの機械でできます	You can reserve tickets with this machine. ユー キャン レザーヴ ティケッツ ウィズ ディス マシーン
Zhèi ge jīqì kěyǐ dìng piào. 这个机器可以订票。 ヂェイガ ジィチィ クァイー ディンピァオ	티켓 예약은 이 기계로 할 수 있습니다. ティケッ イェヤグン イ キゲロ ハルス イッスムニダ

⑯ 予約票はお持ちですか？	Do you have a reservation slip? ドゥ ユー ハヴ ア リザヴェイション スリッ
Nín yǒu yùdìngdān ma? 您有预订单吗？ ニン ヨウ ユィディンダンマ	예약표는 가지고 계십니까？ イェヤクピョヌン カジゴ ケシムニッカ

買い物　コンビニ

71

みやげもの屋

souvenir shop / 礼品店 lǐpǐndiàn / 선물 가게
スーヴェニア ショッ / リィピンディエン / ソンムル カゲ

① この地方の名産です

This is a local speciality.
ディス イズ ア ロゥカゥ スペシャリティ

이 지방의 명산품입니다.
イ チバンエ ミョンサンプミムニダ

Zhè shì zhèi ge dìqū de tèchǎn.
这是这个地区的特产。
ヂョアシー ヂェイガ ディーチュィダ トァチャン

② おみやげにぴったりです

It makes a perfect souvenir.
イッ メイクス ア パーフェクッ スーヴェニア

선물로 딱 좋습니다.
ソンムルロ タク チョッスムニダ

Zhèi ge shìhé zuò lǐpǐn.
这个适合作礼品。
ヂェイガ シーホァ ヅオ リィピン

③ 北海道限定のお菓子です

These sweets are only sold in Hokkaido.
ジーズ スウィーツ アー オゥンリー ソゥルッ イン ホッカイドゥ

홋카이도에서만 파는 과자입니다.
ホッカイドエソマン パヌン クァジャイムニダ

Zhèi zhǒng diǎnxin zhǐ Běihǎidào yǒu.
这种点心只北海道有。
ヂェイヂョン ディエンシン ヂー ベイハイダオ ヨウ

④ おまんじゅうの中にはあずき餡が入っています

Adzuki bean jam is in the steamed buns.
アズキ ビーン ジャム イズ イン ザ スティームッ バンズ

만주 속에 단팥이 들어 있습니다.
マンジュソゲ タンパッチ トゥロ イッスムニダ

Bāozi shì xiǎodòu xiànr de.
包子是小豆馅儿的。
バオヅ シー シアオドウシアルダ

⑤ 個別包装になっています

They are wrapped individually.
ゼイ アー ラップトゥ インダヴィジュアリー

개별 포장이 되어 있습니다.
ケビョル ポジャンイ トェオ イッスムニダ

Shì xiǎobāo bāozhuāng de.
是小包包装的。
シー シアオバオ バオヂュアンダ

⑥ 賞味期限は1ヵ月です

The expiration date is in 1 month.
ジ エクスパレイション デイッ イズ イン ワン マンス

보장기간은 1 달입니다.
ポジャンギガヌン ハンダリムニダ

Yǒuxiàoqī yí ge yuè.
有效期一个月。
ヨウシアオチィ イーガユエ

⑦ 1箱あたり10個入っています

There are 10 pieces in 1 box.
ゼア アー テン ピースィズ イン ワン ボックス

1 상자에 10 개씩 들어 있습니다.
ハンサンジャエ ヨルケシク トゥロ イッスムニダ

Yì hé yǒu shí ge.
一盒有十个。
イーホァ ヨウ シーガ

⑧ ティースプーン1杯で5杯飲めます

You can drink 5 cups with 1 teaspoonful.
ユー キャン ドリンッ ファイヴ カップス ウィズ ワン ティースプーンフゥ

티스푼 하나로 5 잔 만들 수 있습니다.
ティスプン ハナロ タソッチャン マンドゥルス イッスムニダ

Yì xiǎosháo kěyǐ hē wǔ bēi.
一小勺可以喝五杯。
イーシアオシャオ クァイーホァ ウゥベイ

🔊 28

⑨ こちらに説明が書いてあります

The directions are written here.
ザ ディレクションズ アー リトゥン ヒア

Zhèli xiě zhe shuōmíng.
这里写着说明。
ヂョアリィ シエジャ シュオミン

여기에 설명이 쓰여 있습니다.
ヨギエ ソルミョんイ スヨ イッスムニダ

⑩ ご試飲はいかがですか？

Would you like to try some?
ウデュー ライッ トゥ トライ サム

Nín chángchang ma?
您尝尝吗？
ニン チャンチャンマ

시음해 보시겠습니까？
シウメ ボシゲッスムニッカ

⑪ アルコール度数は15度です

The alcohol content is 15%.
ジ アルコホール コンテンッ イズ フィフティーン パーセンッ

Zhèi ge jiǔ shíwǔ dù.
这个酒十五度。
ヂェイガジウ シーウゥドゥー

알콜 도수는 15 도입니다.
アルコルドスヌン シボドイムニダ

ワードバンク　おみやげ（1）

伝統工芸品	traditional craftworks トラディショナゥ クラフゥワークス	传统工艺品 chuántǒng gōngyìpǐn チュワントン ゴンイーピン	전통공예품 チョントんコんイェブム
陶器	ceramic ware セラミック ウエア	陶器 táoqì タオチィ	도기 トギ
磁器	porcelain ポーサリン	瓷器 cíqì ツーチィ	자기 チャギ
ガラス製	made-from glass メイッフロム グラス	玻璃制品 bōlizhìpǐn ボゥリィヂーピン	유리 제품 ユリ ジェブム
木製	made-of wood メイッオヴ ウッ	木制品 mùzhìpǐn ムゥヂーピン	목제품 モクチェブム
竹	bamboo バンブー	竹子 zhúzi ヂュヅ	대나무 제품 テナム ジェブム
プラスチック	plastic プラスティッ	塑料 sùliào スゥリアオ	플라스틱 プルラスティク
金箔	gold leaf ゴゥルドリーフ	金箔 jīnbó ジンボォ	금박 クムバク
湯のみ	teacup ティーカッ	茶碗 cháwǎn チャワン	찻잔 チャッチャン
お茶碗	rice bowl ライスボゥゥ	饭碗 fànwǎn ファンワン	밥공기 パッコんギ
はし置き	chopstick rest チャプスティク レスッ	筷子架 kuàizijià クワイヅジア	젓가락 받침 チョッカラク パッチム
はっぴ	happi coat ハッピ コウッ	号衣 hàoyī ハオイー	핫피(윗옷) ハッピ(ウィドッ)
足袋	tabi(s) タビ(ズ)	布袜 bùwà ブゥワァ	일본식 버선 イルボンシク ポソン
下駄	clogs クラッグス	木屐 mùjī ムゥジー	게다 ケダ
帯	obi オビ	腰带 yāodài ヤオダイ	（일본옷의）띠 (イルボンオセ) ティ
ふろしき	wrapping cloth ラッピング クロス	包袱 bāofu バオフゥ	보자기 ポジャギ
手ぬぐい	hand towel ハンッ タウァゥ	手巾 shǒujīn ショウジン	수건 スゴン
巾着	drawstring purse ドローストリンッ パース	腰包 yāobāo ヤオバオ	주머니 チュモニ
うちわ	round fan ラウンッ ファン	团扇 tuánshàn トワンシャン	부채 プチェ

みやげもの屋

① パジャマやガウンとしても使えます
This can be used as pajamas or a gown.
ディス キャン ビー ユーズドゥ アズ パジャマズ オア ア ガウン

Kěyǐ dàngzuò shuìyī huò shuìpáo.
可以当作睡衣或睡袍。
カーイー ダンヅオ シュイイー フオ シュイパオ

파자마 가운으로도 쓸 수 있습니다.
パジャマナ カウヌロド スルス イッスムニダ

② テーブルクロス代わりにもなります
It can be used as a tablecloth.
イッ キャン ビー ユーズドゥ アズ ア テイブクロス

Kěyǐ dāng zhuōbù yòng.
可以当桌布用。
カーイー ダン チュオブゥ ヨン

테이블 클로스 대용도 됩니다.
テイブル クルロス テヨンド ドェムニダ

③ これはお酒を飲むときに使います
This is used for drinking liquor.
ディス イズ ユーズドゥ フォー ドリンキンッ リカー

Zhè shì hē jiǔ shí yòng de.
这是喝酒时用的。
チョアシー ホァジウシー ヨンダ

이건 술 마실 때 씁니다.
イゴン スルマシルテ スムニダ

④ 熟練の職人の手で作られています
It's handmade by skilled craftsmen.
イッツ ハンドメイド バイ スキッド クラフツメン

Shì lǎo shīfu zuò de.
是老师傅做的。
シー ラオシーフゥ ヅオダ

숙련공이 직접 만든 겁니다.
スンニョンゴンイ チクチョプ マンドゥン ゴムニダ

⑤ 高品質で長持ちします
It is high quality and lasts for a long time.
イティズ ハイ クォリティ アンッ ラスッ フォー ア ロンッ タイム

Zhìliàng hǎo, nàiyòng.
质量好，耐用。
チーリアンハオ ナイヨン

품질이 좋고 오래 쓸 수 있습니다.
プムジリ チョコ オレ スルス イッスムニダ

⑥ このお香はリラックスできる香りです
This incense has a relaxing aroma.
ディス インセンス ハズ ア リラクスィンッ アロウマ

Zhèi zhǒng xiāng kěyǐ shǐ rén jīngshén fàngsōng.
这种香可以使人精神放松。
チェイチョンシアン カーイー シーレン ジンシェン ファンソン

이 향은 릴랙스 효과가 있습니다.
イ ヒャウン リルレクス ヒョクァガ イッスムニダ

⑦ (香の)燃焼時間は約20分です
The burning time is about 20 minutes.
ザ バーニンッ タイム イズ アバウッ トゥエンティ ミニッツ

(Xiāng) Dàgài kěyǐ diǎn èrshí fēnzhōng.
(香)大概可以点二十分钟。
(シアン) ダーガイ カーイーディエン アルシーフェンヂョン

(향이) 타는 시간은 약 20 분입니다.
(ヒャンイ) タヌン シガヌン ヤク イーシブ プニムニダ

⑧ 漆器は食洗機に入れないでください
Please do not put the lacquer ware in a dishwasher.
プリーズ ドゥ ノッ プッ ザ ラッカー ウエア イン ア ディッシュ ウォッシァア

Qīqì bù néng fàngzài xǐwǎnjī li xǐ.
漆器不能放在洗碗机里洗。
チーチィ ブウノン ファンヅァイ シィワンジィリ シィ

칠그릇은 식기세척기에 넣지 마십시오.
チルグルスン シクキセチョクキエ ノッチ マシプシオ

🔊 29

⑨ 江戸時代の浮世絵のプリントです
It's the print of the *ukiyoe* of the *Edo* era.
イッツ ザ プリンツ オヴ ザ ウキヨエ オヴ ジ エド エアラ

Zhè shì Jiānghù shíqí de fēngsúhuà yìnrǎnbù.
这是江户时期的风俗画印染布。
チョアシー ジアンフゥシーチィダ フォンスゥホア インランブゥ

에도시대 풍속화를 프린트한 겁니다.
エドシデ プンソクァルル プリントゥ ハンゴムニダ

⑩ 絵葉書は1枚100円です
This picture postcard is 100 yen each.
ディス ピクチャー ポゥストカード イズ ア ハンドレツ イエン イーチ

Míngxìnpiàn yì zhāng yìbǎi rìyuán.
明信片一张一百日元。
ミンシンピエン イーヂャン イーバイリーユエン

그림엽서는 1 장에 100 엔입니다.
クリムニョプソヌン ハンジャンエ ペゲニムニダ

⑪ この扇子は和紙でできています
This folding fan is made of Japanese paper.
ディス フォウルディンッ ファン イズ メイド オヴ ジャパニーズ ペイパー

Zhèi ge shànzi shì yòng Rìběnzhǐ zuò de.
这个扇子是用日本纸做的。
ヂェイガ シャンツ シー ヨン リーベンヂー ヅオダ

이 부채는 일본종이로 만든 것입니다.
イ プチェヌン イルポンチョンイロ マンドゥン ゴシムニダ

⑫ 日本の伝統的な模様染めです
It's Japanese traditional dyeing.
イッツ ジャパーズ トラディショナゥ ダインッ

Zhè shì Rìběn chuántǒng tú'àn yìnrǎnbù.
这是日本传统图案印染布。
チョアシー リーベン チュワントン トゥーアン インランブゥ

일본의 전통문양 염색입니다.
イルボネ チョントンムニャン ヨムセギムニダ

買い物

みやげもの屋

ワードバンク　おみやげ(2)

ちょうちん	lantern ランタン	灯笼 dēnglong デゥンロン	초롱 チョロん
のれん	noren ノレン	门帘 ménlián メンリエン	노렌 ノレン
香立て	incense holder インセンス ホゥルダー	香座 xiāngzuò シアンヅオ	향로 ヒャンノ
人形	doll ダー	玩具娃娃 wánjù wáwa ワンジュィワワ	인형 イニョん
おもちゃ	toy トイ	玩具 wánjù ワンジュィ	장난감 チャンナンカム
くし	comb コゥム	梳子 shūzi シューツ	빗 ピッ
髪飾り	hair ornament ヘア オーナマンッ	发饰 fàshì ファーシー	머리 장식품 モリ チャンシクプム
温泉の素	hot spring essence ハッ スプリンッ エッセンス	温泉精 wēnquán jīng ウェンチュエンジン	입욕제 イビョクチェ
焼酎	shochu ショチュウ	烧酒 shāojiǔ シャオジウ	소주 ソジュ
緑茶	green tea グリーン ティー	绿茶 lǜchá リュィチァア	녹차 ノクチャ

お支払い（現金）

payment (cash) ペイメンツ（キャッシュ）
付款（現金） fùkuǎn (xiànjīn) フゥクワン（シエンジン）

---

① **こちらの列にお並びください**

Qǐng zài zhèlǐ páiduì.
请在这里排队。
チン ヅァイヂョアリ パイドゥイ

Stand in this line, please.
スタンッ イン ディス ライン プリー

이쪽 줄에 서 주세요.
イッチョクチュレ ソ ジュセヨ

---

② **お次でお待ちのお客様、どうぞ**

Xià yíwèi, qǐng.
下一位，请。
シアイーウェイ チン

Next, please.
ネクスッ プリー

그럼, 다음 손님.
クロム タウム ソンニム

---

③ **合計で5200円でございます**

Yígòng wǔqiān liǎngbǎi rìyuán.
一共五千两百日元。
イーゴン ウゥチエン リアンバイリーユエン

That's 5,200 yen in total.
ザッツ ファイヴ サウザンッ トゥ ハンドレッ イエン イン トウタァ

다 합해서 5200 엔이에요.
タ ハプヘソ オチョンイベクニエヨ

---

④ **現金でしょうか、カードでしょうか？**

Yòng xiànjīn háishi shuā kǎ?
用现金还是刷卡？
ヨン シエンジン ハイシー シュワカァ

Cash or charge?
キャシュ オア チャージ

현찰이세요? 카드세요?
ヒョンチャリセヨ カドゥセヨ

---

⑤ **1万円ちょうどいただきます**

Zhènghǎo yíwàn rìyuán.
正好一万日元。
ヂョンハオ イーワンリーユエン

10,000 yen exactly.
テン サウザンッ イエン イグザクトゥリー

10000 엔 받았습니다.
マーネン パダッスムニダ

---

⑥ **6000円お預かりいたします**

Shōu nín liùqiān rìyuán.
收您六千日元。
ショウニン リウチエンリーユエン

Out of 6,000 yen.
アウッ オヴ シックス サウザンッ イエン

6000 엔 받았습니다.
ユクチョネン パダッスムニダ

---

⑦ **お釣りを持って参りますのでお待ちください**

Shāo děng, gěi nín ná língqián lái.
稍等，给您拿零钱来。
シャオドゥン ゲイニンナァ リンチエンライ

I'll bring your change. Wait a moment, please.
アイゥ ブリンッ ユア チェインジ ウェイッ ア モーメンッ プリー

거스름돈을 가져 오겠습니다. 조금만 기다리세요.
コスルムトヌル カジョ オゲッスムニダ チョグムマン キダリセヨ

---

⑧ **800円のお返しです。お確かめください**

Zhǎo nín bābǎi rìyuán. Qǐng diǎn yíxià.
找您八百日元。请点一下。
ヂャオニン バァバイリーユエン チン ディエンイーシア

Here's 800 yen in change. Thank you.
ヒアズ エイッ ハンドレッ イエン イン チェインジ サンキュー

800 엔입니다. 확인해 보세요.
パルペゲニムニダ ファギネ ボセヨ

지불 (현금)
チブル (ヒョングム)

🔊 30

⑨ 日本円の現金でお願いいたします	We accept cash in Japanese yen only. ウィ アクセプッ キャシュ イン ジャパニーズ イエン オゥンリー
Qǐng nín fù rìyuán xiànjīn. 请您付日元现金。 チン ニン フゥ リーユエン シエンジン	일본엔 현찰로 부탁드립니다. イルボネン ヒョンチャルロ ブッタクトゥリムニダ

⑩ ドルでのお支払いも可能です	We also accept dollars. ウィ オーゥソウ アクセプッ ダラーズ
Yě kěyǐ yòng měijīn. 也可以用美金。 イエ クァイーヨン メイジン	달러로 지불하셔도 됩니다. タルロロ チブラショド デムニダ

⑪ 領収書はご入用ですか？	Do you need a receipt? ドゥ ユー ニーッ ア レスィーッ
Nín yào fāpiào ma? 您要发票吗？ ニン ヤオ ファービアオマ	영수증 필요하세요? ヨンスジュん ピリョハセヨ？

⑫ 領収書の宛名はいかがいたしますか。	Who should the receipt be made out to? フー シュドゥ ザ レスィーッ ビー メイッ アウッ トゥ
Fāpiào fùkuǎnrén zěnme xiě? 发票付款人怎么写？ ファービアオ フゥクワンレン ゼンマシエ	영수증은 누구 이름으로 해 드릴까요？ ヨンスジュんウン ヌグイルムロ ヘ ドゥリルッカヨ？

⑬ レジでの両替はご遠慮ください	We can't change money here. ウィ キャーンッ チェインジ マニー ヒア
Shōukuǎntái bú huàn língqián. 收款台不换零钱。 ショウクワンタイ ブゥホワン リンチエン	카운터에서는 환전하실 수 없습니다. カウントエソヌン ファンジョナシルス オプスムニダ

会計〈応用〉 お支払い（現金）

コラム：あいづち・返答の英語表現

　簡単そうで案外難しいのが、あいづちの打ち方です。普段の会話ではいろいろなあいづちを打って相手とのコミュニケーションをスムーズにしますが、接遇表現ではそれほどたくさんのあいづちは使われません。そして、特に気をつけたいのは日本語でのあいづちの打ち方との違いです。日本語では単に「聞いている」という意味で「はい」「ええ」と言ったり、うなずいたりしてあいづちをよく打ちますが、英語ではそのような場合 Yes とは言いませんし、うなずきもあまり頻繁には入れません。

　返答の仕方のバリエーションもいくつか見てみましょう。まず、接客の上で一番使われるのが "Certainly."（かしこまりました）です。お客様から注文を受けたり、何かを頼まれたときに笑顔で "Certainly." と答えると、大変丁寧なイメージを与えるとともに、お客様も安心します。よりカジュアルな言い方は "Sure."（もちろんです）です。"May I take a look?"（見てもいいですか？）と尋ねられたときに "Sure, go ahead."（もちろんです。どうぞ）とお客様の要望に積極的に応じることができます。"No problem."（問題ありません）も状況に応じて使われます。例えば、"Separate checks, please."（支払いを別々にしてください）と申し出られて、気持ちよく受けるようなときに、"No problem."（問題ありません）を耳にします。

　あいづちや返答とはまた別ですが、お客様を見送るときにかけるひとこと "Have a nice day!"（良い1日を）も英語での接客ではよく使われ、お客様にとっても気持ちのいい表現です。

クレジットカード

credit card	クレディッ カーッ
信用卡 xìnyòngkǎ	シンヨンカァ
신용카드	シニョンカドゥ

① クレジットカードもご利用可能です

We accept credit cards.
ウィ アクセプッ クレディッ カーズ

也可以用信用卡。
Yě kěyǐ yòng xìnyòngkǎ.
イエ クァイーヨン シンヨンカァ

신용카드도 사용하실 수 있습니다.
シニョンカドゥ サヨンハシルス イッスムニダ

② このカードはお取り扱いがございません

I'm afraid we can't accept this card.
アイム アフレイッ ウィ キャンッ アクセプッ ディッ カーッ

这张卡不能用。
Zhèi zhāng kǎ bù néng yòng.
ヂェイヂャンカァ ブゥヌォンヨン

이 카드는 취급하지 않습니다.
イ カドゥヌン チュィグパジ アンスムニダ

③ カードをお預かりいたします

Thank you for your card.
サンキュー フォー ユア カーッ

我给您刷卡。
Wǒ gěi nín shuā kǎ.
ウォ ゲイニン シュワカァ

카드를 좀 실례하겠습니다.
カドゥウル チョム シルレハゲッスムニダ

④ こちらにサインをお願いします

Could you sign here, please?
クデュー サイン ヒア プリー

请在这里签名。
Qǐng zài zhèli qiānmíng.
チン ヅァイヂョアリ チエンミン

여기다 사인 좀 부탁드립니다.
ヨギダ サイン ジョム ブタクドゥリムニダ

⑤ 暗証番号をご入力ください

Please enter your PIN number.
プリー エンター ユア ピン ナンバー

请输入密码。
Qǐng shūrù mìmǎ.
チン シュールー ミィマァ

비밀번호를 입력해 주세요.
ピミルボノルル イムニョッケ ジュセヨ

⑥ カードとお控えのお返しです

Here's your card and receipt.
ヒアズ ユア カーッ アンッ レスィーッ

这是您的卡和发票。
Zhè shì nín de kǎ hé fāpiào.
ヂョアシー ニンダカァ ホア ファーピアオ

카드하고 카드 계산서 받으세요.
カドゥハゴ カドゥ ゲサンソ パドゥセヨ

⑦ カード会社の承認をお取りします

I'll get authorization from the credit card company.
アイゥ ゲッ オーサライゼイション フロム ザ クレディッ カーッ カンパニー

要征得发卡公司的同意。
Yào zhēngde fā kǎ gōngsī de tóngyì.
ヤオ ヂョンダ ファーカァゴンスーダ トンイー

카드 회사의 승인을 받겠습니다.
カドゥ フェサエ スんイヌル パッケッスムニダ

⑧ このカードは使えないようです

I'm afraid this card is not accepted.
アイム アフレイッ ディス カーッ イズ ノッ アクセプティッ

这张卡不能用。
Zhèi zhāng kǎ bù néng yòng.
ヂェイヂャンカァ ブゥヌォンヨン

이 카드는 못 쓰는 것 같습니다.
イ カドゥヌン モッ スヌンゴッ カッスムニダ

🔊 31

⑨ カードにブロックがかかっています	It seems this card has been blocked.
	イッ スィームズ ディス カーツ ハズ ビーン ブロックトゥ
Kǎ yǐjing bèi fēng le. 卡已经被封了。 カア イージン ベイフォンラ	카드 사용이 금지되어 있습니다. カドゥ サヨんイ クムジドェオ イッスムニダ

⑩ カード会社にご確認ください	Would you call the credit card company and ask?
	ウデュー コーゥ ザ クレディッ カーツ カンパニー アンツ アスク
Qǐng xiàng fā kǎ gōngsī quèrèn yíxià. 请向发卡公司确认一下。 チン シアン ファーカァゴンスー チュエレン イーシア	카드 회사에 확인해 보십시오. カドゥ フェサエ ファギネ ボシプシオ

⑪ ご一括でよろしいですか？	Would you like to pay the full amount?
	ウデュー ライッ トゥ ペイ ザ フゥ アマウンツ
Yícì fùqīng kěyǐ ma? 一次付清可以吗？ イーツー フゥチン ケァイーマ	일시불로 하시겠습니까？ イルシブロ ハシゲッスムニッカ

会計〈応用〉

クレジットカード

コラム：クレジットカードについて

　アメリカやイギリスでは"the cashless society"（現金を使わない社会）と言われているほど、クレジットカードや小切手が普及しています。細かいお金を使うのは、バスや電車などの交通機関やチップの支払いぐらいですので、大金を持ち歩かない習慣があります。クレジットカードを持ち合わせていないと「クレジットカードを持てない、信用のない人」と考えられる傾向があるため、クレジットカードでの支払いが多くなります。日本でもクレジットカードが頻繁に使われていますが、英米ではチップまでもクレジットカードで支払うほど生活に浸透しています。

　中国のクレジットカードは、信販会社ではなく、銀行が発行しています。各銀行が、国務院から認可された金融機関である"銀联"（銀聯（ぎんれん）；Union Pay）に加盟し、国内の銀行を結ぶ"銀联"のネットワークシステムを使用しています。"銀联"の決済ネットワークに加盟する銀行が発行したカードは、すべて"銀联卡／Yínliánkǎ／インリエンカァ"（銀聯カード）と呼ばれます。このカードは中国国内で広く普及していますが、銀行のキャッシュカードとしての機能のほか、デビット機能がついているのが大きな特徴です。Visa や Master などのクレジット機能を持ったタイプもあります。日本でも銀聯カードが使えるお店が増えていますので、"可以用银联卡。／Kěyǐ yòng Yínliánkǎ.／ クァイーヨン インリエンカァ"（銀聯カードをご利用いただけます）というフレーズを覚えておくといいでしょう。

　韓国でも、カードは日常生活で無くてはならないものとしてすっかり定着しています。いわゆる「店」の名の付く所では、1万ウォン（1000円未満）ぐらいの買い物や、コーヒーの1杯でもカードを使うなど、皆がほとんどの買い物をカードで済ませており、日本以上にカードをよく使っているようです。もはや現金でのやり取りは、屋台でちょっとしたものを買ったり、食べたりするときのみ、と言っても過言ではないくらいです。

　なお、クレジットカードで買い物をする場合、「一回払い」を"pay the full amount"（⇔"一次付清／yícì fùqīng／イーツーフゥチン"⇔"일시불／イルシブル"）と言い、「分割払い」を"pay in installments"（⇔"分期付款／fēnqī fùkuǎn／フェンチィフゥクアン"⇔"할불／ブンファルブル"）と言います。

　海外のクレジットカードの中には、一括払い専用や、分割払い専用のカードがあるようです。その場合、店員がレジで支払い回数を尋ねる必要性は特にないということになります。

電子マネー・クーポン

e-money, coupon
イーマニー クーポン

① こちらにカードをあててください
Hold your card here, please.
ホウゥド ユア カーッ ヒア プリー

Qǐng zài zhèlǐ shuā kǎ.
请在这里刷卡。
チン ヴァイヂョアリ シュワカァ

여기다 카드를 대 주세요.
ヨギダ カドゥルル テ ジュセヨ

② 残額が足りません
I'm afraid the balance is too low.
アイム アフレィッ ザ バランス イズ トゥ ロウ

Yú'é bú gòu le.
余额不够了。
ユィウァ ブゥゴウラ

잔액이 부족합니다.
チャネギ ブジョカムニダ

③ チャージ金額はおいくらですか？
How much would you like to recharge it?
ハウ マッチ ウデュー ライッ トゥ リチャージ イッ

Nín yào chōngzhí duōshao qián?
您要充值多少钱？
ニン ヤオ チョンヂー ドゥオシャオチエン

금액은 얼마나 충전하시겠습니까？
クメグン オルマナ チュンジョナシゲッスムニッカ

④ チャージは1000円単位で行えます
You can recharge it in 1,000 yen units.
ユー キャン リチャージ イッ イン ア サウザンッ イエン ユニッツ

Chōngzhí jīn'é yǐ yìqiān rìyuán wéi dānwèi.
充值金额以一千日元为单位。
チョンヂージンウァ イー イーチエンリーユエン ウェイダンウェイ

충전은 1000 엔 단위로 할 수 있습니다.
チュンジョヌン チョネン ダヌィロ ハルス イッスムニダ

⑤ ここではチャージできません
You can't recharge it here.
ユー キャーンッ リチャージ イッ ヒア

Zhèlǐ bù néng chōngzhí.
这里不能充值。
ヂョアリィ ブゥノォンチョンヂー

여기서는 충전할 수 없습니다.
ヨギソヌン チュンジョナルス オプスムニダ

⑥ チャージは駅でできます
It can be recharged at stations.
イッ キャン ビー リチャージドゥ アッ ステイションズ

Chēzhàn kěyǐ chōngzhí.
车站可以充值。
チョアヂャン クァイーチョンヂー

충전은 역에서 할 수 있습니다.
チュンジョヌン ヨゲソ ハルス イッスムニダ

⑦ クーポンのご利用で100円引きとなります
You can get 100 yen off with this coupon.
ユー キャン ゲッ ア ハンドレッ イエン オフ ウィズ ディス クーポン

Yòng yōuhuìquàn piányi yìbǎi rìyuán.
用优惠券便宜一百日元。
ヨン ヨウホイチュエン ピエンイー イーバイリーユエン

쿠폰을 이용하시면 100 엔 할인해 드립니다.
クポヌル イヨンハシミョン ペゲン ハリネ ドゥリムニダ

⑧ 次回来店時にご利用ください
Please bring your coupon next time you visit us.
プリー ブリンッ ユア クーポン ネクスッタイム ユー ヴィズィッ アス

Qǐng xiàcì lái diàn shí shǐyòng.
请下次来店时使用。
チン シアツー ライディエンシー シーヨン

다음 번에 이용하시면 됩니다.
タウムボネ イヨンハシミョン テムニダ

电子货币、优惠券 diànzǐ huòbì, yōuhuìquàn
ディエンヅ フオビィ ヨウホイチュエン

전자 머니, 쿠폰
チョンジャモニ クポン

🔊 32

⑨ このクーポンはご利用いただけません

Sorry, we can't accept this coupon.
ソーリー ウィ キャーンッ アクセプッ ディッ クーポン

Zhèi zhāng yōuhuìquàn bù néng yòng.
这张优惠券不能用。
チェイヂャン ヨウホイチュエン ブゥヌォンヨン

이 할인권은 쓰실 수 없습니다.
イ ハリンクォヌン スシルス オプスムニダ

コラム：和製英語に注意！（2）

　　カタカナは、日本人が親しみを持つように工夫した表記と言えますが、カタカナをそのまま発音しても英語として通じないものが多くあります。言い方が全く違うもの、長い英語を短くしたもの、英語では違う意味になってしまうものなど、大きく3つに分けられます（⇒ p. 43）。以下では、カタカナにつられて間違えやすい英語表現の一部を紹介します。日本語の 50 音順に並べています。

- アメリカン（コーヒー）　mild [weak] coffee
- アフターサービス　customer support
- エステ　spa
- エナメル革　patent leather
- エンゲージリング　engagement ring
- オーダーメイドの　custom-made
- オンザロック　on the rocks
- ガソリンスタンド　gas station
- キーホルダー　key ring
- キャッシュカード　ATM card
- クリーニング店　cleaners
- ゲームソフト　game software
- コインランドリー　laundromat
- ゴム　rubber
- （値引きの）サービス　discount
- （店側が無料で提供する）サービス　on the house
- シーズンオフ　off-season
- シュークリーム　cream puff
- ジョッキ　beer mug
- スペル　spelling
- ソフトクリーム　soft ice cream
- チーク　blush
- デパート　department store
- 電子レンジ　microwave
- ドライヤー　hair dryer
- ナイター　night game
- ノースリーブ　sleeveless
- バイキング　all-you-can-eat
- （タイヤの）パンク　flat tire
- ハンバーグ　hamburger
- BS（放送）　satellite broadcast
- ピーマン　green pepper
- ビジネスホテル　budget hotel
- ビニール袋　plastic bag
- ビル　building
- ファスナー　zipper
- ブランドショップ　designer store
- フリーサイズ　one-size-fits-all
- フリーダイヤル　toll-free number
- プリン　pudding
- ペットボトル　plastic bottle
- ベビーカー　stroller
- ペンション　B & B
- （駅の）ホーム　platform
- ホームページ　website
- ポスト　mail box
- マイナスイオン　negative ion
- マニキュア　nail polish
- マフラー　scarf
- マンション（建物全体）　apartment building
- リモコン　remote (control)
- リンス　conditioner
- レジ　cashier
- ワイシャツ　shirt
- ワンピース　dress

返品・返金　returns, refunds　退貨、退款 tuìhuò, tuìkuǎn　반품・환불
リターンズ　リファンズ　　トゥイフォ　トゥイクワン　　パンプム　ファンブル

① 何か不都合な点がございましたか？
Is there something wrong, sir [ma'am]?
イズ ゼァ サムシンッ ロンッ サー [マム]

Yǒu shénme bù mǎnyi de ma?
有什么不满意的吗？
ヨウ シェンマ ブゥマンイーダマ

마음에 안 드시는 점이 있으셨습니까？
マウメ アンドゥシヌン ジョミ イッスショッスムニカ

② レシートはお持ちですか？
Do you have the receipt?
ドゥユー ハヴ ザ レスィーッ

Nín yǒu fāpiào ma?
您有发票吗？
ニン ヨウ ファーピアオマ

영수증은 갖고 계십니까？
ヨンスジュンウン カッコ ゲシムニカ

③ 商品を拝見いたします
Let me take a look at the goods.
レッミー テイッ ア ルッ アッ ザ グッツ

Wǒ kàn yíxià shāngpǐn.
我看一下商品。
ウォ カンイーシア シャンピン

상품을 좀 보여 주십시오．
サンブムル ジョム ボヨ ジュシプシオ

④ お取替えとご返金、どちらをご希望ですか？
Which would you prefer, a replacement or a refund?
ウイッチ ウデュー プリファー ア リプレイスメンッ オァ ア リファンッ

Nín xīwàng huàn yí ge, háishi tuìkuǎn?
您希望换一个，还是退款？
ニン シーワン ホワンイーガ ハイシー トゥイクワン

교환하고 환불, 어느 쪽을 원하세요？
キョファナゴ ファンブル オヌチョグル ウォナセヨ

⑤ 申し訳ございません。返金いたします
We're sorry. Let us refund it.
ウィアー ソーリー レッ アス リファンッ イッ

Shízài bàoqiàn, wǒmen gěi nín tuìkuǎn.
实在抱歉，我们给您退款。
シーヅァイ バオチエン ウォメン ゲイニン トゥイクワン

죄송합니다. 환불해 드리겠습니다．
チェソンハムニダ ファンブル ドゥリゲッスムニダ

⑥ 同じものとお取替えいたします
We'll replace it with the same one.
ウィゥ リプレイス イッ ウィズ ザ セイム ワン

Wèi nín huàn yí ge xiāngtóng de.
为您换一个相同的。
ウェイニン ホワンイーガ シアントンダ

같은 물건하고 바꿔 드리겠습니다．
カットゥン ムルゴナゴ パックォ ドゥリゲッスムニダ

⑦ 差額を200円いただきます
Could you pay the balance of 200 yen?
クデュー ペイ ザ バランス オヴ トゥ ハンドレッ イエン

Shōu nín liǎngbǎi rìyuán de chā'é.
收您两百日元的差额。
ショウ ニン リアンバイリーユエンダ チャアゥア

차액 200 엔을 더 내셔야 합니다．
チャエク イベゲヌル ト ネショヤ ハムニダ

⑧ 返品は1週間以内となっております
Returns are accepted within 1 week.
リターンズ アー アクセプティッ ウィズイン ワン ウィーク

Yì zhōu yǐnèi kěyǐ tuìhuò.
一周以内可以退货。
イーヂョウ イーネイ クァイートゥイフォ

반품은 1 주일 이내에 하셔야 합니다．
パンプムン イルチュイル イネエ ハショヤハムニダ

きほんの接客　買い物　会計〈応用〉　食事　遊び・レジャー　案内・交通・お金　電話・トラブル

🔊 33

⑨ 使用済みの商品は返品[交換]できません
Yòngguò de shāngpǐn bù néng tuìhuò [jiāohuàn].
用过的商品不能退货[交换]。
ヨングオダ シャンピン ブゥノォン トゥイフオ [ジアオホワン]

Used items cannot be returned [exchanged].
ユーズドゥ アイテムズ キャノッ ビー リターンドゥ [エクスチェインジドゥ]

사용하신 물건은 반품할 [교환할]수 없습니다.
サヨンハシン ムルゴヌン バンプマル [キョワナル] ス オプスムニダ

⑩ 返品、交換にはレシートが必要です
Tuìhuò hé jiāohuàn xūyào fāpiào.
退货和交换需要发票。
トゥイフオ ホア ジアオホワン シュイヤオ ファーピアオ

A receipt is required for all returns and exchanges.
アレスィーッ イズリカイヤーッフォー オーゥリターンズ アンッエクスチェインジズ

교환이나 환불할 때는 영수증이 필요합니다.
キョファニナ ファンブルテテヌン ヨンスジュンイ ピリョハムニダ

⑪ 不良品以外はお断り申し上げます
Bù shì cìpǐn bù néng bànlǐ.
不是次品不能办理。
ブゥシー ツゥピン ブゥノォンバンリィ

We can't accept it unless it's defective.
ウィ キャーンッ アクセプッ イッ アンレス イッツ ディフェクティヴ

불량품 외에는 못 해 드립니다.
ブルリャンプム ウェエヌン モッテ ドゥリムニダ

⑫ お客様のお取扱いが不適切だったようです
Shǐyòng fāngfǎ kěnéng bù zhèngquè.
使用方法可能不正确。
シーヨンファンファー クァノォン ブゥヂョンチュエ

I'm afraid this is a result of your mishandling.
アイム アフレイッ ディス イズ ア リザゥト オヴ ユア ミスハンドリンッ

손님이 잘못 취급하신 것 같습니다.
ソンニミ チャルモッ チュィグパシンゴッ カッスムニダ

⑬ 返品、交換は一切受け付けておりません
Bù shòulǐ tuìhuò hé jiāohuàn.
不受理退货和交换。
ブゥショウリィ トゥイフオ ホア ジアオホワン

We don't accept any returns or exchanges.
ウィ ドンッ アクセプッ エニ リターンズ オア エクスチェインジズ

반품, 교환은 일체 안 됩니다.
バンプム キョファヌン イルチェ アンドェムニダ

会計〈応用〉 返品・返金

ワードバンク　返品・返金

汚い	dirty ダーティー	脏 zāng ザン	더럽다 トロプタ
壊れた	broken ブロークン	坏了 huài le ホァイラ	고장났다 コジャンナッタ
欠陥	defect ディフェクッ	缺陷 quēxiàn チュエシエン	결함 キョラム
傷がある	damaged ダミッジドゥ	有伤 yǒu shāng ヨウシャン	흠이 있다 フミ イッタ
新品	new one ニュー ワン	新货 xīnhuò シンフオ	신품 シンプム
別のサイズ	different size ディファレンツ サイズ	别的尺寸 bié de chǐcùn ビエダ チィツン	딴 사이즈 タン サイジュ
他の商品	another item アナザー アイテム	其他商品 qítā shāngpǐn チィタア シャンピン	다른 상품 タルン サンプム
開封済み	unsealed アンスィールドゥ	己打开 yǐ dǎkāi イーダァカイ	뜯은 물건 トゥドゥン ムルゴン
セール品	goods on sale グッズ オン セイゥ	打折商品 dǎzhé shāngpǐn ダァヂョア シャンピン	세일품 セイルプム
商品タグ	price tag プライス タグ	价签 jiàqiān ジアチエン	가격표 カギョクピョ

ポイントカード

point card 　 积分卡 jīfēnkǎ 　 포인트 카드
ポインッ　カーツ　　ジィフェンカァ　　ポイントゥカドゥ

---

① ポイントカードはお持ちですか？

Do you have a point card?
ドゥユー　ハヴ　ア　ポインッ　カーツ

Nín yǒu jīfēnkǎ ma?
您有积分卡吗？
ニン　ヨウ　ジィフェンカァマ

포인트 카드 갖고 계십니까？
ポイントゥカドゥ　カッコ　ケシムニッカ

---

② 入会をご希望ですか？

Would you like to apply for membership?
ウデュー　ライッ　トゥ　アプライ　フォー　メンバーシッ

Nín yào jiārù huìyuán ma?
您要加入会员吗？
ニン　ヤオ　ジアルゥ　ホイユエンマ

가입하시겠습니까？
カイパシゲッスムニッカ

---

③ 入会金、年会費は無料です

There is no admission fee or membership fee.
ゼア　イズ　ノー　アドミッション　フィー　オァ　メンバーシップ　フィー

Bù shōu rùhuìfèi hé huìfèi.
不收入会费和会费。
ブゥショウ　ルーホイフェイ　ホァ　ホイフェイ

입회비, 연회비는 무료입니다.
イペビ　ヨヌェビヌン　ムリョイムニダ

---

④ ポイントは2年間有効です

Points are valid for 2 years.
ポインツ　アー　ヴァリッ　フォー　トゥ　イヤーズ

Jīfēn liǎng nián yǒuxiào.
积分两年有效。
ジィフェン　リアンニエン　ヨウシアオ

포인트 유효기간은 2년입니다.
ポイントゥ　ユヒョギガヌン　イーニョニムニダ

---

⑤ 有効期限は来年3月までです

Your points are valid until next March.
ユア　ポインツ　アー　ヴァリッ　アンティヴ　ネクスト　マーチ

Yǒuxiàoqī dào míngnián sānyuè.
有效期到明年三月。
ヨウシアオチィ　ダオ　ミンニエン　サンユエ

유효기한은 내년 3월까지입니다.
ユヒョギハヌン　ネニョン　サムオルカジムニダ

---

⑥ ポイントをご利用になりますか？

Would you like to use your points?
ウデュー　ライッ　トゥ　ユーズ　ユア　ポインツ

Nín yòng jīfēn ma?
您用积分吗？
ニン　ヨン　ジィフェンマ

포인트를 사용하시겠습니까？
ポイントゥルル　サヨンハシゲッスムニッカ

---

⑦ 何ポイントご利用ですか？

How many points would you like to use?
ハウ　メニィ　ポインツ　ウデュー　ライッ　トゥ　ユーズ

Nín yòng duōshao jīfēn?
您用多少积分？
ニン　ヨン　ドゥオシャオ　ジィフェン

몇 포인트를 사용하시겠습니까？
ミョッ　ポイントゥルル　サヨンハシゲッスムニッカ

---

⑧ 1000円分のポイントが貯まっています

You have 1,000 yen worth of points.
ユー　ハヴ　ア　サウザンッ　イェン　ワース　オヴ　ポインツ

Kǎ lǐ yǒu xiāngdāng yìqiān rìyuán de jīfēn.
卡里有相当一千日元的积分。
カァリィ　ヨウ　シアンダン　イーチエンリーユエンダ　ジィフェン

포인트가 1000엔 분 쌓였습니다.
ポイントゥガ　チョネンブン　サヨッスムニダ

🔊 34

⑨ 200ポイントからご利用いただけます	The minimum amount you can redeem is 200.
	ザ ミニマム アマウンッ ユーキャン リディーム イズ トゥー ハンドレッ
Cóng liǎngbǎi fēn kāishǐ kěyǐ shǐyòng. 从两百分开始可以使用。 ツォン リアンバイフェン カイシー クァイーシーヨン	200 포인트부터 사용하실 수 있습니다. イベク ポイントゥブット サヨンハシルス イッスムニダ

⑩ 100ポイント単位でご利用可能です	You can use your points in units of 100.
	ユーキャン ユーズ ユア ポインツ イン ユニッツ オヴ ア ハンドレッ
Kěyǐ yìbǎi fēn wéi dānwèi shǐyòng. 可以一百分为单位使用。 クァイー イーバイフェン ウェイダンウェイ シーヨン	100 포인트 단위로 사용하실 수 있습니다. ベク ポイントゥ タヌイロ サヨンハシルス イッスムニダ

⑪ ポイントの明細でございます	Here's the balance of your points.
	ヒアーズ ザ バランス オヴ ユア ポインツ
Zhè shì jīfēn qīngdān. 这是积分清单。 ヂョアシー ジィフェンチンダン	여기 포인트 명세서입니다. ヨギ ポイントゥ ミョンセソイムニダ

⑫ この商品のポイント還元率は8%です	You can get 8 % reward points with this item.
	ユーキャン ゲッ エイッパーセン リウォードゥ ポインツ ウィズ ディッアイテム
Zhèi ge shāngpǐn fǎn diǎn bǎi fēn zhī bā. 这个商品返点百分之八。 ヂェイガシャンピン ファンディエン バイフェンヂーバァ	이 상품은 포인트 환원률이 8 퍼센트입니다. イ サンプムン ポイントゥ ファヌォンニュリ パルポセントゥイムニダ

⑬ 現金払いでは10%還元です	You'll get 10 % reward points if you pay by cash.
	ユーゥ ゲッ テンパーセン リウォードゥポインツ イフユー ペイ バイ キャッシュ
Yòng xiànjīn zhīfù fǎn diǎn bǎi fēn zhī shí. 用现金支付返点百分之十。 ヨンシエンジン ヂーフゥ ファンディエン バイフェンヂーシー	현금으로 지불하시면 10 퍼센트 환원됩니다. ヒョングムロ チブラシミョン シプポセントゥ ファヌォンドェムニダ

⑭ 免税品にはポイントがつきません	Duty-free items do not earn points.
	デューティフリー アイテムズ ドゥ ノッ アーン ポインツ
Miǎnshuì shāngpǐn bù néng jīfēn. 免税商品不能积分。 ミエンシュイシャンピン ブゥヌォン ジィフェン	면세품에는 포인트가 붙지 않습니다. ミョンセプムエヌン ポイントゥガ ブッチ アンスムニダ

⑮ 免税販売よりもポイント還元がお得です	The point reward will be better than duty-free purchase.
	ザ ポインッ リウォードゥ ウィッビー ベター ザン デューティフリー パーチェス
Jīfēn bǐ miǎnshuì hésuàn. 积分比免税合算。 ジィフェン ビィ ミエンシュイ ホァスワン	면세판매보다 포인트 환원이 더 이득입니다. ミョンセパンメボダ ポイントゥ ファヌォニ ト イドゥギムニダ

会計《応用》
ポイントカード

配送・取り寄せ

delivery, back order
デリヴァリー　バック　オーダー

送货、订货　sònghuò, dìnghuò
ソンフォ　ディンフォ

---

① 海外への配送も可能です

Bànlǐ wǎng guówài fāsòng de yèwù.
办理往国外发送的业务。
バンリィ　ワン　グオワイ　ファーソンダ　イエウゥ

We can deliver overseas.
ウィ　キャン　デリヴァー　オゥヴァースィーズ

해외 배달도 할 수 있습니다.
ヘウェベダルド　ハルス　イッスムニダ

---

② 配送料は500円です

Fāsòngfèi shì wǔbǎi rìyuán.
发送费是五百日元。
ファーソンフェイ　シー　ウゥバイリーユエン

The delivery charge will be 500 yen.
ザ　デリヴァリー　チャージ　ウィッビー　ファイヴ　ハンドレッ　イエン

배달 요금은 500 엔입니다.
ペダルリョグムン　オベゲニムニダ

---

③ 国内配達無料です

Guónèi miǎnfèi fāsòng.
国内免费发送。
グオネイ　ミエンフェイ　ファーソン

We offer free domestic delivery.
ウィ　オファー　フリー　ドメスティッ　デリヴァリー

국내 배달은 무료입니다.
クンネベダルン　ムリョイムニダ

---

④ 明後日のお届けでよろしいですか？

Hòutiān dàohuò kěyǐ ma?
后天到货可以吗？
ホウティエン　ダオフォ　クァイーマ

Would delivery on the day after tomorrow be alright?
ウッ　デリヴァリー　オン　ザ　デイ　アフター　トゥモロゥ　ビー　オゥライッ

모레 도착하는 걸로 해 드릴까요？
モレ　トチャカヌンゴルロ　ヘ　ドゥリルカヨ

---

⑤ 着払いはさらに手数料がかかります

Dàohuò fùkuǎn, yào jiā shǒuxùfèi.
到货付款，要加手续费。
ダオフォ　フゥクワン　ヤオジア　ショウシュィフェイ

Cash on delivery costs an extra charge.
キャッシュ　オン　デリヴァリー　コスツ　アン　エクストラ　チャージ

수취인 부담 시에는 수수료를 지불하셔야 합니다.
スチイン　ブダムシエヌン　ススリョルル　チブラショヤ　ハムニダ

---

⑥ お客様のお控えです。どうぞ

Zhè shì gùkè cúngēn, qǐng shōuhǎo.
这是顾客存根，请收好。
チョアシー　グゥクァーツンゲン　チン　ショウハオ

Here's your copy.
ヒァズ　ユァ　コピー

손님용 전표입니다. 받으세요.
ソンニムニョン　チョンピョイムニダ　パドゥセヨ

---

⑦ お取り寄せには2週間程度かかります

Dàohuò dàgài yào liǎng ge xīngqī.
到货大概要两个星期。
ダオフォ　ダァガイ　ヤオ　リアンガ　シンチィ

It will arrive in about 2 weeks.
イッ　ウィウ　アライヴ　イン　アバウッ　トゥ　ウィークス

주문하시면 2 주일 정도 걸립니다.
チュムナシミョン　イージュイル　ジョンド　コルリムニダ

---

⑧ 入荷予定は3日後です

Yùjì sān tiān hòu jìnhuò.
预计三天后进货。
ユィジィ　サンティエンホウ　ジンフォ

It will arrive in 3 days.
イッ　ウィウ　アライヴ　イン　スリー　デイズ

3 일 후에 들어옵니다.
サミルフエ　トゥロオムニダ

배달 서비스・주문
ペダルソビス　チュムン

🔊 35

⑨ 入荷次第ご連絡いたします

We'll contact you as soon as it arrives.
ウィゥ　コンタクッ　ユー　アズ　スーン　アズ　イッ　アライヴズ

Yí dàohuò jiù tōngzhī nín.
一到货就通知您。
イーダオフオ　ジウ　トンヂーニン

들어오는 대로 곧 연락을 드리겠습니다.
トゥロオヌンデロ　コッ　ヨルラグル　トゥリゲッスムニダ

⑩ お受け取りはご来店ですか、お届けですか？

Would you like to pick it up here or have it delivered?
ウデュー　ライットゥ　ピッ　イッ　アッ　ヒア　オァ　ハヴ　イッ　デリヴァードゥ

Shì lái qǔ háishi gěi nín sòngqù?
是来取还是给您送去？
シー　ライチュイ　ハイシー　ゲイニン　ソンチュイ

받으러 오시겠습니까？ 보내 드릴까요？
パドゥロ　オシゲッスムニッカ？　ポネ　ドゥリルカヨ

⑪ お名前と電話番号をご記入ください

Please fill in your name and telephone number.
プリー　フィゥ　イン　ユア　ネイム　アンツ　テレフォン　ナンバー

Qǐng tián yíxià xìngmíng hé diànhuà hàomǎ.
请填一下姓名和电话号码。
チン　ティエンイーシア　シンミン　ホア　ディエンホワハオマァ

성함하고 전화번호를 써 주세요.
ソンハマゴ　チョナボノルル　ソ　ジュセヨ

⑫ 代金は前払いでお願いいたします

Could you pay for it now?
クデュー　ペイ　フォー　イッ　ナウ

Qǐng xiān fùkuǎn.
请先付款。
チン　シエン　フゥクワン

대금은 선불입니다.
テグムン　ソンブリムニダ

⑬ お支払いは商品のお受け取りの際にお願いします

Please pay when you pick up the item.
プリー　ペイ　ウエン　ユー　ピック　アッ　ジ　アイテム

Qǐng qǔ huò shí fùkuǎn.
请取货时付款。
チン　チュイフオシー　フゥクワン

지불은 상품을 받으러 오실 때 하시면 됩니다.
チブルン　サンプムル　パドゥロ　オシルテ　ハシミョン　テムニダ

⑭ 入荷後、伝票を持ってお越しください

Would you come with the slip next time?
ウデュー　カム　ウィズ　ザ　スリッ　ネクスッ　タイム

Dàohuò hòu, chí fāpiào qǔ huò.
到货后, 持发票取货。
ダオフオホウ　チー　ファーピアオ　チュイフオ

상품이 들어오면 전표를 가지고 찾으러 오세요.
サンプミ　トゥロオミョン　チョンピョルル　カジゴ　チャジュロ　オセヨ

会計〈応用〉

配送・取り寄せ

87

ギフト包装

gift-wrapping
ギフラッピンッ

包装 bāozhuāng
パオヂュアン

선물 포장
ソンムル ポジャん

---

① ギフト包装はご入用ですか？

Xūyào bāozhuāng ma?
需要包装吗？
シュィヤオ パオヂュアンマ

Would you like it gift-wrapped?
ウデュー ライキッ ギフッラップッ

선물용으로 포장해 드릴까요？
ソンムルリョんウロ ポジャんヘ ドゥリルカヨ

---

② ラッピングは無料です

Miǎnfèi bāozhuāng.
免费包装。
ミエンフェイ パオヂュアン

Gift-wrapping is free of charge.
ギフッラッピンッ イズ フリー オヴ チャージ

포장은 무료예요．
ポジャんウン ムリョエヨ

---

③ 箱代は別途100円かかります

Héfèi dān shōu, yìbǎi rìyuán.
盒费单收，一百日元。
ホァフェイ ダンショウ イーパイリーユエン

Gift boxes are available for 100 yen each.
ギフッボックスィズ アー アヴェイラブゥ フォー ア ハンドレッイエン イーチ

상자 값은 별도로 100 엔입니다．
サンジャ カァスン ピョルトロ ペゲニムニダ

---

④ 別々にお包みしましょうか？

Fēnkāi bāozhuāng ma?
分开包装吗？
フェンカイ パオヂュアンマ

Do you prefer individual wrapping?
ドゥユー プリファー インディヴィヂュアゥ ラッピンッ

따로따로 포장해 드릴까요？
タロタロ ポジャんヘ トゥリルカヨ

---

⑤ 中身が分かるようにメモをお付けしておきます

Zài zhǐtiáo shang xiěxià lǐmian de nèiróng.
在纸条上写下里面的内容。
ヅァイ ヂーティアオシャン シエシア リィミエンダ ネイロン

I'll put a note on it to identify the contents.
アイゥ プッ ア ノゥッ オン イッ トゥ アイデンティファイ ザ コンテンツ

뭐가 들어 있는지 알 수 있도록 메모해 두겠습니다．
ムォーガ トゥロ インヌジ アルス イットロク メモヘ トゥゲッスムニダ

---

⑥ 包装紙とリボンをお選びください

Qǐng xuǎn yíxià bāozhuāngzhǐ hé cǎidài.
请选一下包装纸和彩带。
チン シュエンイーシア パオヂュアンヂー ホァ ツァイダイ

Please select wrapping paper and a ribbon.
プリー セレクッ ラッピンッ ペイパー アンッ ア リバン

포장지하고 리본을 골라 주세요．
ポジャんジハゴ リボヌル コルラ ジュセヨ

---

⑦ 小分けの袋をお入れしますか？

Yào fēnzhuāngdài ma?
要分装袋吗？
ヤオ フェンヂュアンダイマ

Do you need extra bags?
ドゥユー ニーッ エクストラ バッグズ

갯수대로 봉투를 넣어 드릴까요？
ケッスデロ ポんトゥルル ノォ ドゥリルカヨ

---

⑧ 紙袋はご利用ですか？

Yào shǒutídài ma?
要手提袋吗？
ヤオ ショウティーダイマ

Do you need a paper bag?
ドゥユー ニーッ ア ペイパーバッグ

종이봉투가 필요하십니까？
チョんイポんトゥガ ピリョハシムニッカ

🔊 36

⑨ 他の荷物もまとめてお入れしますか？	Would you like to put other bags in a bigger bag? ウデュー ライッ トゥ プッ アザー バッグズ イン ア ビガー バッグ
Hé biédé dàizi fàngzài yìqǐ ma? 和别的袋子放在一起吗? ホァ ビエダ ダイツ ファンヅァイ イーチィマ	다른 짐도 같이, 하나로 모아 드릴까요? タルン ジムド カッチ ハナロ モア ドゥリルッカヨ

⑩ 雨よけのビニールをおかけします	I'll put a rain cover on it. アィゥ プッ ア レイン カヴァ オン イッ
Zhàoshang fángyǔ sùliàobù. 罩上防雨塑料布。 チャオシャン ファンユィ スゥリァオブゥ	비가 오니까 비닐을 씌워 드리겠습니다. ビガ オニカ ビニルル シウォ ドゥリゲッスムニダ

⑪ すぐにご使用になりますか？	Would you like to use it now? ウデュー ライッ トゥ ユーズ イッ ナゥ
Mǎshàng yòng ma? 马上用吗? マァシャン ヨンマ	금방 쓰실 겁니까? クムパン スシルコムニッカ

⑫ お店を出るまでこのテープをとらないでください	Please keep this tape inside our store. プリー キープ ディッ テイプ インサイッ アワ ストアー
Chū diàn qián bú yào jiēxià jiāotiáo. 出店前不要揭下胶条。 チューディエンチエン ブゥヤオ ジエシア ジアオティアオ	가게를 나가실 때까지 이 테이프를 떼지 마세요. カゲルル ナガシルテカジ イ テイプルル テジ マセヨ

⑬ 値札をお取りしてよろしいですか？	May I take off the price tag? メイアイ テイッ オフ ザ プライス タッ
Yào zhāidiào jiàqiān ma? 要摘掉价签吗? ヤオ チャイディアオ ジアチエンマ	가격표를 떼도 됩니까? カギョクピョルル テド トェムニッカ

会計〈応用〉 ギフト包装

コラム：間違えやすい掲示の英語表現

　掲示の英語はとても簡潔でシンプルです。よく目にするのは「営業時間」を知らせるもので、"Business Hours: 9 A.M. to 6 P.M."（営業時間：午前9時から午後6時）が一般的です。一見簡単そうですが、Hours と複数にするのがポイントです。日本で見かける掲示の多くは Hour と単数形になっていますが、これは間違いです。「営業時間が9時から6時までの9時間」を意味しますから、複数でなければなりません。
　「閉店」を表す掲示で多いのは "We are closed." ですが、"We are close." という間違った掲示が目立ちます。この close は形容詞で、「私たちはごく近くにいます」とか「私たちは似ている」という意味になってしまいます。正しくは are closed で、「終業している」という動詞を使います。
　こんなふうにちょっとしたことで意味が違ってしまいますので、「たかが掲示、されど掲示」にお気をつけください。

免税

duty-free デューティ フリー
免税 miǎnshuì ミエンシュイ
면세 ミョンセ

---

① 旅行者の方ですか？

Are you a tourist?
アー ユー ア トゥアリストゥ

Shì lái lǚyóu de ma?
是来旅游的吗？
シー ライ リュィヨウダマ

여행 오셨습니까？
ヨヘん オショッスムニッカ

---

② こちらは免税でお求めいただけます

You can buy this duty-free.
ユー キャン バイ ディス デューティ フリー

Zhèixiē shì miǎnshuì shāngpǐn.
这些是免税商品。
チェイシエ シー ミエンシュイ シャンピン

이건 면세 됩니다．
イゴン ミョンセ トェムニダ

---

③ 税引きで1万2000円でございます

It's 12,000 yen without tax.
イッツ トゥウェルヴ サウザンツ イエン ウィザウッ タックス

Chúdiào shuì shì yíwàn liǎngqiān rìyuán.
除掉税是一万两千日元。
チューディアオ シュイ シー イーワンリアンチエンリーユエン

세금 빼고 12000 엔입니다．
セグム ペゴ マーニチョネニムニダ

---

④ 免税カウンターは1階でございます

The duty-free counter is on the 1st floor.
ザ デューティフリー カウンター イズ オン ザ ファースッ フロア

Miǎnshuì guìtái zài yī lóu.
免税柜台在一楼。
ミエンシュイ グイタイ ヅァイ イーロウ

면세 카운터는 1 층입니다．
ミョンセ カウントヌン イルチュんイムニダ

---

⑤ こちらは手続きのご案内です

Here's the information about applications.
ヒァズ ジ インフォーメイション アバウッ アプリケイションズ

Zhè shì shǒuxù zhǐnán.
这是手续指南。
チョアシー ショウシュィヂーナン

이건 수속 안내입니다．
イゴン スソガンネイムニダ

---

⑥ 手続きは当日のみ受け付けます

We accept applications today only.
ウィ アクセプッ アプリケイションズ トゥデイ オゥンリー

Shǒuxù zhǐ néng dàngtiān bàn.
手续只能当天办。
ショウシュィ ヂーヌォン ダンティエン バン

수속은 당일만 받습니다．
スソグン タンイルマン パッスムニダ

---

⑦ 手続きにはパスポートが必要です

You need to show your passport for an application.
ユー ニーッ トゥ ショウ ユア パスポーッ フォー アン アプリケイション

Bàn shǒuxù xūyào hùzhào.
办手续需要护照。
バン ショウシュィ シュイヤオ フゥチャオ

수속하실 땐 여권이 필요합니다．
スソカシルテン ヨックォニ ピリョハムニダ

---

⑧ 合計1万円以上お買い上げの方が対象です

Purchases of more than 10,000 yen qualify.
パーチェスィズ オヴ モア ザン テン サウザンツ イエン クオリファイ

Zhǐ xiàn gòumǎi yíwàn rìyuán yǐshàng de gùkè.
只限购买一万日元以上的顾客。
ヂーシエン ゴウマイ イーワンリーユエン イーシャンダ グゥクァー

구입액 합계 10000 엔 이상이신 분이 대상입니다．
クイベク ハプケ マーネン イサンイシン ブニ テサンイムニダ

⑨ 消耗品は対象外でございます

Xiāohàopǐn chúwài.
消耗品除外。
シアオハオピン チューワイ

Consumable items are not eligible.
コンスーマブゥ アイテムズ アー ノッ エリジャボゥ

소모품은 대상에서 제외됩니다.
ソモプムン テサンエソ チェウェドェムニダ

⑩ パスポートはお持ちですか？

Nín dài hùzhào le ma?
您带护照了吗？
ニン ダイ フゥチャオラマ

Do you have your passport with you?
ドゥ ユー ハヴ ユア パスポーツ ウィズ ユー

여권은 갖고 계세요？
ヨックォヌン カッコ ゲセヨ

⑪ 用紙のこの部分にご記入ください

Qǐng tiánxiě zhèi ge bùfen.
请填写这个部分。
チン ティエンシエ ヂェイガ ブゥフェン

Please fill in this part of the form.
プリー フィゥ イン ディッ パート オヴ ザ フォーム

용지의 이 부분에 기입해 주십시오.
ヨンジエ イ ブブネ キイペ ジュシプシオ

⑫ 残りはこちらで記入いたします

Kòngyú bùfen yóu wǒmen tiánxiě.
空余部分由我们填写。
コンユィブゥフェン ヨウ ウォメン ティエンシエ

I'll fill in the rest.
アイゥ フィゥ イン ザ レスッ

나머지는 제가 기입하겠습니다.
ナモジヌン チェガ キイパゲッスムニダ

⑬ このパスポートでは免税の対象とはなりません

Zhèi zhǒng hùzhào bù néng xiǎngshòu miǎnshuì.
这种护照不能享受免税。
ヂェイヂォン フゥヂャオ ブゥノンシアンショウ ミエンシュイ

This passport doesn't qualify for duty-free status.
ディス パスポート ダズンッ クオリファイ フォー デューティ フリー ステイタス

이 여권으로는 면세를 받을 수 없습니다.
イ ヨックォヌロヌン ミョンセルル パドゥルス オプスムニダ

⑭ こちらは免税品ではありません

Zhèi ge bú shì miǎnshuìpǐn.
这个不是免税品。
ヂェイガ ブゥシー ミエンシュイピン

This is not a duty-free product.
ディス イズ ノッ ア デューティ フリー プロダクッ

이건 면세품이 아닙니다.
イゴン ミョンセプミ アニムニダ

⑮ 免税範囲を超えています

Zhèixiē bú zài miǎnshuì fànwéi nèi.
这些不在免税范围内。
ヂェイシエ ブゥツァイ ミエンシュイ ファンウェイネイ

I'm afraid these goods exceed the duty-free limit.
アイム アフレイッ ジーズ グッツ エクスィードゥ ザ デューティ フリー リミッ

면세 범위를 초과했습니다.
ミョンセ パムウィルゥ チョガヘッスムニダ

⑯ こちらは海外には持って行けません

Zhèi ge bù néng dàidào guówài qù.
这个不能带到国外去。
ヂェイガ ブゥノン ダイダオ グオワイ チュイ

I'm afraid it's not allowed to be taken overseas.
アイムアフレイッ イッツ ノッアラウドゥ トゥビー テイクン オウヴァースィーズ

이건 해외에는 가지고 갈 수 없습니다.
イゴン ヘウェエヌン カジゴ カルス オプスムニダ

レストラン

restaurant	餐厅 cānting	레스토랑	
レストゥラン	ツァンティン	レストらン	

① いらっしゃいませ。何名様ですか？
Good evening, sir! How many people?
グッ イヴニンッ サー ハウ メニイ ピープゥ

Huānyíng guānglín, nín jǐ wèi?
欢迎光临，您几位？
ホワンイン グアンリン ニン ジィウェイ

어서 오십시오. 몇 분이십니까？
オソ オシァシオ ミョップニシムニッカ

② ご予約されていますか？
Do you have a reservation?
ドゥユー ハヴ ア リザヴェイション

Nín yùdìng le ma?
您预订了吗？
ニン ユーディンラマ

예약하셨습니까？
イェーヤカショッスムニッカ

③ お煙草はお吸いになりますか？
Would you like smoking or non-smoking?
ウデュー ライッ スモーキンッ オァ ノンスモーキンッ

Nín xīyān ma?
您吸烟吗？
ニン シーイエンマ

담배 피우십니까？
タムベ ピウシムニッカ

④ 全席禁煙です
Entirely non-smoking, sir [ma'am].
エンタイアリー ノンスモーキンッ サー [マム]

Běndiàn jìnzhǐ xīyān.
本店禁止吸烟。
ベンディエン ジンヂー シーイエン

전부 금연입니다.
チョンブ クミョニムニダ

⑤ カウンター席でもよろしいですか？
Is a counter seat all right?
イズ ア カウンタ スィーッ オーゥ ライッ

Bātáizuò yě kěyǐ ma?
吧台座也可以吗？
バアタイヅォ イエ クァイーマ

카운터라도 괜찮으시겠습니까？
カウントラド クェンチャヌシゲッスムニッカ

⑥ 相席でもよろしいですか？
Would you mind sharing a table?
ウデュー マインッ シェアリンッ ア ティブゥ

Hé biérén tóngzhuō kěyǐ ma?
和别人同桌可以吗？
ホァ ビエレン トンヂュオ クァイーマ

합석이라도 괜찮으시겠습니까？
ハァソギラド クェンチャヌシゲッスムニッカ

⑦ ただいま満席となっております
I'm sorry, but we are full right now.
アイム ソゥリー バッ ウィ アー フゥ ライッ ナゥ

Duìbuqǐ, méiyou zuòwèi le.
对不起，没有座位了。
ドゥイブチィ メイヨウ ヅオウェイラ

지금 빈 자리가 없습니다.
チグム ピンジャリガ オプスムニダ

⑧ 待ち時間は30分ほどです
It will take about 30 minutes.
イッ ウィゥ テイク アバウッ サーティミニッツ

Yào děng sānshí fēnzhōng zuǒyòu.
要等三十分钟左右。
ヤオドゥン サンシーフェンヂォン ヅオヨウ

30 분 정도 기다리셔야 합니다.
サムシァプン ジョンド キダリショヤ ハムニダ

🔊 38

⑨ 準備ができたらお呼びします

Zhǔnbèihǎo le, lái jiào nín.
准备好了，来叫您。
ヂュンベイハオラ ライ ジアオ ニン

We'll call you when your table is ready.
ウィゥ コーゥ ユー ウエン ユァ テイブゥ イズ レディ

자리가 준비되는 대로 안내해 드리겠습니다.
チャリガ チュンビドェヌン デロ アンネヘ ドゥリゲッスムニダ

⑩ お名前と人数を書いてお待ちください

Qǐng xiěxia xìngmíng hé rénshù děnghòu.
请写下姓名和人数等候。
チン シエシア シンミン ホァ レンシュウ デゥンホウ

Please write your name and number of guests.
ブリー ライツ ユァ ネイム アンツ ナンバー オヴ ゲスツ

성함하고 인원을 쓰시고 기다려 주십시오.
ソンハマゴ イノヌル スシゴ キダリョ ジュシプシオ

⑪ お待ちの間、こちらにお掛けください

Qǐng zuòzài zhèli děnghòu.
请坐在这里等候。
チン ヅオヅァイ チョァリ デゥンホウ

Please take a seat while you're waiting.
ブリー テイク ア スィーッ ワィゥ ユア ウェイティンッ

이쪽에 앉아서 기다려 주십시오.
イチョゲ アンジャソ キダリョ ジュシプシオ

⑫ キム様、お待たせしました

Jīn xiānsheng, ràng nín jiǔ děng le.
金先生，让您久等了。
ジンシエンション ランニン ジウデゥンラ

Mr. Kim, thank you for waiting.
ミスター キム サンキュー フォー ウェイティンッ

김 고객님, 자리가 준비됐습니다.
キム コゲンニム チャリガ チュンビドェッスムニダ

⑬ ご案内します。こちらへどうぞ

Wǒ lái wèi nín lǐng zuò. Zhèibiān qǐng.
我来为您领座。这边请。
ウォ ライ ウェイニン リンヅオ チェイビエン チン

I'll show you to your table. This way, please.
アイゥ ショウ ユー トゥ ユア テイブゥ ディス ウェイ ブリー

안내해 드리겠습니다. 이쪽으로 오십시오.
アンネヘ ドゥリゲッスムニダ イチョグロ オシプシオ

⑭ お好きなお席へどうぞ

Qǐng suíbiàn jiù zuò.
请随便就坐。
チン スイビエン ジウゾオ

Please take any available table.
ブリー テイッ エニィ アヴェイラブゥ テイブゥ

원하시는 자리에 앉으십시오.
ウォナシヌン チャリエ アンジュシアシオ

⑮ コートをお預かりしましょうか？

Wǒ lái wèi nín bǎoguǎn wàitào.
我来为您保管外套。
ウォ ライ ウェイニン バオグワン ワイタオ

Can I take your coat?
キャナイ テイッ ユア コゥッ

코트를 맡아 드릴까요？
コトゥルル マッタ ドゥリルカヨ

食事

レストラン

93

レストラン

きほんの接客

① メニューでございます
Here's the menu.
ヒァズ ザ メニュー

Zhè shì càidān.
这是菜单。
ヂョアシー ツァイダン

메뉴입니다.
メニュイムニダ

② ベジタリアン用のメニューもございます
We have meals for vegetarians.
ウィ ハヴ ミールズ フォー ヴェジタリアンズ

Hái yǒu sùshí cài.
还有素食菜。
ハイヨウ スゥシーツァイ

채식 메뉴도 있습니다.
チェシヶ メニュド イッスムニダ

③ ご注文はお決まりですか？
Are you ready to order?
アーユー レディ トゥ オーダー

Xiànzài kěyǐ diǎn cài le ma?
现在可以点菜了吗？
シエンツァイ クァイー ディエンツァイラマ

주문하시겠습니까？
チュムナシゲッスムニッカ

④ お決まりになったらお呼びください
Please call us when you decide.
プリー コーゥ アス ウエン ユー ディサイッ

Diǎn cài shí, qǐng zhāohu wǒmen.
点菜时，请招呼我们。
ディエンツァイシー チン ヂャオフ ウォメン

주문하실 때 불러 주십시오.
チュムナシルテ プルロ ジュシァシオ

⑤ ご用の際はこのボタンを押してください
Please press this button for service.
プリー プレッ ディッ バトン フォー サーヴィス

Yǒu shì, qǐng àn zhèi ge niǔ.
有事，请按这个钮。
ヨウシー チン アン ヂェイガニウ

필요하실 땐 이 버튼을 눌러 주십시오.
ピリョハシルテン イ ボトゥヌル ヌルロ ジュシァシオ

⑥ これはランチタイム限定です
I'm sorry, but this is for lunch-time only.
アイム ソゥリー バッ ディス イズ フォー ランチタイム オゥンリー

Zhèi ge càidān jǐn gòng wǔcān.
这个菜单仅供午餐。
ヂェイガツァイダン ジンゴン ウゥツァン

이건 런치 타임 한정 메뉴입니다.
イゴン ロンチタイム ハンジョん メニュイムニダ

⑦ ランチセットはサラダ付きです
Lunch menu includes salad.
ランチ メニュー インクルーズ サラッ

Zhōngwǔ tàocān dài sèlā.
中午套餐带色拉。
ヂョンウータオツァン ダイ スァラァ

런치 세트에는 샐러드도 나옵니다.
ロンチセトゥエヌン セルロドゥド ナオムニダ

⑧ 本日のおすすめはこちらです
This is today's recommendation.
ディス イズ トゥデイズ レコメンディション

Zhèixiē shì jīntiān de tècài.
这些是今天的特菜。
ヂェイシエシー ジンティエンダ タァツァイ

오늘의 추천 메뉴는 이겁니다.
オヌレ チュチョン メニュヌン イゴムニダ

🔊 39

⑨ とてもおいしいですよ

Wèidao hěn hǎo.
味道很好。
ウェイダオ ヘンハオ

It tastes very good.
イッ テイスツ ヴェリィ グッ

아주 맛있습니다.
アジュ マシッスムニダ

ワードバンク　レストラン(1)

テーブル席	seat at a table スィーッ アッ ア テイブゥ	餐桌席 cānzhuōxí ツァンヂュオシィ	테이블석 テイブルソク
窓際	by the window バイ ザ ウィンドウ	窗边 chuāngbiān チュアンビエン	창가쪽 자리 チャンカチョク チャリ
隅の	in a corner イン ア コーナー	角落 jiǎoluò ジァオルオ	구석 자리 クソク チャリ
テラス	terrace テラス	平台 píngtái ピンタイ	테라스 テラス
個室	private room プライベィッ ルーム	单间 dānjiān ダンジエン	룸 ルム
はし	chopsticks チャプスティクス	筷子 kuàizi クァイヅ	젓가락 チョッカラク
スプーン	spoon スプーン	勺子 sháozi シャオヅ	스푼(숟가락) スプン(スッカラク)
フォーク	fork フォーク	叉子 chāzi チャアヅ	포크 ポク
ナイフ	knife ナイフ	餐刀 cāndāo ツァンダオ	나이프 ナイプ
ナプキン	napkin ナプキン	餐巾 cānjīn ツァンジン	내프킨 ネプキン
灰皿	ashtray アシュトレイ	烟灰缸 yānhuīgāng イエンホイガン	재떨이 チェトリ

コラム：アレルギー・ベジタリアンについて

　お客様が"I have some food allergies."（食物アレルギーがあるんです）と申し出てきたら、具体的にどんな食物が問題かを尋ねる必要があります。
　例えば「卵アレルギーがある」場合は、"I have an allergy to eggs."とか"I'm allergic to eggs."と言います。「大豆が原因の食物アレルギー」の場合は、a food allergy caused by soybeanです。「魚介類アレルギーがある」なら、"I have allergies to seafood."と言ってくるでしょう。
　「花粉アレルギー」は an allergy to pollen、「薬物アレルギー」は an allergy to a medication です。「アトピー」は atopy と言います。なお「アレルギー」は日本語的な読み方で、そのままでは通じないことがあります。allergy は最初にアクセントがつきますので、「アレジ-」と発音されます。
　また、食習慣や宗教上の理由から vegetarian（菜食主義者）を申し出るお客様がいらっしゃいます。お店によってはベジタリアン食（vegetarian food, vegetarian meal）を用意しているところもあります。ベジタリアンの中には、健康上の理由で菜食を好む人と、豚肉や鶏肉や牛肉など肉類を食べられないために菜食を選びたいという人がいます。料理の見た目では肉が含まれていなくても、スープのだしが肉でとられていたり、細かく刻まれて料理に肉が入っていたりすることを気にするお客様もいますから、細心の注意が必要です。
　飛行機の機内食については、次のような注意書きがなされていることがあります。
　　Passengers requiring vegetarian meals, please indicate this at the time of reservation.
　　（ベジタリアン食をご希望のお客様は、ご予約の際にお申し出ください）
　こうした配慮があってこそ、お客様も安心して食事ができるのです。p. 96 の「食べられない食材はございますか？」や、p. 108 の「わさびは大丈夫ですか？」といった表現を覚えて、接客に使ってみましょう。食材の単語については、p. 57、59-61、111 などのワードバンクをご参照ください。

レストラン

① 前菜はこの中から1つお選びください

Nín cóng zhèli tiāo yī pán xiǎocài.
您从这里挑一盘小菜。
ニン ツォンチョアリィ ティアオ イーパン シアオツァイ

Please choose 1 of these appetizers.
プリーズ チューズ ワン オヴ ジーズ アパタイザーズ

전채요리는 이 중에서 하나 고르십시오.
チョンチェヨリヌン イジュンエソ ハナ コルシプシオ

---

② 食べられない食材はございますか？

Yǒu jìkǒu ma?
有忌口吗？
ヨウ ジィコウマ

Is there anything you can't eat?
イズ ゼァ エニシンッ ユー キャンッ イートゥ

못 드시는 식품이 있으십니까？
モッ トゥシヌン シクプミ イッスシムニッカ

---

③ 鶏肉、卵、玉ねぎを使っています

Shǐyòng le jīròu, jīdàn hé yángcōng.
使用了鸡肉、鸡蛋和洋葱。
シーヨンラ ジィロウ ジィダン ホァ ヤンツォン

Chicken, egg and onion are in this dish.
チキン エッグ アンッ アニャン アー イン ディッ ディシュ

닭고기, 계란, 양파가 들어 있습니다.
タクコギ ケラン ヤんパガ トゥロ イッスムニダ

---

④ パンとライス、どちらになさいますか？

Nín yào miànbāo, háishi mǐfàn?
您要面包，还是米饭？
ニン ヤオ ミエンパオ ハイシー ミィファン

Which do you prefer, bread or rice?
ウイッチ ドゥ ユー プリファー ブレッ オァ ライス

빵하고 밥, 어느 쪽으로 하시겠습니까？
パんハゴ パプ オヌ チョグロ ハシゲッスムニッカ

---

⑤ ステーキはどのようにいたしましょうか？

Niúpái yào jǐ fēn shú?
牛排要几分熟？
ニウパイ ヤオ ジィフェンシュウ

How would you like your steak?
ハウ ウデュー ライッ ユア ステイッ

스테이크는 어떻게 구워 드릴까요？
ステイクヌン オットッケ クウォ ドゥリルカヨ

---

⑥ お飲み物は何になさいますか？

Nín yòng shénme yǐnliào?
您用什么饮料？
ニン ヨン シェンマ インリアオ

What would you like to drink?
ワッ ウデュー ライッ トゥ ドリンッ

마실 건 뭘로 하시겠습니까？
マシルコン ムォルロ ハシゲッスムニッカ

---

⑦ お飲み物は食前ですか、食後ですか？

Yǐnliào cān qián shàng, háishi cān hòu shàng?
饮料餐前上，还是餐后上？
インリアオ ツァンチエン シャン ハイシー ツァンホウ シャン

Would you like your drinks during your meal or after?
ウデュー ライッ ユア ドリンクス デュアリンッ ユア ミーゥ オァ アフター

마실 건 먼저 드릴까요？ 식후에 드릴까요？
マシルコン モンジョ ドゥリルカヨ シクエ ドゥリルカヨ

---

⑧ ご注文を確認させていただきます

Wèi nín quèrèn yīxià cài.
为您确认一下菜。
ウェイニン チュエレン イーシア ツァイ

Let me repeat your order.
レッ ミー リピーッ ユア オーダー

주문을 확인하겠습니다.
チュムヌル ファギナゲッスムニダ

🔊 40

⑨ コーヒーが2つ、チーズケーキが1つですね
2 coffees and 1 cheesecake.
トゥ カフィーズ アンッ ワン チーズケイク

Nín yào de shì liǎng bēi kāfēi, yí ge nǎilào dàngāo.
您要的是两杯咖啡，一个奶酪蛋糕。
ニンヤオダ シー リァンベイ カァフェイ イーガ ナイラオダンガオ

커피 둘, 치즈케이크 하나, 맞습니까?
コピ トゥル チジュケイク ハナ マッスムニッカ

⑩ かしこまりました。ご注文は以上でしょうか？
Certainly, sir [ma'am]. Is that all?
サートゥンリー サー [マム] イズ ザッ オーゥ

Hǎo de, nín hái xūyào shénme?
好的，您还需要什么？
ハオダ ニン ハイシューヤオ シェンマ

알겠습니다. 주문은 다 하셨습니까?
アルゲッスムニダ チュムヌン ター ハショッスムニッカ

ワードバンク　レストラン(2)

日替わり定食	daily set menu デイリー セッ メニュー	今天的套餐 jīntiān de tàocān ジンティエンダ タオツァン	오늘의 정식 オヌレ チョンシク
食べ放題	all-you-can-eat オーリュー キャン イートゥ	自助餐 zìzhùcān ツーヂュウツァン	부페 ブペ
半サイズ	half portion ハーフ ポーション	一半的量 yíbàn de liàng イーバンダ リァン	반 (사이즈) パン(サイジュ)
ディナー	dinner ディナー	晚餐 wǎncān ワンツァン	디너 ディノ
フルコース	full course フゥ コース	全席 quánxí チュエンシー	풀코스 プルコス
メイン	main dish メイン ディシュ	主菜 zhǔcài ヂュウツァイ	메인 요리 メインニョリ
肉料理	meat dish ミーツ ディシュ	肉菜 ròucài ロウツァイ	고기 요리 コギヨリ
魚料理	fish dish フィッシュ ディシュ	鱼菜 yúcài ユィツァイ	생선 요리 センソンニョリ
パスタ	pasta パスタ	意大利面 Yìdàlì miàn イーダァリィミエン	스파게티 スパゲティ
スープ	soup スープ	汤 tāng タン	스프 スプ
デザート	dessert デザーツ	甜点 tiándiǎn ティエンディエン	디저트 ティジョトゥ
ドレッシング	dressing ドレッシンッ	色拉调料 sèlā tiáoliào サァラァ ティアオリアオ	드레싱 トゥレシン
特製ソース	special sauce スペシャル ソース	特制调料 tèzhì tiáoliào タァヂー ティアオリアオ	특제 소스 トゥクチェ ソス
自家製の	homemade ホウムメイドゥ	自制的 zìzhì de ツーヂーダ	홈메이드 ホムメイドゥ
レア	rare レア	三分熟 sān fēn shú サンフェンシュウ	레어 レオ
ミディアム	medium ミディアム	五分熟 wǔ fēn shú ウゥフェンシュウ	미디엄 ミディオム
ウェルダン	well-done ウェルダン	全熟 quán shú チュエンシュウ	웰던 ウェルドン
焼く	roast ロウストゥ	烤 kǎo カオ	굽다 クプタ
煮込む	stew ステュー	炖 dùn ドゥン	끓이다 クリダ
ゆでる	boil ボイル	煮 zhǔ ジュウ	데치다 テチダ
蒸す	steam スティーム	蒸 zhēng ジョン	찌다 チダ
炒める	fry フライ	炒 chǎo チャオ	볶다 ポクタ
揚げる	deep-fry ディープフライ	炸 zhá ヂャー	튀기다 トゥィギダ

食事 レストラン

97

レストラン

① オーダーは10時までです

Diǎn cài dào shí diǎn wéizhǐ.
点菜到十点为止。
ディエンツァイ ダオ シーディエン ウェイヂー

Last order is at 10.
ラスッ オーダー イズ アッ テン

주문은 10 시까집니다.
チュムヌン ヨルシカジムニダ

② 追加のご注文はございますか？

Hái yào jiā cài ma?
还要加菜吗？
ハイヤオ ジアツァイマ

Would you like anything else?
ウデュー ライッ エニシンッ エゥス

추가주문은 없으십니까？
チュガチュムヌン オプスシムニッカ

③ 紅茶[ご注文のお品]でございます

Zhè shì hóngchá [nín de cài].
这是红茶[您的菜]。
ヂョアシー ホンチァア[ニンダ ツァイ]

Here is your tea [order].
ヒァ イズ ユア ティー [オーダー]

홍차[주문하신 요리] 나왔습니다.
ホンチャ[チュムナシン ヨリ] ナワッスムニダ

④ ごゆっくりどうぞ

Qǐng màn yòng.
请慢用。
チン マンヨン

Enjoy! / Enjoy your meal.
エンジョイ ／ エンジョイ ユア ミーゥ

맛있게 드십시오.
マシッケ トゥシプシオ

⑤ 粉チーズをお使いになりますか？

Yào fěnmò nǎilào ma?
要粉末奶酪吗？
ヤオ フェンモォナイラオマ

Would you like some Parmesan cheese with that?
ウデュー ライッ サム パーマザーン チーズ ウィズ ザッ

분말 치즈, 갖다 드릴까요？
プンマル チジュ カッタ ドゥリルカヨ

⑥ 取り皿[スプーン]をお持ちしましょうか？

Yào xiǎodiézi [sháozi] ma?
要小碟子[勺子]吗？
ヤオ シアオディエヅ[シャオヅ]マ

May I bring you extra plates [spoons]?
メィアイ ブリンッ ユー エクストラ プレイツ [スプーンズ]

앞접시를[숟가락을] 갖다 드릴까요？
アプチョプシルル[スッカラグル] カッタドゥリルカヨ

⑦ 味噌汁のおかわりは無料です

Jiàngtāng miǎnfèi tiānjiā.
酱汤免费添加。
ジアンタン ミエンフェイ ティエンジア

Refills of *miso* soup are available for free.
リフィウズ オヴ ミソスープ アー アヴェイラブゥ フォー フリー

된장국 추가는 무료입니다.
トェンジャンクク チュガヌン ムリョイムニダ

⑧ お水はセルフサービスです

Yǐnshuǐ shì zìzhù de.
饮水是自助的。
インシュイ シー ヅーヂュウダ

Please help yourself to water.
ブリー ヘゥプ ユアセゥフ トゥ ウォータ

물은 셀프 서비스입니다.
ムルン セルプ ソビスイムニダ

🔊 41

⑨ あちらのドリンクバーをご利用ください

The drink bar is over there.
ザ ドリンク バー イズ オゥヴァー ゼア

Nàbiān shì yǐnliào bā, qǐng suíbiàn yòng.
那边是饮料吧，请随便用。
ナァビエン シー インリアオバー チン スイビエン ヨン

저쪽의 드링크 바를 이용해 주십시오.
チョチョゲ トゥリンクバルル イヨンヘ ジュシアシオ

⑩ ご注文のお品はすべておそろいですか？

Have you got everything you ordered?
ハヴ ユー ガッ エヴリスィンッ ユー オーダーッ

Nín yào de cài dōu qí le ma?
您要的菜都齐了吗？
ニン ヤオダツァイ ドウ チィラマ

주문하신 건 다 나왔습니까？
チュムナシンゴン タ ナワッスムニッカ

⑪ 申し訳ありません。すぐにお取り換え[お持ち]します

I'm sorry. I'll change [bring] it right away.
アイム ソゥリー アイゥ チェインジ [ブリン] イッ ライッ アウェイ

Duìbuqǐ, mǎshang wèi nín huàn [ná].
对不起，马上为您换[拿]。
ドゥイブチィ マァシャン ウェイニン ホワン[ナァ]

죄송합니다. 즉시 교환해[갖다] 드리겠습니다.
チェソンハムニダ チュクシ キョファネ [カッタ] ドゥリゲッスムニダ

⑫ お味はいかがですか？

Is everything alright?
イズ エヴリスィン オーゥライッ

Wèidao zěnmeyàng?
味道怎么样？
ウェイダオ ゼンマヤン

맛은 어떻습니까？
マスン オットッスムニッカ

ワードバンク — 味の表現

おいしい	tasty テイスティ	好吃 hǎochī ハオチー	맛있다 マシッタ
甘い	sweet スウィーツ	甜 tián ティエン	달다 タルダ
すっぱい	sour サワー	酸 suān スワン	시다 シダ
しょっぱい	salty ソーゥティ	咸 xián シエン	짜다 チャダ
辛い	hot ハッ	辣 là ラァ	맵다 メプタ
苦い	bitter ビター	苦 kǔ クゥ	쓰다 スダ
あっさりした	plain プレイン	清淡 qīngdàn チンダン	담백한 タムベカン
こってりした	rich リッチ	油腻 yóunì ヨウニィ	기름진 キルムジン
熟成した	matured マチュアードゥ	熟透的 shútòu de シュゥトウ ダ	숙성된 スクソンドェン
～風味	～ flavor フレイヴァー	～风味 fēngwèi フォンウェイ	～맛 マッ
～に合う	go with ～ ゴゥウィズ	适合～ shìhé シーホァ	～에 맞는다 エ マンヌンダ
和風	Japanese style ジャパニーズ スタイゥ	日式风味 rìshì fēngwèi リーシーフォンウェイ	일본식 イルポンシク
洋風	Western style ウェスタン スタイゥ	西洋风味 xīyáng fēngwèi シィヤンフォンウェイ	서양식 ソヤンシク
～を控えめにする	add less ～ アッド レス	减～ jiǎn ジエン	- 를 / -을 조금만 넣다 ルル/ウル チョグムマン ノッタ
～を除く	without ～ ウィザウッ	不放～ bú fàng ブゥファン	- 를 / -을 빼다 ルル/ウル ペダ

食事 レストラン

レストラン

① お茶のおかわりはいかがですか？
Would you like another tea?
ウデュー ライッ アナザー ティー

Hái yào tiān chá ma?
还要添茶吗？
ハイヤオ ティエン チャアマ

차, 더 드시겠습니까？
チャ ト ドゥシゲッスムニッカ

② お下げしてよろしいですか？
May I take your plate?
メィアイ テイク ユア プレイッ

Pánzi kěyǐ chèdiào ma?
盘子可以撤掉吗？
パンヅ クァイー チャーディアオマ

치워 드릴까요？
チウォ ドゥリルカヨ

③ お持ち帰りはご遠慮いただいております
I'm sorry, we don't allow doggy bags.
アイム ソゥリー ウィ ドンッ アラゥ ドギーバッグズ

Běndiàn méiyou dǎ bāo fúwù.
本店没有打包服务。
ベンディエン メイヨウ ダアパオ フゥウー

싸 가지고 가시는 건 안 됩니다.
サ ガジゴ カシヌンゴン アン ドェムニダ

④ お食事はお楽しみいただけましたか？
I hope you enjoyed your meal.
アイ ホゥプ ユー エンジョイドゥ ユア ミーゥ

Nín duì yǐnshí mǎnyì ma?
您对饮食满意吗？
ニン ドゥイ インシー マンイーマ

음식은 맛있게 드셨습니까？
ウムシゲン マシッケ トゥショッスムニッカ

⑤ ただいま伝票をお持ちします
I'll bring your check right away.
アイゥ ブリンヅ ユア チェック ライッ アウェイ

Gěi nín ná jiézhàngdān.
给您拿结账单。
ゲイニン ナァ ジエヂャンダン

곧 계산서를 가지고 오겠습니다.
コッ ケサンソルル カジゴ オゲッスムニダ

⑥ お会計はこちら[あちら]です
Please pay here [over there].
プリー ペイ ヒァ[オゥヴァー ゼア]

Jiézhàng zài zhèibiān [nèibiān].
结账在这边[那边]。
ジエヂャン ヅァイ チェイビエン[ネイビエン]

계산은 여기서[저기서] 합니다.
ケサヌン ヨギソ[チョギソ] ハムニダ

⑦ お会計はご一緒[別々]ですか？
Would you like to pay together [separately]?
ウデュー ライッ トゥ ペイ トゥゲザー[セパラトリー]

Yìqǐ [Fēnkāi] jiézhàng ma?
一起[分开]结账吗？
イーチィ[フェンカイ] ジエヂャンマ

계산은 같이[따로따로] 하시겠습니까？
ケサヌン カッチ[タロタロ] ハシゲッスムニッカ

⑧ 料金には税金とサービス料が含まれています
The rates include tax and service charge.
ザ レイッ インクルードゥ タックス アンッ サーヴィス チャージ

Fèiyòng li bāohán shuìjīn hé fúwùfèi.
费用里包含税金和服务费。
フェイヨンリ バオハン シュイジン ホァ フゥウゥフェイ

요금에는 세금과 서비스 요금이 포함돼 있습니다.
ヨグメヌン セグムグァ ソビス ヨグミ ポハムドェ イッスムニダ

🔊 42

⑨ 恐れ入ります。チップはいただいておりません。 Bàoqiàn. Zhèli bù shōu xiǎofèi. 抱歉。这里不收小费。 バオチエン ヂョアリ ブウショウ シアオフェイ	Thank you sir, but we don't accept tips. サンキュー サー バッ ウィ ドンッ アクセプッ ティップス 손님, 팁은 받지 않습니다. ソンニム ティプン パッチ アンスムニダ

コラム：細かい注文に対応する（卵料理）

　欧米では、食事を注文するときに自分の好みを細かく伝えることが一般的です。例えばホテルの朝食でも、卵料理について細かい要望が出されることが多いようです。以下では、卵料理の調理法を英語でどのように表現するかをご紹介します。

　まず、「ゆで卵」は boiled egg ですが、「固ゆで」なら hard-boiled、「半熟」なら soft-boiled と言います。half-boiled とは言いませんので注意してください。「3分ゆでる」は boil it [them] for 3 minutes です。

　「目玉焼き」は fried eggs です。片面だけ焼く場合、卵黄 (yolk) を太陽に喩えて sunny-side up とも言います。日本の目玉焼きは卵黄が半熟ですが、欧米では両面をよく焼く方が一般的で、over で説明します。お客様に希望を聞くなら "Over?" と尋ねましょう。また、boiled egg と違って、fried eggs は複数形で言います。卵が1つだけ焼かれるということはなく、2つ以上だからです。

　「スクランブルエッグ」は scrambled eggs、「ポーチドエッグ（落とし卵）」は poached eggs と言います。これらも eggs と複数になりますから注意しましょう。「オムレツ」は omelet ですが、フランス語の omelette から来ています。卵だけで、チーズやハムなどの具を入れないものは plain omelet と呼ばれます。

　そして、日本の国民的卵料理の「卵焼き」は sweet egg rolls と呼ばれています。卵を使ったお料理の「茶碗蒸し」は savory egg custard で、savory は「風味のある」という意味です。日本料理も英語にすると、なんだか新しいお料理に聞こえますね。

　なお、海外では卵を生で食べることは一般的ではありませんので、生玉子をお出しするときは大丈夫かどうか尋ねるほうがいいでしょう。

コラム：接客のマナー

　レストラン等での接客の際に、レディーファーストにすべきか、それとも年長者を優先すべきかは、国や地域によって様々です。欧米では古くからレディーファースト (ladies first) の習慣がありますが、現代では男女平等が基本ということもあって、それほどこだわる必要もなくなってきているようです。

　一方、中国や韓国は、伝統的に年長者が優先の社会です。例えば韓国では、家族やみんなで食事をするとき、一番の年長者が匙を取るまでは先に食べてはいけない、また目上の人の食事が終わっていないのに席を立つのは失礼、といったマナーがあるそうです。

　レディーファーストにしても年長者優先にしても、もっとも大切なのはその場にふさわしい接客をすることです。お客様の様子を見て、臨機応変な対応を心がけましょう。

レストラン（予約）

① レストランABCでございます
Zhèli shì ABC cāntīng.
这里是 ABC 餐厅。
ヂョアリ シー エイビースィーツァンティン

Good evening, Restaurant ABC. May I help you?
グッ イヴニンッ レストラン エイビースィー メイアイ ヘゥプ ユー

레스토랑 ABC 입니다.
레스토랑 에이비싀임니다

② 何日[何時]のご予約でしょうか？
Nín yùdìng něi tiān [shénme shíjiān]?
您预订哪天[什么时间]？
ニン ユーディン ネイティエン[シェンマシージェン]

For what day [what time] would you like?
フォー ワッ デイ[ワッ タイム] ウデュー ライッ

예약은 몇 일[몇 시]로 하시겠습니까？
イェーヤグン ミョッチル[ミョッシ]ロ ハシゲッスムニッカ

③ 何名様でいらっしゃいますか？
Nín jǐ wèi?
您几位？
ニン ジィウェイ

How many people are in your party?
ハウ メニイ ピープゥ アー イン ユア パーティ

몇 분이십니까？
ミョップニシムニッカ

④ 明日の6時、3名様のご予約ですね
Nín dìng de shì míngtiān liù diǎn, yígòng sān wèi.
您订的是明天六点，一共三位。
ニンディンダ シー ミンティエン リゥディエン イーゴン サンウェイ

A party of 3, at 6 p.m. tomorrow.
ア パーティ オヴ スリー アッ シックス ピーエム トゥモロウ

내일 6 시, 세 분 예약, 맞습니까？
ネイル ヨソッシ セーブン イェヤク マッスムニッカ

⑤ その時間の予約はすでにいっぱいです
Zhèi duàn shíjiān yǐjīng dìngmǎn le.
这段时间已经订满了。
ヂェイドワン シージエン イージン ディンマンラ

I'm sorry. We're fully booked.
アイム ソゥリー ウィアー フーリー ブックトゥ

그 시간대는 벌써 예약이 다 찼습니다.
ク シガンテヌン ボルソ イェーヤギ ター チャッスムニダ

⑥ お席のご希望はございますか？
Nín duì zuòwèi yǒu yāoqiú ma?
您对座位有要求吗？
ニン ドゥイ ヅオウェイ ヨウ ヤオチウマ

Do you have any preference for seating?
ドゥユー ハヴ エニイ プレファランス フォー スィーティンッ

어떤 자리를 원하십니까？
オットン チャリルル ウォナシムニッカ

⑦ ご予算はどのくらいですか？
Nín yùsuàn shì duōshao?
您预算是多少？
ニン ユースワン シー ドゥオシャオ

How much would you like to spend?
ハウ マッチ ウデュー ライッ トゥ スペンドゥ

예산은 어느 정도십니까？
イェーサヌン オヌ ジョンドシムニッカ

⑧ 特別に準備するものはございますか？
Yǒu shénme xūyào tèshū zhǔnbèi de ma?
有什么需要特殊准备的吗？
ヨウ シェンマ シュイヤオ タァーシュ ヂュンベイダマ

Do you have any special requests?
ドゥユー ハヴ エニイ スペシャゥ リクエスツ

저희가 특별히 준비해야 할 게 있습니까？
チョイガ トゥクビョリ チュンビヘヤハルケ イッスムニッカ

🔊 43

⑨ お名前と電話番号をお願いします	May I have your name and phone number? メィアイ ハヴ ユァ ネイム アンッ フォン ナンバー
Qǐng shuō yíxià xìngmíng hé diànhuà hàomǎ. 请说一下姓名和电话号码。 チン シュオイーシア シンミン ホァ ディエンホワ ハオマァ	성함하고 전화번호를 말씀해 주십시오. ソンハマゴ チョヌァボノルル マルスメ ジュシアシオ

⑩ ありがとうございます。お待ちしております	Thank you. We're looking forward to seeing you. サンキュー ウィアー ルッキンッ フォワーッ トゥ スィーインッ ユー
Xièxie, gōnghòu guānglín. 谢谢，恭候光临。 シエシエ ゴンホウ グアンリン	감사합니다. 기다리고 있겠습니다. カムサハムニダ キダリゴ イッケッスムニダ

食事 レストラン（予約）

コラム：外国語メニューを作る

　寿司や焼き鳥、しゃぶしゃぶは海外でも知られていますから問題ありませんが、一般的な日本料理の中にはあまり馴染みのないものがあります。海外からのお客様が多いお店では、外国語のメニューを準備しておくのも一案です。

　外国語メニューを作るには、単にお料理の名前を翻訳しても、お客様はどんなお料理なのかイメージが湧きません。以下は、お客様にそれぞれのお料理を理解してもらうためのアドバイスです。

　まず、食材（ingredients）を記載しましょう。例えば天ぷら（*tempura*）ならば、エビ（prawn）、キス（sillago）、ナス（eggplant）、大葉（perilla）、椎茸（*shiitake* mushroom）、三つ葉（honewort）など、具体的に食材が書かれているとわかりやすいですし、いちいち説明する手間も省けます。食物アレルギーなど食べられない物があるお客様にとっても、この方がずっと安心です（⇒食材に関する単語は p. 57, pp. 59-61, p. 111）。

　次に、どんなお料理かに触れることも親切です。天ぷらならば、"one of Japan's celebrated foods and consists of deep-fried vegetables or seafood"（日本の伝統料理の一つ。野菜や魚介類を揚げたもの）と説明できれば、はっきりとお料理の内容がわかります。調理法を説明した部分 "deep-fried vegetables or seafood"（⊕ 油炸蔬菜或海鲜） ㊧ 야채나 어패류를 튀긴 것"）だけを入れても効果があります（⇒調理法に関する単語は p. 97）。

　最後に、それぞれのお料理が写真で紹介されていれば最高です。メニューに番号をつけるのも便利ですね。第一歩として食材を記載することから始めてはいかがでしょうか？

うどん・そば・和食

udon, soba, Japanese food
ウドン ソバ ジャパニーズ フーツ

① お座敷になさいますか、椅子になさいますか？

Would you like Japanese-style *tatami* seats or chairs?
ウデュー ライツ ジャパニーズ スタイゥ タタミ スィーツ オァ チェアーズ

Nín zuò tàtàmǐ, háishí yǐzi?
您坐榻榻米，还是椅子?
ニン ヅオ タタミ ハイシー イーヅ

방으로 하시겠습니까? 테이블로 하시겠습니까?
パンウロ ハシゲッスムニッカ テイブロ ハシゲッスムニッカ

② 履物を脱いでお上がりください

Please take off your shoes.
プリー テイッ オフ ユア シューズ

Qǐng zhèlǐ tuō xié.
请这里脱鞋。
チン ジョアリ トゥオシエ

신발을 벗고 들어가십시오.
シンバルル ボッコ トゥロガシブシオ

③ 温かいのと冷たいの、どちらになさいますか？

Would you like it hot or cold?
ウデュー ライツ イッ ハッ オア コウゥツ

Nín yào rè de háishí lěng de?
您要热的还是冷的?
ニン ヤオ ルァダ ハイシー ルォンダ

따끈한 것과 차가운 것, 어느 쪽으로 하시겠습니까?
タックナンゴックァ チャガウンゴッ オヌチョグロ ハシゲッスムニッカ

④ 100円プラスで大盛りにできます

You can have a large portion for 100 yen more.
ユー キャン ハヴ ア ラージ ポーション フォー ア ハンドレッ イエン モア

Jiā yìbǎi rìyuán, kěyǐ jiā liàng.
加一百日元，可以加量。
ジア イーバイリーユエン クァイー ジアリアン

100 엔 추가로 곱배기를 드실 수 있습니다.
ペゲン チュガロ コプベギルル トゥシルス イッスムニダ

⑤ つゆにそばをつけてお召し上がりください

Please dip the *soba* into the soup.
プリー ディップ ザ ソバ イントゥ ザ スープ

Qiáomiàn zhàn zhī chī.
荞面蘸汁吃。
チアオミエン ジャンヂー チー

간장국물에 메밀국수를 찍어 드십시오.
カンジャンクンムル メミルククスルル チゴ トゥシプシオ

⑥ わさびはお好みでつゆに入れてください

Please add *wasabi* to your taste.
プリー アッ ワサビ トゥ ユア テイスッ

Rìběn jièmò àn kǒuwèi fàngjìn zhī li.
日本芥末按口味放进汁里。
リーベンジエモォ アン コウウェイ ファンジン ヂーリ

와사비는 입맛에 따라 간장국물에 넣어 드십시오.
ワサビヌン イムマセ タラ カンジャンクンムル ノオ トゥシブシオ

⑦ お醤油をかけてお召し上がりください

Please pour soy sauce over it.
プリー ポァ ソイ ソース オウヴァー イッ

Qǐng jiāoshang jiàngyóu.
请浇上酱油。
チン ジアオシャン ジアンヨウ

간장을 쳐서 드십시오.
カンジャンウル チョソ トゥシプシオ

⑧ こちらはてんぷら用です

This is for the *tempura*.
ディス イズ フォー ザ テンプラ

Zhè shi chī tiānfùluó yòng de.
这是吃天麸罗用的。
チョアシー チー ティエンフゥルオ ヨンダ

이건 튀김용입니다.
イゴン トゥィギムニョンイムニダ

面条、荞面、日餐 miàntiáo, qiáomiàn, rìcān　　우동 메밀국수 일식요리
ミエンティアオ　チアオミエン　リーツァン　　　ウどん　メミルククス　イルシンニョリ

🔊 44

⑨ **そば湯を残したつゆに入れて飲みます**
Shèngxià de zhī duìshang miàntāng hē.
剩下的汁兑上面汤喝。
ションシアダヂー　ドゥイシャン　ミエンタン　ホァ

You can drink the remaining soup with *soba* water.
ユー　キャン　ドリンク　ザ　リメイニンッ　スープ　ウィズ　ソバ　ウォータ

메밀국수 삶은 물을 간장국물에 타서 드십시오.
メミルグクス　サルムン　ムルル　カンジャンクンムレ　タソ　トゥシプシオ

ワードバンク　うどん・そば・和食

かけそば	*soba* in hot soup ソバ イン ハッ スープ	素汤荞面 sùtāng qiáomiàn スゥタン チアオミエン	메밀국수 장국 メミルグクス チャンククㇰ
ざるそば	cold *soba* コウルッ ソバ	笼屉荞面 lóngtì qiáomiàn ロンティー チアオミエン	메밀국수 メミルグクス
鴨肉	duck meat ダッ ミーッ	野鸭肉 yěyāròu イエヤァロウ	오리고기 オリゴギ
とろろ	grated yam グレーティッ ヤム	山药泥 shānyàoní シャンヤオニィ	마 マ
山菜	edible wild plant エディブル ワイルッ プランッ	野菜 yěcài イエツァイ	산채 サンチェ
天かす	*tempura* bits テンプラ ビッツ	天麸罗渣 tiānfūluózhā ティエンフゥルオヂァァ	튀김 부스러기 トゥィギㇺ ブスロギ
油あげ	deep-fried *tofu* ディーッ フライッ トウフ	炸豆腐 zhá dòufu ヂァドウフ	유부 ユブ
鍋焼きうどん	hot-pot *udon* ハッパッ ウドン	沙锅面 shāguōmiàn シャグオミエン	냄비 우동 ネムビ ウドン
鰹だし	fish stock フィッシュ ストッ	鲣鱼汤 jiānyútāng ジエンユィタン	가다랑어 국물 カダランオ グㇺムㇽ
昆布だし	*kombu* stock コンブ ストッ	海带汤 hǎidàitāng ハイダイタン	다시마 국물 タシマ グㇺムㇽ
手打ち	handmade ハンドゥメイドゥ	手擀面 shǒugǎnmiàn ショウガンミエン	수타 スタ
薬味	condiments カンディメンツ	佐料 zuǒliào ヅオリアオ	고명 コミョン
ねぎ	leek リーク	葱 cōng ツォン	파 パ
のり	dried seaweed ドゥライ スィーウィード	紫菜 zǐcài ツーツァイ	김 キム
大根おろし	grated *daikon* グレイティドゥ ダイコン	萝卜泥 luóboní ルオボニィ	무즙 ムージュㇷ゚
唐辛子	red pepper レッ ペパー	辣椒 làjiāo ラァジアオ	고추 コチュ
ゆず胡椒	citrus pepper シトゥラス ペパー	柚子胡椒 yòuzi hújiāo ヨウヅ フゥジアオ	유자 후추 ユジャ フチュ
玄米	brown rice ブラウン ライス	糙米 cāomǐ ツァオミィ	현미 ヒョンミ
〜丼	〜 on rice オン ライス	〜盖饭 gàifàn ガイファン	〜덮밥 〜トㇷ゚パㇷ゚
とんかつ	pork cutlet ポーク カトゥレッ	炸猪排 zházhūpái ヂャァヂュパイ	돈까스 トンカス
茶碗蒸し	savory egg custard セイヴォリー エッグ カスターッ	蛋羹 dàngēng ダングン	(일본식) 계란찜 (イルボンシク)ケランチㇺ
漬物	pickles ピクゥズ	咸菜 xiáncài シエンツァイ	채소 절임 チェソ チョリㇺ
海藻	seaweed スィーウィードゥ	海藻 hǎizǎo ハイヅァオ	해조 ヘジョ
ひじき	brown alga ブラウン アゥガ	羊栖菜 yángxīcài ヤンシィツァイ	톳 トッ
豆腐	*tofu* トウフ	豆腐 dòufu ドウフ	두부 トゥブ
ゆば	soymilk skin ソイミゥクスキン	豆腐皮 dòufupí ドウフピィ	두유의 막 トゥユエ マㇰ
じゃこ	baby sardines ベイビー サーディンズ	小杂鱼 xiǎozáyú シアオザァユィ	잡어 チャボ

食事

うどん・そば・和食

ラーメン屋

ramen shop
ラーメン ショッ

拉面馆 lāmiànguǎn
ラァミエングワン

라면집
ラミョンチブ

きほんの接客

① 先に食券を買ってお待ちください

You need to get a meal ticket first.
ユー ニーッ トゥ ゲッ ア ミーゥ ティケッ ファースッ

Qǐng mǎi cānpiào děnghòu.
请买餐票等候。
チン マイ ツァンピアオ デゥンホウ

먼저 식권을 사서 기다리십시오.
モンジョ シククォヌル サソ キダリシァシオ

買い物

② 同じ値段で大盛りもできます

You can have a large serving for the same price.
ユーキャン ハヴァ ラージ サーヴィンッ フォー ザ セイム プライス

Tóngyàng de jiàqián kěyǐ jiāliàng.
同样的价钱可以加量。
トンヤンダ ジアチエン クァイー ジアリアン

같은 값에 곱배기도 됩니다.
カトゥン カプセ コプペギド トェムニダ

会計〈応用〉

③ 太麺と細麺どちらにしますか？

Thick noodles or thin noodles?
スィック ヌードゥズ オア スィン ヌードゥズ

Yào cūmiàn háishi xìmiàn?
要粗面还是细面？
ヤオ ツゥミエン ハイシー シィミエン

굵은 면과 가는 면, 어느 쪽으로 하시겠습니까？
クルグン ミョングァ カヌン ミョン オヌチョグロ ハシゲッスムニッカ

食事

④ （つけ麺は）麺をつけ汁につけて食べます

Dip the noodles in the soup.
ディプ ザ ヌードゥズ イン ザ スープ

Qǐng zhàn zhī chī.
请蘸汁吃。
チン チャンヂー チー

（찍어먹는 면은） 면을 장국에 찍어서 먹습니다.
（チゴモンヌン ミョヌン） ミョヌル チャンゲ チゴソ モクスムニダ

⑤ 追加のトッピングは100円増しです

Each additional topping costs 100 yen.
イーチ アディショナゥ トピンッ コスッ ワン ハンドレッ イエン

Tiān càimǎr yào duō jiā yìbǎi rìyuán.
添菜码儿要多加一百日元。
ティエン ツァイマァル ヤオ ドゥオジア イーバイリーユエン

추가 토핑은 100 엔이 더 추가됩니다.
チュガ トピンウン ペグニ ト チュガドェムニダ

遊び・レジャー

⑥ 席をつめていただけますか？

Could you move down one seat?
クデュー ムーヴ ダウン ワン スィーッ

Zuòwèi kěyǐ zài jǐ yíxià ma?
座位可以再挤一下吗？
ヅオウェイ クァイー ツァイジィ イーシアマ

자리를 좀 좁혀 앉아 주시겠습니까？
チャリルル ジョム チョピョ アンジャ ジュシゲッスムニッカ

案内・交通・お金

⑦ お荷物はこちらに置いていただけますか？

Could you put your baggage here?
クデュー プッ ユア バギッチ ヒア

Qǐng bǎ xíngli fàngzài zhèli.
请把行李放在这里。
チン バァ シンリィ ファンヅァイ ヂョアリ

짐은 이쪽으로 놓아 주시겠습니까？
チムン イッチョグロ ノア ジュシゲッスムニッカ

電話・トラブル

ワードバンク｜ラーメン屋

塩	salt ソゥト	盐 yán イエン	소금 ソグム
醤油	soy sauce ソイ ソース	酱油 jiàngyóu ジアンヨウ	간장 カンジャン
味噌	miso ミソ	酱 jiàng ジアン	된장 トェンジャン
とんこつ	pork bones ポーク ボーンズ	猪骨汤 zhūgǔtāng デュウグゥタン	돼지뼈 국물 トェジピョ グムムル
やわらかい	soft ソフトゥ	软 ruǎn ルワン	부드럽다 プドゥロプタ
固い	al dente アルデンテ	硬 yìng イン	꼬들꼬들하다 コドゥルコドゥラダ
替え玉	another helping of noodles アナザー ヘゥピンッ オヴ ヌードゥーズ	加面 jiāmiàn ジアミエン	추가(면) チュガ(ミョン)
つけ麺	dipping noodles ディピンッ ヌードゥーズ	蘸汁面 zhànzhīmiàn ヂャンヂーミエン	찍어먹는 면 チゴモンヌン ミョン
冷やし中華	cold Chinese noodles コウルッ チャイニーズ ヌードゥーズ	凉面 liángmiàn リアンミエン	중국 냉면 チュングク ネンミョン
焼きぎょうざ	fried dumpling フライッ ダンプリンッ	煎饺 jiānjiǎo ジエンジアオ	군만두 クンマンドゥ
水ぎょうざ	boiled dumpling ボイドゥ ダンプリンッ	水饺 shuǐjiǎo シュイジアオ	물만두 ムルマンドゥ
チャーハン	fried rice フライッ ライス	炒饭 chǎofàn チャオファン	볶음밥 ポクムパプ
チャーシュー	roast pork ロウスッ ポーク	叉烧 chāshāo チャーシャオ	돼지 편육 トェジ ピョニュク
コーン	corn コーン	玉米粒 yùmǐlì ユィミィリィ	옥수수 オクスス
味付玉子	seasoned egg スィーズンドゥ エッグ	腌鸡蛋 yānjīdàn イエンジィダン	장조림 달걀 チャンジョリム タルギャル
メンマ	Chinese bamboo shoots チャイニーズ バンブー シューツ	干笋 gānsǔn ガンスン	죽순 조림 チュクスン ジョリム
ラー油	chili oil チリ オイゥ	辣椒油 làjiāoyóu ラジアオヨウ	고추 기름 コチュ ギルム
酢	vinegar ヴィネガー	醋 cù ツゥ	식초 シクチョ
れんげ	spoon スプーン	汤勺 tāngsháo タンシャオ	(중국)숟가락 (チュングク)スッカラク
はし	chopsticks チャプスティクス	筷子 kuàizi クワイヅ	젓가락 チョッカラク

コラム：料理の持ち帰り

　環境にやさしい（environment-friendly）マナーとして、できるだけ食べ物を残さないようにという心がけは、今や世界中のトレンドです。アメリカではレストランで食べ残しが出た場合、持ち帰る習慣が浸透しています。**doggie bag** という持ち帰り用の袋をお店に頼めば、簡単に持ち帰ることができます。実際は人間が食べるのですが、「うちの犬に食べさせます」という名目で使われています。**people bag** と言うこともあります。

　中国でも残った料理を持ち帰るという習慣がありますし、韓国でも一般的なレストランでは残ったものを包んでもらうことが可能です。「包んでください」（英 "Can we have a doggie bag?" 中 "请打包。/ Qǐng dǎbāo. / チン ダァパオ" 韓 "싸 주세요. / サ ジュセヨ"）とリクエストされることがあるかもしれませんので、この言い方を覚えておきましょう。

　また、持ち帰りを行っていない場合には、p.100 の「お持ち帰りはご遠慮いただいております」という表現が使えます。

(回転)寿司

(revolving) sushi bar
(リヴォゥヴィン) スシバー

(回转)寿司 (huízhuǎn) shòusī
(ホイヂュワン) ショウスー

① らっしゃーい！

Welcome!
ウェゥカム

Huānyíng guānglín.
欢迎光临。
ホワンイン　グァンリン

어서 오십쇼.
オソ　オシァショ

② 2名様、お2階へどうぞ

2 of you, please go up to the 2nd floor.
トゥ　オヴ　ユー　プリー　ゴゥ　アップ　トゥ　ザ　セカンッ　フロア

Liǎng wèi, lóu shàng qǐng!
两位，楼上请！
リァンウェイ　ロウシャン　チン

두 분이십니까？ 2층으로 가십시오.
トゥブニシムニッカ　イーチュんウロ　カシァシオ

③ イキのいいホタテが入ってますよ

We have some nice fresh scallops today.
ウィ　ハヴ　サム　ナイッ　フレッシュ　スカラップス　トゥデイ

(Yǒu) Xīnxiān de shànbèi, gāng jìn de.
(有)新鲜的扇贝，刚进的。
(ヨウ)　シンシエンダ　シャンベイ　ガンジンダ

물 좋은 가리비가 있습니다.
ムルジョウン　カリビガ　イッスムニダ

④ これはハマチです

This is young yellowtail.
ディス　イズ　ヤンッ　イエロゥテイゥ

Zhè shi xiǎoshìyú.
这是小鲥鱼。
チョアシー　シアオシーユイ

이건 방어입니다.
イゴン　パんオイムニダ

⑤ 苦手なネタはありますか？

Is there anything you can't eat?
イズ　ゼァ　エニスィンッ　ユー　キャンッ　イーッ

Yǒu jìkǒu de ma?
有忌口的吗？
ヨウ　ジィコウダマ

못 드시는 재료가 있습니까？
モットゥシヌン　チェリョガ　イッスムニッカ

⑥ わさびは大丈夫ですか？

Is wasabi okay with you?
イズ　ワサビ　オゥケイ　ウィズ　ユー

Néng chī Rìběn jièmo ma?
能吃日本芥末吗？
ヌォンチー　リーベンジエモォマ

와사비는 괜찮습니까？
ワサビヌン　クェンチャンスムニッカ

⑦ さび抜きもできますよ

We can make it without wasabi.
ウィ　キャン　メイク　イッ　ウィズアウッ　ワサビ

Kěyǐ bù jiā Rìběn jièmo.
可以不加日本芥末。
クァイー　ブゥジア　リーベンジエモォ

와사비를 안 넣고도 해 드립니다.
ワサビルル　アンノッコド　ヘ　ドゥリムニダ

⑧ 生でない寿司もあります

We have cooked sushi options, too.
ウィ　ハヴ　クックトゥ　スシ　オプションズ　トゥー

Hái yǒu shúshí shòusī.
还有熟食寿司。
ハイヨウ　シュウシー　ショウスー

날 것이 아닌 스시도 있습니다.
ナルゴシ　アニン　スシド　イッスムニダ

(회전) 초밥
(フェジョン) チョバプ

⑨ 醤油につけてお召し上がりください
Qǐng zhàn jiàngyóu chī.
请蘸酱油吃。
チン ヂャン ジアンヨウ チー

Dip it in the soy sauce.
ディピッ イン ザ ソイ ソース

간장에 찍어서 드십시오.
カンジャンエ チゴソ ドゥシプシオ

⑩ これは醤油につけずに食べます
Zhèi ge bú yòng zhàn jiàngyóu.
这个不用蘸酱油。
ヂェイガ ブゥヨン ヂャン ジアンヨウ

Try this without soy sauce.
トライ ディス ウィズアウッ ソイ ソース

이건 간장에 찍지 말고 그냥 드십시오.
イゴン カンジャンエ チクチ マルゴ クニャン ドゥシプシオ

⑪ あいにくマグロは切らしています
Duìbuqǐ, jīnqiāngyú yǐjīng méiyou le.
对不起，金枪鱼已经没有了。
ドゥイブチィ ジンチアンユィ イージン メイヨウラ

I'm sorry. Tuna is no longer available.
アイム ソゥリー トゥナ イズ ノゥ ロンガー アヴェイラブゥ

죄송합니다만, 참치는 다 나갔습니다.
チェソンハムニダマン チャムチヌン タ ナガッスムニダ

⑫ これは1貫の値段です
Zhè shì dān ge shòusī de jiàqián.
这是单个寿司的价钱。
ヂョアシー ダンガ ショウスーダ ジアチエン

This price is for 1 piece.
ディス プライス イズ フォー ワン ピース

이건 스시 1 개당(의) 값입니다.
イゴン スシ ハンゲダン(エ) カプシイムニダ

⑬ へい、ヤリイカお待ち。新鮮だよ
Zhè shì chángqiāng mòyú. Xīnxiān de.
这是长枪墨鱼。新鲜的。
ヂョアシー チャンチアンモォユィ シンシエンダ

The squid is ready. This is really fresh.
ザ スクウィッ イズ レディ ディス イズ リァリー フレッシュ

자, 꼴뚜기 나왔습니다. 싱싱합니다.
チャ コルトゥギ ナワッスムニダ シンシンハムニダ

⑭ おあいそですか？
Jiézhàng ma?
结账吗？
ジエヂャンマ

Have you finished your meal?
ハヴユー フィニッシュッ ユア ミーゥ

계산하시겠습니까？
ケサナシゲッスムニッカ

ワードバンク　寿司(1)

おまかせ	the chef's recommendations ザ シェフズ レコメンデイションズ	推荐菜 tuījiàn dīngcān トゥイジエン ディンツァン	모듬초밥 モドゥムチョバプ
松(特上)	superfine スーパーファイン	上等 shàngděng シャンドン	특상 トゥクサン
竹(上)	deluxe デラックス	中等 zhōngděng ヂョンドン	상 サン
梅(並)	regular レギュラー	普通 pǔtōng プゥトン	보통 ポトン
あがり	green tea グリーン ティー	茶水 cháshuǐ チァアシュイ	마무리 차 マムリチャ
おしぼり	hand towel ハンッ タウァル	手巾把儿 shǒujīnbǎr ショウジンバァル	물수건 ムルスゴン

食事

(回転) 寿司

（回転）寿司

① 板前にご自由にご注文ください

Xiǎng chī shénme, qǐng suíbiàn diǎn.
想吃什么，请随便点。
シアン チー シェンマ チン スイビエン ディエン

We accept orders anytime.
ウィ アクセプツ オーダーズ エニィタイム

요리사한테 마음대로 주문하십시오.
ヨリサハンテ マウムデロ チュムナシプシオ

② こちらに湯のみをあてるとお湯が出ます

Chábēi dǐngzhù ànjiàn, rèshuǐ jiù chūlái le.
茶杯顶住按键，热水就出来了。
チャアベイ ディンヂュウ アンジエン ルァシュイ ジウ チュウライラ

Place your cup here, then hot water comes out.
プレイス ユア カップ ヒァ ゼン ハッ ウォータ カムズ アウッ

이렇게 하시면 뜨거운 물이 나옵니다.
イロッケ ハシミョン トゥゴウン ムリ ナオムニダ

③ お皿の色によって値段が違います

Àn diézi de yánsè jiàgián bù yíyàng.
按碟子的颜色价钱不一样。
アン ディエヅダ イエンスァ ジアチエン ブウイーヤン

The color of the plate determines the price.
ザ カラー オヴ ザ プレイツ ディターミンズ ザ プライス

접시 색깔에 따라 값이 다릅니다.
チョプシ セクカレ タラ カプシ タルムニダ

④ （中）トロは2貫で600円です

(Zhōng)féijīnqiāngyú, liǎng ge liùbǎi rìyuán.
（中）肥金枪鱼，两个六百日元。
（チョン）フェイジンチアンユィ リァンガ リウバイリーユエン

A couple of (medium-)fatty tuna cost 600 yen.
ア カプル オヴ （メディアム） ファティ トゥナ コスト シクス ハンドレッ イエン

（중）도로는 2 개에 600 엔입니다.
（チュン）トロヌン トゥーゲエ ユクペゲニムニダ

⑤ ガリは無料です

Cùyān jiāngpiàn miǎnfèi.
醋腌姜片免费。
ツーイェン ジアンピエン ミエンフェイ

You can take gari for free.
ユー キャン テイク ガリ フォー フリー

생강 초절임은 무료입니다.
センガン チョジョリムン ムリョイムニダ

⑥ お皿は戻さないでください

Diézi bú yào fànghuíqu.
碟子不要放回去。
ディエヅ ブウヤオ ファンホイチュ

Don't put your dishes back on the belt.
ドンツ プッチュア ディッシュズ バック オン ザ ベッ

한 번 내려놓은 접시는 다시 올려놓지 마십시오.
ハンボン ネリョノウン ジョプシヌン タシ オルリョノッチ マシプシオ

⑦ お食事が終わったらお呼びください

Cān hòu qǐng zhāohu fúwùyuán.
餐后请招呼服务员。
ツァンホウ チン ヂャオフ フウゥユエン

Let us know when you want the bill.
レッ アス ノウ ウェン ユー ウォンツ ザ ビゥ

식사가 끝나시면 불러 주십시오.
シクサガ クンナシミョン ブルロ ジュシプシオ

⑧ お皿の数を確認します

Xiànzài diǎn yíxià diézi.
现在点一下碟子。
シエンヅァイ ディエン イーシア ディエヅ

Let me count your dishes.
レッ ミー カウンツ ユア ディッシュズ

접시 수를 확인하겠습니다.
チョプシ スルル ファギナゲッスムニダ

110

ワードバンク　寿司(2)

にぎり	hand-shaped *sushi* ハンドゥシェイプッ スシ	握寿司 wòshòusī ウォ ショウスー	생선초밥 センソンチョバプ
ちらし	*sushi*-bowl スシボウゥ	散寿司 sǎnshòusī サン ショウスー	생선초밥 (지라시) センソンチョバプ (チラシ)
細巻き	thin *sushi* roll スィン スシ ロウゥ	细卷寿司 xìjuǎn shòusī シィジュエン ショウスー	가는 김초밥 カヌン キムチョバプ
太巻き	thick *sushi* roll スィック スシ ロウゥ	粗卷寿司 cūjuǎn shòusī ツゥジュエン ショウスー	굵은 김초밥 クルグン キムチョバプ
しゃり	vinegared rice ヴィネガードゥ ライス	醋米饭 cùmǐfàn ツゥミィファン	초밥의 밥 チョバベ バプ
いなり	*sushi* in fried *tofu* スシ イン フライッ トウフ	油炸豆腐寿司 yóuzhá dòufu shòusī ヨウヂァドゥフ ショウスー	유부초밥 ユブチョバプ
サーモン	salmon サーモン	三文鱼 sānwényú サンウェンユィ	연어 ヨノ
かつお	bonito ボニートゥ	鲣鱼 jiānyú ジエンユィ	가다랑어 カダランオ
たい	sea bream スィー ブリーム	鲷鱼 diāoyú ディアオユィ	도미 トミ
ひらめ	flatfish フラッフィッシュ	比目鱼 bǐmùyú ビィムゥユィ	광어 クァンオ
ぶり	yellowtail イエロゥテイウ	大鲕鱼 dàshìyú ダァシーユィ	방어 バんオ
かんぱち	amberjack アンバージャック	红鲕鱼 hóngshìyú ホンシーユィ	잿방어 チェッパんオ
あじ	horse mackerel ホース マッカラウ	鲹科鱼 shēnkēyú シェンクァユィ	전갱이 チョンゲんイ
さんま	saury ソーリー	秋刀鱼 qiūdāoyú チウダオユィ	꽁치 コんチ
しめさば	vinegared mackerel ヴィネガードゥ マッカラウ	醋腌青花鱼 cù yān qīnghuāyú ツーイェン チンホアユィ	초절임 고등어 チョジョリム コドゥんオ
いか	squid スクウィッ	墨鱼 mòyú モォユィ	오징어 オジんオ
たこ	octopus オクトパス	章鱼 zhāngyú ヂャンユィ	문어 ムノ
えび	prawn プローン	海虾 hǎixiā ハイシア	새우 セウ
うに	sea-urchin eggs スィーアーチン エッグス	海胆 hǎidǎn ハイダン	성게 ソんゲ
いくら	salmon roe サーモン ロウ	鲑鱼子 guīyúzǐ グィユィズ	연어알 ヨノアル
かに	crab クラブ	海蟹 hǎixiè ハイシエ	게 ケ
あなご	conger eel カンガー イーゥ	星鳗 xīngmán シンマン	바다장어 パダジャんオ
うなぎ	eel イーゥ	鳗鱼 mányú マンユィ	민물장어 ミンムルジャんオ
あわび	abalone アバロウニ	鲍鱼 bàoyú バオユィ	전복 チョンボク
つぶ貝	*tsubu* shellfish ツブ シェゥフィッシュ	海螺 hǎiluó ハイルオ	조개 チョゲ
さざえ	turban shell ターバン シェゥ	拳螺 quánluó チュエンルオ	소라 ソラ
かき	oyster オイスター	牡蛎 mǔlì ムウリィ	굴 クル
炙り	grilled〜 グリゥドゥ〜	烤鱼 kǎoyú カオユィ	살짝 구운〜 サルチャク クウン
あら汁	fish broth フィッシュ ブロス	鱼骨汤 yúgǔtāng ユィグゥタン	생선뼈 된장국 センソンピョ トェンジャンククゥ
時価	today's price トゥデイズ プライス	时价 shíjià シージア	시가 シッカ

(回転) 寿司 / 食事

お好み焼き・たこ焼き

Japanese style pancake, octopus ball
ジャパニーズ スタイゥ パンケイク オクタパス ボウゥ

---

① （この中から）具材を選べます

Please choose ingredients from the menu.
プリー チューズ イングリーディエンツ フロム ザ メニュー

Qǐng rèn xuǎn pèiliào.
请任选配料。
チン レンシュエン ペイリアオ

속에 넣을 재료를 이 중에서 고르실 수 있습니다.
ソゲ ノウル チェリョルル イジュんエソ コルシルス イッスムニダ

---

② 生地は小麦粉から作られています

The dough is made from wheat flour.
ザ ドウ イズ メイド フロム ウィート フラウアー

Cáiliào shì xiǎomàifěn de.
材料是小麦粉的。
ツァイリアオ シー シアオマイフェンダ

반죽은 밀가루로 만든 겁니다.
パンジュグン ミルカルロ マンドゥン ゴムニダ

---

③ こちらで焼きましょうか？

May I cook it for you?
メィアイ クック イッ フォー ユー

Wǒ lái gěi nǐmen zuò ba.
我来给你们做吧。
ウォ ライ ゲイニィメン ヅォバ

제가 부쳐 드릴까요？
チェガ プチョ ドゥリルカヨ

---

④ はねるので気をつけてください

Be careful. The oil may spatter.
ビー ケアフゥ ジ オイゥ メイ スパター

Xiǎoxīn jiàndào shēnshang.
小心溅到身上。
シアオシン ジエンダオ シェンシャン

기름이 튀니까 조심하십시오.
キルミ トゥィニカ チョシマシァシオ

---

⑤ まだ焼けていません

It's not ready yet.
イッ ノッ レディ イエッ

Hái méi jiānhǎo.
还没煎好。
ハイメイ ジエンハオ

아직 덜 익었습니다.
アジク トル イゴッスムニダ

---

⑥ ソースをたっぷりかけてください

Put lots of sauce over it.
プッ ロッツ オヴ ソース オウヴァー イッ

Qǐng jiāoshang zúgòu de tiáoliào.
请浇上足够的调料。
チン ジアオシャン ヅゥゴウダ ティアオリアオ

소스를 듬뿍 바르십시오.
ソスルル トゥムプク パルシァシオ

---

⑦ かつお節と青海苔をふりかけてください

Put dried bonito flakes and seaweed over it.
プッ ドライドゥ ボニートゥ フレイクス アンッ スィーウイードゥ オウヴァー イッ

Qǐng sāshang jiānyúsī hé zǐcàimò.
请撒上鲣鱼丝和紫菜末。
チン サァシャン ジエンユィスー ホァ ヅーツァイモォ

가쓰오부시 가루와 파래김 가루를 뿌려 드십시오.
カッスオブシ カルワ パレギム カルルル プリョ ドゥシァシオ

---

⑧ 温かいうちにどうぞ

Help yourself while it's hot.
ヘゥプ ユアセゥフ ワイゥ イッツ ハッ

Qǐng chèn rè yòng ba.
请趁热用吧。
チン チェンルァ ヨンバ

따끈할 때 드십시오.
タックナルテ トゥシァシオ

什锦煎饼、章鱼丸子 shíjǐn jiānbǐng, zhāngyú wánzi　　일본 부침개, 타코야키
シージン　ジエンビン　チャンユィ　ワンヅ　　　　　　　イルボン　プチムゲ　タコヤキ

🔊 48

⑨ お持ち帰りも承ります

Take-out is available.
テイカウッ　イズ　アヴェイラブゥ

Yě kěyǐ dàizǒu.
也可以帯走。
イエクァイー　ダイヅゥウ

선물 포장도 해 드립니다.
ソンムル　ポジャンド　ヘ　ドゥリムニダ

⑩ 1パック8個で400円です

It's 400 yen for 8 pieces.
イッツ　フォー　ハンドレッ　イエン　フォー　エイッ　ピースィズ

Yī hé bā ge sìbǎi rìyuán.
一盒八个四百日元。
イーホァ　バァガ　スーバイリーユエン

한 상자에 8 개씩, 400 엔입니다.
ハンサンジャエ　ヨドルケシク　サーベゲニムニダ

ワードバンク ─ お好み焼き・たこ焼き

やきそば	fried noodles フライッ ヌードゥーズ	炒面 chǎomiàn チャオミエン	야키소바 ヤキソバ
もんじゃ焼き	monja-yaki モンジャヤキ	东京煎饼 Dōngjīng jiānbǐng ドンジン ジエンビン	몬자야키 モンジャヤキ
紅しょうが	red pickled ginger レッ ピクゥドゥ ジンジャー	红姜 hóngjiāng ホンジアン	붉은 생강초절임 プルグン せんがんチョジョリム
鉄板焼き	grilled food グリゥドゥ フードゥ	铁板煎 tiěbǎnjiān ティエバンジエン	철판구이 チョルパンクイ
へら	spatula スパチュラ	锅铲 guōchǎn グオチャン	주걱 ジュゴク
マヨネーズ	mayonnaise メイアネィズ	蛋黄酱 dànhuángjiàng ダンホアンジアン	마요네즈 マヨネジュ
チーズ	cheese チーズ	奶酪 nǎilào ナイラオ	치즈 チジュ
シーフード	seafood スィーフードゥ	海鲜 hǎixiān ハイシエン	씨푸드 シプドゥ
明太子	spicy cod roe スパイシー コッ ロゥ	鳕鱼子 xuěyúzǐ シュエユィズ	명란젓 ミョンナンジョッ

コラム：和食を楽しんでもらう(1)（食べ方の説明）

　　お客様が日本食の食べ方で戸惑っている場合には "You can eat like this."（このようにして食べます）と動作で説明したり、醤油をかける、たれにつけて食べるなどの必要があるときには、説明を補足すると親切です（⇒ p. 104, 106, 109 などの表現）。
　　箸が苦手な方には "May I bring you a fork [spoon]?"（フォーク[スプーン]をお持ちしましょうか？）とお尋ねするといいでしょう。なお、中国や韓国では日本と同様箸を使いますが、箸だけで全てを食べるのではなく、汁ものなどは必ずスプーンやれんげを使って食べるなど、マナーには違いが存在します。p. 98 の「スプーンをお持ちしましょうか？」は、中国語、韓国語でも言えるようにしましょう。また、中国、韓国では、箸の置き方が日本と違って縦向きなのも興味深い点です。

居酒屋・バー

pub, bar
パブ　バー

酒铺、酒吧 jiǔpù, jiǔbā
ジウプゥ　ジウバァ

일본 선술집 [이자카야], 바
イルボン　ソンスルチァ[イジャカヤ]　バ

きほんの接客

① 履物はこちらにお入れください

Xié fàngzài zhèli.
鞋放在这里。
シエ　ファンヅァイ　ヂョアリ

Please put your shoes in the box.
プリー　プッ　ユア　シューズ　イン　ザ　ボックス

신발은 여기다 넣어 주십시오.
シンバルン　ヨギダ　ノオ　ジュシアシオ

② お帰りの際、札を係にお渡しください

Lí diàn shí, páizi jiāogěi diànyuán.
离店时，牌子交给店员。
リィディエンシー　パイヅ　ジアオゲイ　ディエンユエン

Please give us the tag when you leave.
プリー　ギヴ　アス　ザ　タグ　ウエン　ユー　リーヴ

돌아가실 때 이 표를 종업원에게 건네 주십시오.
トラガシルテ　イ　ピョルル　チョンオブォネゲ　コンネ　ジュシアシオ

③ ただいま2時間制となっております

Xiànzài yǒu liǎng xiǎoshí de xiàn shí fúwù.
现在有两小时的限时服务。
シエンヅァイ　ヨウ　リァンシァオシーダ　シエンシー　フウゥー

There's a 2-hour maximum per table.
ゼアズ　ア　トゥー　アワー　マキシマム　パー　テイブゥ

지금 현재 2시간 제로 되어 있습니다.
チグム　ヒョンジェ　トゥーシガン　ジェロ　トェオ　イッスムニダ

④ 先にお飲み物をうかがいます

Nín yào shénme jiǔshuǐ?
您要什么酒水？
ニン　ヤオ　シェンマ　ジウシュイ

May I take your drink orders first?
メイアイ　テイク　ユア　ドリンク　オーダーズ　ファースッ

우선 마실 것부터 주문을 받겠습니다.
ウソン　マシルコップト　チュムヌル　パッケスムニダ

⑤ ご用の際はこのボタンを押してください

Yǒu shì qǐng àn zhèi ge niǔ.
有事请按这个钮。
ヨウシー　チン　アン　ヂェイガニウ

Please press this button when you need help.
プリー　プレス　ディッ　バタン　ウエン　ユー　ニーッ　ヘゥプ

필요하실 땐 이 버튼을 눌러 주십시오.
ピリョハシルテン　イ　ボトゥヌル　ヌルロ　ジュシアシオ

⑥ タッチパネルでも注文できます

Xiǎnshìpíng shang yě kěyǐ diǎn cài.
显示屏上也可以点菜。
シエンシーピンシャン　イエ　クァイー　ディエンツァイ

You can place orders using the touch screen.
ユー　キャン　プレイス　オーダーズ　ユーズィンッ　ザ　タッチ　スクリーン

터치 패널로도 주문할 수 있습니다.
トチ　ペノルロド　チュムナルス　イッスムニダ

⑦ 飲み放題は2000円でございます

Jiǔshuǐ bù xiànliàng liǎngqiān rìyuán.
酒水不限量两千日元。
ジウシュイ　ブゥシエンリアン　リアンチエンリーユエン

All-you-can-drink specials are 2,000 yen.
オーゥ　ユー　キャン　ドリンク　スペシャウズ　アー　トゥー　サウザンッ　イエン

드링크 프리 플랜은 2000엔입니다.
トゥリンク　プリ　プルレヌン　イーチョネニムニダ

⑧ この中からお選びください

Qǐng cóng zhèli tiāoxuǎn.
请从这里挑选。
チン　ツォンヂョアリ　ティアオシュエン

Please choose from the list here.
プリー　チューズ　フロム　ザ　リストゥ　ヒア

이 중에서 고르십시오.
イジュンエソ　コルシアシオ

🔊 49

ワードバンク　お酒・ドリンク

生絞り	fresh squeezed juice フレッシュ スクイーズッ ジュース	鲜果汁 xiān guǒzhī シエングオチー	생즙 センジュプ
サワー	sour サゥアー	酸味鸡尾酒 suānwèi jīwěijiǔ スワンウェイ ジィウェイジゥ	사와 サワ
ソーダ割り	～ and soda アンッ ソーダ	加苏打水 jiā sūdáshuǐ ジア スゥダァシュイ	소다를 탄 술 ソダルル タン スル
梅酒	plum liqueur プラム リカー	梅子酒 méizi jiǔ メイヅジウ	매실주 メシルチュ
地酒	local brand of sake ロゥカゥ ブランッ オヴ サキ	土产酒 tǔchǎn jiǔ トゥーチャンジウ	특산주 トゥクサンジュ
焼酎	clear distilled liquor クリアー ディスティッゥ リカー	烧酒 shāojiǔ シャオジウ	소주 ソジュ
ウイスキー	whiskey ウィスキー	威士忌 wēishìjì ウェイシージィ	위스키 ウィスキ
シャンパン	champagne シャンペイン	香槟酒 xiāngbīnjiǔ シァンビンジウ	샴페인 シャムペイン
赤ワイン	red wine レッ ワイン	红葡萄酒 hóng pútaojiǔ ホン プゥタオジウ	레드 와인 レドゥ ワイン
白ワイン	white wine ワイッ ワイン	白葡萄酒 bái pútaojiǔ バイ プゥタオジウ	화이트 와인 ファイトゥ ワイン
ロゼ	rosé wine ロゥゼイ ワイン	桃红葡萄酒 táohóng pútaojiǔ タオホン プゥタオジウ	로즈 ロジュ
カクテル	cocktail カックテイゥ	鸡尾酒 jīwěijiǔ ジィウェイジウ	칵테일 カクテイル
ソフトドリンク	soft drink ソフト ドリンッ	清凉饮料 qīngliáng yǐnliào チンリァン インリァオ	청량 음료 チョンニャン ウムニョ
ノンアルコール飲料	non-alcoholic beverage ノンアルコーリッ ベヴァレッジ	不含酒精饮料 bù hán jiǔjīng yǐnliào ブゥハン ジウジン インリァオ	논 알코올 음료 ノン アルコオル ウムニョ
氷	ice アイス	冰块 bīngkuài ビンクアイ	얼음 オルム
強い（お酒）	strong ストロンッ	度数高 dùshù gāo ドゥシュウ ガオ	센 (술) セン (スル)
弱い（お酒）	weak ウィーッ	度数低 dùshù dī ドゥシュウ ディー	약한 (술) ヤカン (スル)
お猪口	sake cup サキ カッ	酒盅 jiǔzhōng ジウチォン	술잔 スルチャン

コラム：お座敷へのご案内

　外国人にとって、お座敷で食事を楽しむという体験は、とてもエキゾチックで魅力のあるものです。
　国・地域によっては靴を脱ぐ習慣がないので、まずは靴を脱いでもらうようご案内するところからスタートです。「履物を脱いでお上がりください」（⇒ p. 104）と説明しましょう。
　そして、「座布団をどうぞ」（❀ "Please sit on a floor cushion. / プリー シッ オン ア フロア クッション" ㊥ "给您个坐垫。 Gěi nín ge zuòdiàn. / ゲイニンガ ヅオディエン" ㊿ "방석을 깔고 앉으십시오. / パンソグル カルゴ アンジュシプ シオ"）と、座布団を勧めましょう。外国からのお客様は、お座敷を好んでも正座は苦手な方がほとんどです。ですから「（足を伸ばして）お楽になさってください」（❀ "Make yourself comfortable. / メイッ ユアセゥフ カンファタボゥ" ㊥ "伸开腿坐着舒服。/ Shēnkāi tuǐ zuò zhe shūfu. / シェンカイトゥイ ヅオヂャ シュゥフ" ㊿ "(다리를 쭉 뻗고) 편히 앉으십시오. / (タリルル チュク ポッコ) ピョニ アンジュシプ シオ"）と声をかけるとご安心いただけます。
　掘りごたつ式のテーブルは問題ありませんが、座敷に長いこと座るのは、慣れない外国人にとっては大変です。背もたれのある座椅子を勧めましょう。より一層リラックスした気分で、お座敷での飲食を楽しんでいただくことができます。

居酒屋・バー

① グラスはいくつお持ちしますか？
How many glasses do you need?
ハウ メニィ グラスィズ ドゥー ユー ニードゥ

Yào jǐ ge bēizi?
要几个杯子？
ヤオ ジィガ ベイヅ

컵은 몇 개 가지고 올까요？
コブン ミョッケ カジゴ オルカヨ？

② お酒は熱燗ですか、冷ですか？
Would you like your *sake* hot or cold?
ウデュー ライク ユア サケ ハッ オア コウルツ

Jiǔ yào rè de, háishi liáng de?
酒要热的，还是凉的？
ジウ ヤオ ルァダ ハイシー リァンダ

술은 따끈하게 데워 드릴까요？ 찬 걸로 드릴까요？
スルン タックナゲ テウォ ドゥリルカヨ？ チャンゴルロ トゥリルカヨ

③ コース料理は4名様以上にお出ししています
The course meals are for 4 people and more.
ザ コース ミーゥズ アー フォー フォー ピープゥ アンッ モア

Sì wèi yǐshàng kěyǐ dìng tàocān.
四位以上可以订套餐。
スーウェイ イーシャン クァイーディン タオツァン

코스요리는 네 분 이상이라야 드실 수 있습니다.
コスヨリヌン ネーブン イサンイラヤ トゥシルス イッスムニダ

④ 生ビールですか、瓶ビールですか？
Draft beer or bottled beer?
ドラフト ビア オア ボトゥド ビア

Yào zhāpí, háishi píngzhuāng píjiǔ?
要扎啤，还是瓶装啤酒？
ヤオ チャアピィ ハイシー ピンヂュアン ピィジウ

생맥주로 하시겠습니까？ 병맥주로 하시겠습니까？
センメクチュロ ハシゲッスムニッカ ピョンメクチュロ ハシゲッスムニッカ？

⑤ これは麦[黒糖]から作られています
This is made from barley [brown sugar].
ディス イズ メイドゥ フロム バーリー [ブラウン シュガー]

Yuánliào shì dàmài [hóngtáng].
原料是大麦［红糖］。
ユエンリアオ シー ダァマイ [ホンタン]

이건 보리로[흑설탕으로] 만들었습니다.
イゴン ポリロ [フクソルタンウロ] マンドゥロッスムニダ

⑥ 焼き鳥は1皿に2串です
We serve 2 *yakitori* skewers per plate.
ウィ サーヴ トゥー ヤキトリ スキュワーズ パー プレイッ

Kǎo jīròu yì dié liǎng chuàn.
烤鸡肉一碟两串。
カオジィロウ イーディエ リアンチュアン

꼬치구이는 한 접시에 2 개입니다.
コチグイヌン ハンジョプシエ トゥーゲイムニダ

⑦ お通しでございます
This is *otoshi*, an appetizer.
ディス イズ オトウシ アン アパタイザー

Zhè shì xiǎocài.
这是小菜。
ヂョアシー シアオツァイ

(술에 딸린)기본 안주입니다.
(スレ タルリン) キボン アンジュイムニダ

⑧ そちらにまわしていただけますか？
Could you pass these around?
クデュー パス ジーズ アラウンツ

Qǐng chuándì yíxià.
请传递一下。
チン チュワンディー イーシア

저쪽으로 좀 건네 주시겠습니까？
チョチョグロ ジョム コンネ ジュシゲッスムニッカ？

⑨ （鍋に）火をおつけします Xiànzài diǎn huǒ. 现在点火。 シエンツァイ ディエンフオ	Let me turn on the gas. レッ ミー ターン オン ザ ガス （냄비에）불을 붙이겠습니다. （ネムビエ）プルル ブッチゲッスムニダ
⑩ お食事のラストオーダーです Diǎn cài dào shíjiān le. 点菜到时间了。 ディエンツァイ ダオシージエンラ	This is last call for food orders. ディス イズ ラスト コーゥ フォー フーツ オーダーズ 식사 마지막 주문 받겠습니다. シクサ マジマッ チュムン パッケッスムニダ
⑪ 席料[お通し]は600円です Zuòqián [xiǎocài] liùbǎi rìyuán. 座钱[小菜]六百日元。 ツオチエン[シアオツァイ] リウバイリーユエン	The cover charge (otoshi appetizer) is 600 yen. ザ カヴァー チャージ [オトウシ アパタイザー] イズ シックス ハンドレッ イエン 자리값은[기본 안주는] 600엔입니다. チャリカプスン[キボン アンジュヌン] ユクペゲンイニダ

コラム：和食を楽しんでもらう(2)（食材の説明）

　日本料理には healthy というイメージが強く、外国人の間でも評判がいいようですが、日本の食材を英語で説明するとなるといろいろ苦労があります。

　例えば「長ネギ」。一番多い英訳は leek ですが、これは「西洋ネギ」のことで、日本のネギとは形が違います。ユリ科のネギ属を指す shallot もありますし、green onion もありますが、どの単語も少しずれがあるので、Japanese leek として「長ネギ」の特徴を残します。

　次は「ごぼう」。きんぴらごぼうやさまざまなお料理に好んで使われていますが、欧米では雑草扱いされていて食用とは考えられていません。そのため、ごぼう (burdock) を食材としてあげると、"Burdock root?" と驚いたような顔をする外国人が多いとのこと。

　ほかにも驚かれるのが「タコ」(octopus) です。英語圏では devil's fish（悪魔の魚）として嫌われているため、スペインなどの一部を除いて食べられません。日本では「タコのはっちゃん」などと親しまれていますが、英語圏は違います。大海原を航海する船を突然大きなタコが襲うといった獰猛なイメージがあります。食材のひとつひとつに、その国の文化が根付いていますので、説明するときは単に英語に訳すのではなく、各国の文化背景を理解することがとても大切です。

　devil を使った食材の表現がもうひとつあります。devil's tongue（悪魔の舌）と呼ばれている「こんにゃく」です。こんにゃく自体は日本の食材なので、外国人には具体的なイメージがわかないようですが、名前を聞いて驚く外国人も多いといいます。この場合は英訳名よりむしろ、"Konnyaku is a jelly-like food made from a kind of potato."（こんにゃくはゼリーのような食べ物で、イモの一種からできています）のように説明した方が伝わりやすいかもしれません。

　豆腐 (tofu) は外国でも有名ですが、木綿 (cotton tofu) と絹ごし (silk tofu) があることはあまり知られていません。「どう違うか？」と尋ねられたら「絹ごしはふわっとした食感があります」"Silk tofu has a soft texture." と説明してあげましょう。「食感」は texture を使います。「パリパリの食感」なら crispy texture ですし、「シャキシャキ感」は crisp と言います。

　「香り」というとすぐ smell が思い浮かびますが、smell には良いにおいも嫌なにおいもあります。お料理では aroma を使い、香ばしさが強いことを伝えます。「香ばしい」は aromatic がぴったりです。「おいしい」にも delicious と tasty があります。delicious は「甘さ」を想像させますので、「風味があるおいしさ」なら tasty を使って説明しましょう。

居酒屋・バー

① 甘口と辛口どちらがお好みですか？
Which do you prefer, dry or sweet?
ウイッチ ドゥ ユー プリファー ドライ オァ スイーツ

Yào tiánkǒu de, háishi làkǒu de?
要甜口的，还是辣口的？
ヤオ ティエンコウダ ハイシー ラァコウダ

단 맛하고 드라이한 맛, 어느 쪽이 좋으십니까？
タンマッタゴ トゥライハンマッ オヌチョギ チョウシムニッカ

② オンザロック[ストレート]になさいますか？
Would you like it on the rocks [straight]?
ウデュー ライキッ オン ザ ロックス [ストレイッ]

Yào jiā bīng [chúnyǐn] ma?
要加冰[纯饮]吗？
ヤオ ジアビン [チュンイン] マ

온더록으로[스트레이트로] 드릴까요？
オンドログロ [ストゥレイトゥロ] トゥリルカヨ

③ シングルですか、ダブルですか？
Would you like a single or a double?
ウデュー ライッ ア シングゥ オァ ア ダブゥ

Xiǎo bēi liàng, háishi dà bēi liàng de?
小杯量，还是大杯量的？
シアオベイリァン ハイシー ダァベイリァンダ

싱글로 하시겠습니까？ 더블로 하시겠습니까？
シングロ ハシゲッスムニッカ トブルロ ハシゲッスムニッカ

④ これはカリフォルニア産10年ものです
This is a 10-year-old California wine.
ディス イズ ア テン イヤー オールドゥ キャリフォーニア ワイン

Zhè shi Jiāzhōu chǎn de shí nián niàng.
这是加州产的十年酿。
チョアシー ジアチョウチャンダ シーニエン ニァン

이건 캘리포니아산으로 10 년짜리입니다.
イゴン ケルリポニアサヌロ シムニョンチャリイムニダ

⑤ こちらは軽めで飲みやすいですよ
This isn't too strong. I hope you like it.
ディス イズンッ トゥ ストロンッ アイ ホゥプ ユー ライクィッ

Zhèi zhǒng dùshù dī, hǎohē.
这种度数低，好喝。
チェイヂォン ドゥシュウ ディ ハオホァ

이건 가볍고 마시기 좋습니다.
イゴン カビョプコ マシギ チョッスムニダ

⑥ テイスティングなさいますか？
Would you like to taste this?
ウデュー ライッ トゥ テイスッ ディッ

Yào pǐncháng yíxià ma?
要品尝一下吗？
ヤオ ピンチャン イーシアマ

테스팅 해 보시겠습니까？
テスティン ヘ ポシゲッスムニッカ

⑦ タクシーをお呼びしますか？
Would you like me to call a taxi?
ウデュー ライッ ミー トゥ コーゥ ア タクシー

Yào jiào chūzūchē ma?
要叫出租车吗？
ヤオ ジアオ チュウヅゥチョアマ

택시를 불러 드릴까요？
テクシルル プルロ トゥリルカヨ

🔊 51

ワードバンク　おつまみ・食事

おつまみ	side dish サイッ ディシュ	酒菜 jiǔcài ジウツァイ	안주 アンジュ
刺身	*sashimi* サシミ	生魚片 shēngyúpiàn ションユイピェン	회 フェ
和え物	vegetables with Japanese dressing ヴェジタブゥズ ウィズ ジャパニーズ ドレッシンッ	拌菜 bàncài バンツァイ	무침요리 ムチムニョリ
煮物	stewed food ステュードゥ フーッ	煮菜 zhǔcài ヂュウツァイ	조림 チョリム
酢の物	vinegared food ヴィネガードゥ フーッ	醋拌菜 cù bàncài ツゥバンツァイ	초무침 チョムチム
鍋物	hot-pot dish ハッ ポッ ディシュ	火锅 huǒguō フオグオ	냄비요리 ネムビヨリ
揚げ物	deep-fried food ディープ フライッ フーッ	油炸食品 yóuzhá shípǐn ヨウヂャア シーピン	튀김요리 トゥィギムニョリ
炭火焼	charcoal grilled food チャーコゥ グリゥドゥ フーッ	炭烤食品 tànkǎo shípǐn タンカオ シーピン	숯불구이 スップルグイ
ごまだれ	creamy sesame sauce クリーミィ セサミ ソース	芝麻调料 zhīma tiáoliào ジーマア ティアオリアオ	참깨소스 チャムケソス
ポン酢	citrus-based soy sauce シトゥラスベイスト ソイソース	橙子汁 chéngzizhī チョンヅヂー	레몬식초 レモンシチョ
だし巻き玉子	rolled omelet ロゥドゥ アマリッ	鸡蛋卷 jīdànjuǎn ジィダンジュエン	계란말이 ケランマリ
お茶漬け	boiled rice with tea ボイゥドゥ ライス ウィズ ティー	茶泡饭 chápàofàn チャアパオファン	오차즈케 オチャジュケ
おにぎり	rice ball ライス ボーゥ	饭团 fàntuán ファントワン	주먹밥 チュモッパプ
〜の盛り合わせ	assorted 〜 アソーティッ	〜拼盘 pīnpán ピンパン	모듬요리 モドゥムニョリ

コラム：英語になった日本語表現

　外国の町々には *teriyaki* や *yakitori* や *sushi* など日本料理の看板があふれています。日本料理が受け入れられるにつれて *tofu* などの食材の日本語も定着しています。*satsuma* orange というみかんも有名ですが、これは、薩摩（鹿児島）から苗木が出荷されたところから *satsuma* という名前がついたようです。

　衣類関連の言葉もあります。*kimono* は着物風の化装着のことで、*tabi* も Oxford English Dictionary に載っています。ほかにも *happi* がありますが、英語の *happy* の発音と似ているために、英語圏の人たちから広く受け入れられています。

　こうしてみると、ずいぶんいろいろな日本語が英語の中に息づいていることがわかりますね。ただ、もとが日本語だからといって油断は禁物です。中には、英語特有のアクセントに注意が必要なものもあります。例えば、*sake* は「サキ」とアクセントが前について発音され、とても日本語と同じようには聞こえません。ほかにも、英文法のルールにしたがって、*kimono* → *kimonos*、*tabi* → *tabis* のように複数形の s がついたりと、日本語とは違った言い方になることもあります。

　上記以外にも、Oxford English dictionary に載っている例をいくつかご紹介しましょう。なお、通じる・通じないには地域差や個人差もありますのでお気をつけください。

飲食物: *konniak* (*konjak* や *konnyaku* とも)、*adzuki*, *nori*, *wakame*, *miso*, *shochu*, *soba*, *udon*, *ramen*, *shiitake*, *edamame*...
その他: *obi*, *geta*, *yukata*, *origami*, *ryokan*, *karaoke*, *sumo*, *Kabuki*, *Noh*, *bunraku*, *matsuri*...

食事

居酒屋・バー

ファーストフード・カフェ

fast food restaurant, café
ファストフーッ レスッランッ カフェ

① お次のお客さま、どうぞ

Next please.
ネクスッ プリー

Xià yí wèi, qǐng.
下一位，请。
シアイーウェイ チン

다음 손님, 뭘로 하시겠습니까?
タウム ソンニム ムォルロ ハシゲッスムニッカ

② お持ち帰りですか、こちらで召し上がりますか？

To go or eat in?
トゥ ゴウ オア イーッ イン

Dàizǒu, háishi zài diànli yòng?
带走，还是在店里用？
ダイヅォウ ハイシー ツァイディエンリィ ヨン

가져 가시겠습니까? 여기서 드시겠습니까?
カジョ ガシゲッスムニッカ ヨギソ トゥシゲッスムニッカ

③ セットになさいますか？

Would you like a set meal?
ウデュー ライッ ア セッ ミーゥ

Shì diǎn tàocān ma?
是点套餐吗？
シー ディエン タオツァンマ

세트로 하시겠습니까?
セトゥロ ハシゲッスムニッカ

④ ご一緒にお飲み物はいかがでしょうか？

Would you like a drink with that?
ウデュー ライッ ア ドリンッ ウィズ ザッ

Yào yǐnliào ma?
要饮料吗？
ヤオ インリアオマ

음료수도 같이 하시겠습니까?
ウムニョスド カッチ ハシゲッスムニッカ

⑤ 本日のコーヒーはこちらです

This is today's special coffee.
ディス イズ トゥデイズ スペシャゥ カフィー

Zhè shi jīntiān de tuījiàn kāfēi.
这是今天的推荐咖啡。
チョアシー ジンティエンダ トゥイジエン カァフェイ

오늘의 커피는 이겁니다.
オヌレ コピヌン イゴムニダ

⑥ お砂糖、ミルクはお使いですか？

Would you like sugar and milk?
ウデュー ライッ シュガー アンッ ミゥク

Yào jiā táng hé niúnǎi ma?
要加糖和牛奶吗？
ヤオ ジア タン ホア ニウナイマ

설탕, 프림은 넣으십니까?
ソルタン プリムン ノウシムニッカ

⑦ ホットですか、アイスですか？

Hot or iced?
ハッ オア アイストゥ

Yào rèyǐn, háishi lěngyǐn?
要热饮，还是冷饮？
ヤオ ルァイン ハイシー ルォンイン

뜨거운 커피입니까? 아이스커피입니까?
トゥゴウン コピムニッカ アイスコピムニッカ

⑧ L、M、Sの3つのサイズがあります

We have 3 sizes, small, medium and large.
ウイ ハヴ スリー サイズ スモーゥ ミディアム アンッ ラージ

Yǒu dà, zhōng, xiǎo sān zhǒng.
有大、中、小三种。
ヨウ ダア チョン シアオ サンチォン

사이즈는 엘, 엠, 에스, 3 종류가 있습니다.
サイジュヌン エル エム エス セージョンニュガ イッスムニダ

快餐店、咖啡店 kuàicāndiàn, kāfēidiàn
クアイツァンディエン　カァフェイディエン

패스트푸드 · 카페
ペストゥブドゥ　カペ

🔊 52

---

⑨ サイズはどちらになさいますか？

Which size would you like?
ウイッチ　サイズ　ウデュー　ライツ

Nín yào duōdà de?
您要多大的？
ニン　ヤオ　ドゥオダァダ

어느 사이즈로 하시겠습니까？
オヌ　サイジュロ　ハシゲッスムニッカ

---

⑩ この中から（1つ）お選びください

Please choose (1 item) from the list.
プリー　チューズ　（ワン　アイテム）　フロム　ザ　リストゥ

Qǐng cóng zhōng tiāoxuǎn (yí ge).
请从中挑选（一个）。
チン　ツォンチョン　ティアオシュエン　（イーガ）

이 중에서 （하나） 고르십시오.
イジュんエソ　（ハナ）　コルシプシオ

---

⑪ 先にお会計をさせていただきます

Could you pay for it now?
クデュー　ペイ　フォー　イッ　ナウ

Qǐng xiān fùkuǎn.
请先付款。
チン　シエン　フゥクワン

계산을 먼저 해 주십시오.
ケサヌル　モンジョ　ヘ　ジュシプシオ

---

⑫ 朝メニューは<u>10時</u>までです

Breakfast is served until 10 o'clock.
ブレックファスト　イズ　サーヴドゥ　アンティゥ　テン　オクロック

Zǎocān dào shí diǎn.
早餐到十点。
ツァオツァン　ダオ　シーディエン

아침 메뉴는 10 시까지입니다.
アチム　メニュヌン　ヨルシカジイムニダ

🗂 ワードバンク　┃ドリンクメニュー┃

ラテ	caffè latte カフェイ　ラティ	拿铁咖啡 nátiě kāfēi ナァティエ　カァフェイ	라떼 ラテ
ブレンド	blend coffee ブレンッ　カフィー	混合咖啡 hùnhé kāfēi フンホア　カァフェイ	블렌드 ブルレンドゥ
アメリカン	mild coffee マイルド　カフィー	美式咖啡 měishì kāfēi メイシー　カァフェイ	아메리칸 アメリカン
カフェオレ	café au lait カフェイ　オウレイ	卡布奇诺 kǎbùqínuò カァブゥチノヌ	카페오레 カペオレ
コーヒー豆	coffee bean カフィー　ビーン	咖啡豆 kāfēidòu カァフェイドゥ	커피 원두 コピ　ウォンドゥ
挽く	grind グラインッ	研磨 yánmó イェンモォ	갈다 カルダ
ドリップ	drip coffee ドリッ　カフィー	过滤咖啡 guòlǜ kāfēi グオリュィ　カァフェイ	드립 커피 トゥリップ　コピ
シロップ	syrup シラッ	糖浆 tángjiāng タンジアン	시럽 シロプ
レモン	lemon レマン	柠檬 níngméng ニンモン	레몬 レモン
紅茶	tea ティー	红茶 hóngchá ホンチァア	홍차 ホンチャ
ジュース	fruit juice フルーッ　ジュース	果汁 guǒzhī グオヂー	쥬스 ジュス
コーラ	Coke コウク	可乐 kělè クァルア	콜라 コルラ
シェイク	shake シェイク	奶昔 nǎixī ナイシィ	쉐이크 シェイク
バニラ	vanilla ヴァニラ	香草 xiāngcǎo シアンツァオ	바닐라 パニルラ
フロート	float フロウッ	冰激凌咖啡 bīngjīlíng kāfēi ビンジィリン　カァフェイ	플로트 プルロトゥ

ファーストフード・カフェ

① ケーキセットは3時からです

Dàngāo tàocān cóng xiàwǔ sān diǎn kāishǐ.
蛋糕套餐从下午三点开始。
ダンガオ タオツァン ツォン シアウゥ サンディエン カイシー

The cake set menus are served from 3.
ザ ケイク セッ メニューズ アー サーヴドゥ フロム スリー

케이크 세트는 오후 3 시부터입니다.
ケイクセトゥヌン オーフ セーシブトイムニダ

② 少しお時間をいただきますが、よろしいですか？

Zhèi ge cài xūyào shíjiān, kěyǐ ma?
这个菜需要时间，可以吗？
チェイガツァイ シューヤオ シージエン クァイーマ

It will take a little time. Is that all right?
イッ ウィゥ テイク ア リトゥ タイム イズ ザッ オーゥ ライッ

시간이 좀 걸리는데 괜찮으세요？
シガニ ジョム コルリヌンデ クェンチャヌセヨ

③ サンドイッチは後で席までお持ちします

Sānmíngzhì, yīhuǐr gěi nín sònglái.
三明治，一会儿给您送来。
サンミンチー イーホァル ゲイニン ソンライ

I'll bring a sandwich to your table when it's ready.
アイゥ ブリンッ ア サンッウィチ トゥ ユア テイブゥ ウエン イッツ レディ

샌드위치는 나중에 자리로 갖다 드리겠습니다.
センドゥウィチヌン ナジュンエ チャリロ カッタ ドゥリゲッスムニダ

④ カードをお持ちになってお席でお待ちください

Qǐng ná kǎ zài zuòwèi shang děnghòu.
请拿卡在座位上等候。
チン ナァカァ ツァイ ヅオウェイシャン デゥンホウ

Please take this card, and wait at your table.
ブリー テイッ ディッ カーツ アンッ ウェイッ アッ ユア テイブゥ

번호표를 가지고 자리에서 기다려 주십시오.
ポノピョルル カジゴ チャリエソ キダリョ ジュシブシオ

⑤ 4番でお待ちのお客様、お待たせしました

Sì hào kǎ de kèrén, ràng nín jiǔ děng le.
四号卡的客人，让您久等了。
スーハオカダ クァーレン ランニン ジウデゥンラ

Card 4, please. Thank you for waiting.
カード フォー ブリー サンキューフォー ウェイティンッ

4 번 손님, 주문하신 거 나왔습니다.
サーボン ソンニム チュムナシン ゴ ナワッスムニダ

⑥ ペーパーはあちらにございます

Cānjīn zài nèibiān.
餐巾在那边。
ツァンジン ヅァイ ネイビエン

Paper is over there.
ペイパー イズ オウヴァー ゼア

냅킨은 저쪽에 있습니다.
ネプキヌン チョチョゲ イッスムニダ

⑦ 喫煙席は2階です

Xīyānxí zài èr lóu.
吸烟席在二楼。
シィイエンシィ ヅァイ アルロウ

The 2nd floor is a smoking area.
ザ セカンッ フロア イズ ア スモーキンッ エアリァ

흡연석은 2 층입니다.
フビョンソグン イーチュンイムニダ

⑧ 恐れ入ります。そちらにお下げください

Bàoqiàn, cānjù qǐng fàngzài nèibiān.
抱歉，餐具请放在那边。
バオチエン ツァンジュイ チン ファンヅァイ ネイビエン

Could you return the tray over there? Thank you.
クデュー リターン ザ トレイ オウヴァ ゼア サンキュー

죄송합니다. 그쪽으로 갖다 놔 주십시오.
チェソンハムニダ クチョグロ カッタ ヌァ ジュシブシオ

🔊 53

⑨ ただいまテーブルをおふきします

Duìbuqǐ, xiànzài cā yíxià zhuōzi.
对不起，现在擦一下桌子。
ドゥイブチィ　シエンヅァイ　ツァーイーシア　ヂュオツ

Let me clear the table.
レッ　ミー　クリア　ザ　テイブゥ

지금 곧 테이블을 닦아 드리겠습니다.
チグム　ゴッ　テイブルル　タッカ　ドゥリゲッスムニダ

⑩ こちらでお下げいたします

Wǒmen lái shōushi cānjù.
我们来收拾餐具。
ウォメン　ライ　ショウシー　ツァンジュィ

I'll take your tray.
アイゥ　テイク　ユア　トレイ

제가 치워 드리겠습니다.
チェガ　チウォ　ドゥリゲッスムニダ

ワードバンク　フードメニュー・その他

アイスクリーム	ice cream アイス　クリーム	冰激凌 bīngjīlíng ビンジィリン	아이스크림 アイスクリム
ソフトクリーム	soft ice cream ソフゥ　アイス　クリーム	软冰糕 ruǎnbīnggāo ルワンビンガオ	소프트크림 ソフトゥクリム
ハンバーガー	hamburger ハンバーガー	汉堡包 hànbǎobāo ハンバオバオ	햄버거 ヘムボゴ
ホットドッグ	hot dog ハッ　ドッ	热狗 règǒu ルァゴウ	핫도그 ハットグ
ケチャップ	ketchup ケチャプ	蕃茄酱 fānqiéjiàng ファンチエジァン	토마토케첩 トマトケチョプ
マスタード	mustard マスターッ	芥末酱 jièmojiàng ジエモゥジァン	머스터드 モストゥドゥ
ソース	sauce ソース	调料 tiáoliào ティアオリアオ	소스 ソス
チーズ	cheese チーズ	奶酪 nǎilào ナイラオ	치즈 チジュ
サラダ	salad サラドゥ	色拉 sèlā スァラァ	샐러드 セルロドゥ
ポテト	French fries フレンチ　フライズ	薯条 shǔtiáo シュウティアオ	감자튀김 カムジャトゥィギム
トースト	toast トゥストゥ	烤面包 kǎomiànbāo カオミエンパォ	토스트 トストゥ
ドーナツ	doughnut ドゥナッ	炸面圈 zhámiànquān ヂャアミエンチュエン	도넛 トノッ
おまけ	free gift フリー　ギフッ	免费赠送 miǎnfèi zèngsòng ミエンフェイ ヅンソン	덤 トーム
ストロー	straw ストロー	吸管 xīguǎn シィグワン	빨대 パルテ
灰皿	ashtray アシュトレイ	烟灰缸 yānhuīgāng イエンホイガン	재떨이 チェットリ
トレイ	tray トレイ	托盘 tuōpán トゥオパン	쟁반 チェンバン
ごみ箱	trash can トラッシュキャン	垃圾箱 lājīxiāng ラァジィシアン	쓰레기통 スレギトん
燃える	burnable バーナブゥ	不可回收 bùkě huíshōu ブゥクァ ホイショウ	타는~ タヌン
燃えない	non-burnable ノンバーナブゥ	可回收 kě huíshōu クァ ホイショウ	안 타는~ アン タヌン

食事

ファーストフード・カフェ

劇場・美術館・博物館(チケット売り場)

theater, gallery, museum
シアター　ギャラリー　ミューズィアム

① あちらでチケットをお求めください

Qǐng zài nèibiān gòu piào.
请在那边购票。
チン　ヅァイネイビエン　ゴウピアオ

Please buy tickets over there.
プリー　バイ　ティケッツ　オゥヴァ　ゼア

저쪽에서 티켓을 구입하십시오.
チョチョゲソ　ティケスル　クイパシプシオ

② こちら側にお並びください

Qǐng zài zhèlǐ páiduì.
请在这里排队。
チン　ヅァイヂョアリ　パイドゥイ

Could you stand in line here?
クデュー　スタンッ　イン　ライン　ヒア

이쪽으로 줄을 서십시오.
イチョグロ　チュルル　ソシプシオ

③ どちらをご覧になりますか？

Nín kàn něi ge?
您看哪个？
ニン　カン　ネイガ

What would you like to watch?
ワッ　ウデュー　ライッ　トゥ　ウォッチ

어느 걸 보시겠습니까？
オヌゴル　ボシゲッスムニッカ

④ 何名様分ですか？

Nín yào jǐ zhāng piào?
您要几张票？
ニン　ヤオ　ジィヂャン　ピアオ

How many tickets would you like?
ハウ　メニイ　ティケッツ　ウデュー　ライッ

몇 사람 분이십니까？
ミョッサラム　ブニシムニッカ

⑤ 大人2名様、子供1名様ですね

Dàrén liǎng zhāng, értóng yi zhāng, duì ba?
大人两张，儿童一张，对吧？
ダァレン　リアンヂャン　アルトン　イーヂャン　ドゥイバ

2 adults and 1 child?
トゥ　アダルツ　アンッ　ワン　チャイウドゥ

어른 둘, 아이 하나시죠？
オルン　トゥル　アイ　ハナシジョ

⑥ 12歳以下は半額です

Shíèr suì yǐxià bànjià.
十二岁以下半价。
シーアルスイ　イーシア　バンジア

Tickets for age 12 and under are half price.
ティケッツ　フォー　エイジ　トゥウェゥヴ　アンッ　アンダー　アー　ハーフプライス

열 두살 이하는 반액입니다.
ヨルトゥサル　イハヌン　パネギムニダ

⑦ どの席をご希望ですか？

Nín yào něi ge zuòwèi?
您要哪个座位？
ニン　ヤオ　ネイガ　ヅオウェイ

What seat would you like?
ワッ　スィーッ　ウデュー　ライッ

어느 자리를 원하십니까？
オヌ　チャリルル　ウォナシムニッカ

⑧ 座席表[スケジュール表]はこちらです

Zhè shì zuòwèibiǎo [rìchéngbiǎo].
这是座位表[日程表]。
ヂョアシー　ヅオウェイビアオ[リーチョンビアオ]

Here is a seating map [schedule].
ヒア　イズ　ア　スィーティンッ　マッ　[スケジューゥ]

좌석표[스케줄표]는 여기 있습니다.
チァソクピョ[スケジュルピョ]ヌン　ヨギ　イッスムニダ

剧场、美术馆、博物馆 jùchǎng, měishùguǎn, bówùguǎn　　극장, 미술관, 박물관
ジュィチャン　メイシュゥグワン　ボォウゥグワン　　ククチャン　ミスルグァン　パんムルグァン　🔊 54

⑨ **一番安い席は3000円です**
The lowest-priced seat is 3,000 yen.
ザ　ロゥエスッ　プライストゥ　スィーツ　イズ　スリー　サウザンッ　イエン

Zuì piányi de zuòwèi yì zhāng sānqiān rìyuán.
最便宜的座位一张三千日元。
ツィ　ピエンイーダ　ヅオウェイ　イーチャン　サンチエンリーユエン

제일 싼 자리는 3000 엔입니다.
チェイル　サン　チャリヌン　サムチョネニムニダ

⑩ **指定席のSは5000円です**
A reserved S seat is 5,000 yen.
ア　リザーヴッ　エス　スィーツ　イズ　ファイヴ　サウザンッ　イエン

Duìhàopiào S wǔqiān rìyuán.
对号票 S 五千日元。
ドゥイハオピアオ　エス　ウーチエンリーユエン

지정석 S 는 5000 엔이에요.
チジョンソク　エスヌン　オチョネニエヨ

⑪ **全席指定席となっております**
We have reserved seats only.
ウィ　ハヴ　リザーヴッ　スィーツ　オゥンリー

Zhèli dōu shì duìhàopiào.
这里都是对号票。
ヂョアリィ　ドゥシー　ドゥイハオピアオ

전부 다 지정석입니다.
チョンブ　ダ　チジョンソギムニダ

⑫ **席が離れてしまいますがよろしいですか？**
There are no seats together. Is that all right?
ゼア　アー　ノー　スィーツ　トゥゲザー　イズ　ザッ　オーゥ　ライッ

Zuòwèi shì fēnkāi de, kěyǐ ma?
座位是分开的，可以吗？
ヅオウェイ　シー　フェンカイダ　クァイーマ

떨어져 앉으셔도 괜찮으세요？
トロジョ　アンジュショド　クェンチャヌセヨ

⑬ **何日の公演をご希望ですか？**
When would you like to see the performance?
ウエン　ウデュー　ライッ　トゥ　スィー　ザ　パフォーマンス

Nín yào něi tiān de piào?
您要哪天的票？
ニン　ヤオ　ネイティエンダ　ピアオ

공연은 어느 날 보시겠습니까？
コンヨヌン　オヌナル　ポシゲッスムニッカ

ワードバンク　　座席

前方	front フロンッ	前边 qiánbiān チエンビエン	앞쪽 アプチョク
後方	back バッ	后边 hòubiān ホウビエン	뒷쪽 トゥィッチョク
中央	center センター	中间 zhōngjiān ヂォンジエン	가운데 カウンデ
1等席	1st-class seat ファーッスクラス　スィーッ	头等席 tóuděngxí トウデゥンシィ	1 등석 イルトゥンソク
補助席	spare seat スペアー　スィーツ	加座 jiāzuò ジアヅオ	보조석 ポジョソク
1階席	seats on the 1st floor スィーツ　オンザ　ファーッ　フロア	一楼座位 yī lóu zuòwèi イーロウ　ヅオウェイ	1 층석 イルチュンソク
2階席	balcony バゥコニー	二楼座位 èr lóu zuòwèi アルロウ　ヅオウェイ	2 층석 イチュンソク
最前列	front row フロンッ　ロゥ	最前排 zuìqiánpái ツィ　チエンパイ	맨 앞자리 メン　アプチャリ
立ち見席	standing room スタンディンッ　ルーム	站席 zhànxí ヂャンシィ	입석 イプソク
先着順に	first-come-first-served ファーッスッカム　ファーッスサーヴドゥ	按先后顺序 àn xiānhòu shùnxù アン　シエンホウ　シュンシュィ	선착순으로 ソンチャクスヌロ

劇場・美術館・博物館(チケット売り場)

① その回のチケットは売り切れです
Nèi chǎng de piào méiyou le.
那场的票没有了。
ネイチャンダ ピアオ メイヨウラ

I'm afraid all the tickets are sold out.
アイム アフレイッ オーゥ ザ ティケッツ アー ソゥルッ アゥッ

그 회 티켓은 다 팔렸습니다.
ク フェ ティケスン ター パルリョッスムニダ

② そちらは当館では上演していません
Zhèli bú shàngyǎn zhèi ge jiémù.
这里不上演这个节目。
ヂョアリー ブゥシャンイエン ヂェイガ ジエムゥ

It's not showing at this theater.
イッツ ノッ ショウインッ アッ ディッ シアター

그건 여기서는 상연하고 있지 않습니다.
クゴン ヨギソヌン さんヨナゴ イッチ アンスムニダ

③ 本日の公演はすべて終了しました
Jīntiān de jiémù yǐjīng jiéshù le.
今天的节目已经结束了。
ジンティエンダ ジエムゥ イージン ジエシュウラ

All the performances for today are finished.
オーゥ ザ パフォーマンスイズ フォー トゥデイ アー フィニシュトゥ

오늘 공연은 다 끝났습니다.
オヌル コんヨヌン タ クンナッスムニダ

④ 当日券は扱っておりません
Bú shòu dàngtiānpiào.
不售当天票。
ブゥショウ ダンティエンピアオ

Tickets for the day are not available.
ティケッツ フォー ザ デイ アー ナッ アヴェイラブゥ

당일권은 취급하지 않습니다.
タンイルクォヌン チゥィグパジ アンスムニダ

⑤ 自由席の当日券は10時から販売します
Dàngtiān de zìyóuxí shí diǎn kāishǐ shòupiào.
当天的自由席，十点开始售票。
ダンティエンダ ツーヨウシィ シーディエン カイシー ショウピアオ

Unreserved tickets of the day will be on sale at 10.
アンリザーヴッ ティケッツ オヴ ザデイ ウイゥビー オンセイゥ アッ テン

자유석 당일권은 10 시부터 판매합니다.
チャユソク タンイルクォヌン ヨルシブット パンメハムニダ

⑥ 日本語字幕版でよろしいですか？
Zhè shì Rìyǔ zìmù de, kěyǐ ma?
这是日语字幕的，可以吗？
ヂョアシー リーユィ ツームゥダ クァイーマ

Would you like the Japanese subtitled version?
ウデュー ライッ ザ ジャパニーズ サブタイトゥド ヴァージョン

일본어자막판으로 보시겠습니까？
イルボノ チャマクパヌロ ポシゲッスムニカ

⑦ 予約票[整理券]はお持ちですか？
Nín yǒu yùdìngdān [zhěnglǐquàn] ma?
您有预订单[整理券]吗？
ニン ヨウ ュィディンダン [ヂョンリィチュエン] マ

Do you have a reservation [numbered ticket]?
ドゥユー ハヴ ア リザヴェイション [ナンバードゥ ティケッ]

예약권[정리권]을 갖고 계세요？
イェヤックォ [ヂョンニクォ] ヌル カッコ ゲセヨ

⑧ 払い戻し、変更は受け付けません
Bú bànlǐ tuìpiào hé biàngēng.
不办理退票和变更。
ブゥバンリィ トゥイピアオ ホァ ビエンゲン

There will be no refund or exchange of the tickets.
ゼアウィゥビー ノー リファンッ オァ エクスチェンジ オヴ ザ ティケッツ

환불, 변경은 안 됩니다.
ファンブル ビョンギョンウン アンドェムニダ

🔊 55

⑨ 再入場の際は半券が必要です
Please present your ticket stub when you re-enter.
プリー プレゼンッ ユア ティケッ スタブ ウエン ユー リエンター

Chóngxīn rùchǎng qǐng chūshì piàojù.
重新入场请出示票据。
チォンシン ルゥチャン チン チュウシー ピアオジュィ

재입장시에는 티켓이 필요합니다.
チェイプチャンシエヌン ティケシ ピリョハムニダ

---

⑩ 次回は午後4時から始まります
The next performance starts at 4 p.m.
ザ ネクスッ パフォーマンス スターッ アッ フォー ピーエム

Xià chǎng cóng sì diǎn kāishǐ.
下场从四点开始。
シアチャン ツォン スーディエン カイシー

다음 회는 오후 4 시부터 시작합니다.
タウム フェヌン オーフ ネーシブッ シジャカムニダ

---

⑪ 途中に10分間の休憩をはさみます
There is a 10-minute intermission.
ゼア イズ ア テン ミニッ インターミッション

Zhōngtú xiūxi shí fēnzhōng.
中途休息十分钟。
ヂォントゥ シウシィ シーフェンヂョン

중간에 10 분 동안 휴식이 있습니다.
チュンガネ シップントンアン ヒュシギ イッスムニダ

---

⑫ 終了予定時刻は午後6時です
The performance will end at 6 p.m.
ザ パフォーマンス ウイゥ エンッ アッ シックス ピーエム

Liù diǎn jiémù jiéshù.
六点节目结束。
リゥディエン ジエムゥ ジエシュウ

종료 예정 시간은 오후 6 시입니다.
チョンニョ イェジョン シガヌン オーフ ヨッシイムニダ

📝 ワードバンク — チケット

券売機	ticket machine ティケッ マシーン	售票机 shòupiàojī ショウピアオジィ	발매기 パルメギ
前売券	advance ticket アドヴァンス ティケッ	预售票 yùshòupiào ユィショウピアオ	예매권 イェメクォン
上映中	now showing ナゥ ショウインッ	正在上演 zhèngzài shàngyǎn ヂョンツァイ シャンイエン	상영중 サンヨンジュン
休館日	closed クロゥズドゥ	休息日 xiūxīrì シウシィリー	휴관일 ヒュグァニル
映画	movie ムーヴィ	电影 diànyǐng ディエンイン	영화 ヨンファ
吹き替え	dubbed ダブドゥ	配音 pèiyīn ペイン	더빙 トビン
レイト ショー	late-night showings レイトナイッ ショウイングズ	晚场 wǎnchǎng ワンチャン	심야 상영 シミャ サンヨン
～歳以上	age ～ or over エイジ オア オゥヴァ	～岁以上 suì yǐshàng スイ イーシャン	～세 이상 セ イサン
学生割引	student discount ステューデンツ ディスカウンツ	学生优惠 xuéshēng yōuhuì シュエション ヨウホイ	학생 할인 ハクセン ハリン
企画展	special exhibit スペシャゥ イグジビッ	特别展 tèbiézhǎn タービエヂャン	기획전 キフェクチョン
常設展	permanent exhibit パーマネンツ イグジビッ	固定展 gùdìngzhǎn グゥディンジャン	상설전 サンソルジョン
コンサート	concert コンサーツ	音乐会 yīnyuèhuì インユエホイ	콘서트 コンソトゥ

遊び・レジャー — 劇場・美術館・博物館（チケット売り場）

劇場・美術館・博物館(館内)

きほんの接客

① お客様、順路はこちらです
Zhèibiān shì shùnxíng lùxiàn.
这边是顺行路线。
チェイビエン シー シュンシン ルゥシエン

Excuse me, this way please.
エクスキューズ ミー ディッ ウェイ プリー

손님, 이쪽부터 순서대로 보십시오.
ソンニム イチョクブット スンソデロ ボシプシオ

② お手洗いはあちらです
Xǐshǒujiān zài nèibiān.
洗手间在那边。
シィショウジエン ツァイ ネイビエン

The rest room is over there.
ザ レスト ルーム イズ オゥヴァ ゼア

화장실은 저쪽입니다.
ファジャンシルン チョチョギムニダ

買い物

③ コインロッカーは右手つきあたりです
Cúnfànggui zài yòushǒu de jìntóu.
存放柜在右手的尽头。
ツンファングイ ツァイ ヨウショウダ ジントウ

Coin lockers are at the end on the right.
コイン ロッカーズ アー アッジ エンッ オン ザ ライッ

코인 로커는 오른쪽 끝에 있습니다.
コインロッコヌン オルンチョク クッテ イッスムニダ

④ 硬貨は使用後に戻ります
Yòng hòu yìngbì huí tuìchūlai.
用后硬币会退出来。
ヨンホウ インビィ ホイ トゥイチュウライ

You can get the coin back after use.
ユー キャン ゲッ ザ コイン バッ アフター ユース

동전은 사용 후에 도로 나옵니다.
トンジョヌン サヨンフエ トロ ナオムニダ

会計〈応用〉

⑤ タクシー乗り場は入口正面です
Chūzūchē zhàn zài rùkǒu zhèngmiàn.
出租车站在入口正面。
チュウヅゥチャージャン ツァイ ルゥコウ ヂョンミエン

The taxi stand is at the front of the entrance.
ザ タクシー スタンッ イズ アッ ザ フロンッ オヴ ジ エントランス

택시 승차장은 입구 정면입니다.
テクシ スンチャジャンウン イアク チョンミョニムニダ

食事

⑥ 英語[中国語／韓国語]版プログラムです。どうぞ
Zhè shì Zhōngwén bǎn jiémùdān. Gěi nín.
这是中文版节目单。给您。
ヂョアシー ヂョンウェンバン ジエムゥダン ゲイニン

Here's a program in English.
ヒアズ ア プログラム イン イングリッシュ

한국어 프로그램입니다. 가져 가세요.
ハングゴ プログレミムニダ カジョ ガセヨ

遊び・レジャー

⑦ パンフレットは日本語のみです
Xiǎocèzi zhǐ yǒu Rìwén de.
小册子只有日文的。
シアオツァーツ ヂーヨウ リーウェンダ

The brochures are in Japanese only.
ザ ブロゥシュアズ アー イン ジャパニーズ オゥンリー

팜플릿은 일본어로 된 것 밖에 없습니다.
パムプルリスン イルボノロ ドェンゴッ パケ オプスムニダ

案内・交通・お金

⑧ 英語[中国語／韓国語]のオーディオガイドがございます
Yǒu Zhōngwén de yīnshēng dǎoyóu.
有中文的音声导游。
ヨウ ヂョンウェンダ インション ダオヨウ

We have audio guides in English.
ウィ ハヴ オーディオゥ ガイズ イン イングリッシュ

한국어 음성 안내가 있습니다.
ハングゴ ウムソン アンネガ イッスムニダ

電話・トラブル

🔊 56

⑨ レンタル料は800円です	The rental fee is 800 yen. ザ　レンタゥ　フィー　イズ　エイッ　ハンドレッ　イエン
Zūlìnfèi bābǎi rìyuán. 租赁费八百日元。 ヅゥリンフェイ　バァバイリーユエン	렌탈 요금은 800 엔입니다. レンタルリョグムン　バルベゲニムニダ

⑩ 保証金1000円をお預かりします	There is a security deposit of 1,000 yen. ゼァ　イズ　ア　セキュリティ　ディポジッ　オヴ　ア　サウザンッ　イエン
Shōu yìqiān rìyuán de yājīn. 收一千日元的押金。 ショウ　イーチエンリーユエンダ　ヤァジン	보증금은 1000 엔입니다. ポジュングムン　チョネニムニダ

⑪ 展示品にお手を触れないでください	Please refrain from touching the exhibits. プリー　リフレイン　フロム　タッチンッ　ジ　イグジビッツ
Qǐng bú yào chùmō zhǎnpǐn. 请不要触摸展品。 チン　ブウヤオ　チュウモォ　ヂャンピン	전시품에 손 대지 마십시오. チョンシプメ　ソンデジ　マシプシオ

⑫ フラッシュ撮影、録音はご遠慮ください	Flash photography and recording are prohibited. フラッシュ　フォトグラフィー　アンッ　レコーディンッ　アー　プロヒビティッ
Qǐng bú yào yòng shǎnguāngdēng hé lùyīn. 请不要用闪光灯和录音。 チン　ブウヤオ　ヨン　シャングァンデゥン　ホァ　ルウイン	플래시 촬영, 녹음은 삼가해 주십시오. プルレシ　チャリョん　ノグムン　サムガヘ　ジュシプシオ

⑬ ペン類は持ち込めません	Pens are prohibited in the exhibition rooms. ペンズ　アー　プロヒビティッ　イン　ジ　イクシビション　ルームズ
Qǐng bú yào dài bǐ jìnqù. 请不要带笔进去。 チン　ブウヤオ　ダイ　ビィ　ジンチュイ	팬 종류는 가지고 들어갈 수 없습니다. ペン　チョンニュヌン　カジゴ　トゥロガルス　オプスムニダ

⑭ お静かに願います	Please keep quiet. プリー　キープ　クワイァッ
Qǐng ānjìng. 请安静。 チン　アンジン	조용히 해 주십시오. チョヨンヒ　ヘ　ジュシプシオ

⑮ 上演の切れ目までお待ちください	Please wait until the intermission. プリー　ウェイッ　アンティウ　ジ　インターミッション
Mùjiān xiūxi shí cái néng zǒudòng. 幕间休息时才能走动。 ムゥジエン　シウシィシー　ツァイヌォン　ヅォウドン	한 막 끝날 때까지 기다려 주십시오. ハンマク　クンナルテカジ　キダリョ　ジュシプシオ

⑯ ただいまより15分間の休憩です	We are having a 15-minute intermission. ウィ　アー　ハヴィンッ　ア　フィフティーン　ミニッ　インターミッション
Xiànzài xiūxi shíwǔ fēnzhōng. 现在休息十五分钟。 シエンヅァイ　シウシィ　シーウゥフェンヂョン	지금부터 15분간 휴식시간입니다. チグムプット　シボブンガン　ヒュシクシガニムニダ

遊び・レジャー

劇場・美術館・博物館（館内）

遊園地 / amusement park / 游乐园 yóulèyuán / 유원지
アミューズメンツ パーク / ヨウルァーユエン / ユウォンジ

① チケット売り場はあちらです
The box office is over there.
ザ ボックス オフィス イズ オゥヴァ ゼア

Shòupiàochù zài nèibiān.
售票处在那边。
ショウピアオチュウ ヅァイ ネイビエン

매표소는 저기입니다.
メピョソヌン チョギムニダ

② 何名様分をお求めですか？
How many tickets would you like?
ハウ メニイ ティケッツ ウデュー ライッ

Nín yào jǐ zhāng?
您要几张？
ニン ヤオ ジィチャン

몇 사람 분을 구입하시겠습니까？
ミョッサラム ブヌル クイパシゲッスムニッカ

③ 大人4名様、子供3名様ですね？
4 adults and 3 children?
フォー アダウツ アンッ スリー チゥドレン

Dàrén sì zhāng, értóng sān zhāng, duì ba?
大人四张，儿童三张，对吧？
ダァレン スーヂャン アルトン サンヂャン ドゥイバ

어른 넷, 아이 셋이시죠？
オルン ネーッ アイ セーシシジョ

④ フリーパスがおすすめです
I recommend a 1-day pass.
アイ リコメンッ ア ワンデイ パス

Jiànyì nín mǎi yīpiàotōng.
建议您买一票通。
ジエンイー ニン マイ イーピアオトン

프리 패스가 이득입니다.
プリペスガ イドゥギムニダ

⑤ ナイトパスは6時からご利用可能です
Night passes are available from 6 p.m.
ナイッ パスィズ アー アヴェイラブゥ フロム シックス ピーエム

Yèchángpiào cóng liù diǎn kāishǐ.
夜场票从六点开始。
イエチャンピアオ ツォン リゥディエン カイシー

나이트 패스는 6 시부터 이용하실 수 있습니다.
ナイトゥペスヌン ヨソッシブット イヨンハシルス イッスムニダ

⑥ 別途で乗り物券をご購入ください
You need a separate ticket for each ride.
ユー ニーッ ア セパレイッ ティケッ フォー イーチ ライドゥ

Chēpiào yào dān mǎi.
车票要单买。
チョァピアオ ヤオ ダンマイ

이용권은 별도로 구입하십시오.
イヨンクォヌン ピョルトロ クイッパシッシオ

⑦ どうぞお楽しみください
Please enjoy yourselves.
プリー エンジョイ ユアセウヴス

Zhù nín wánrde yúkuài!
祝您玩儿得愉快！
チュウニン ワルダ ユィクァイ

즐거운 시간 되십시오.
チュルゴウン シガン トェシプシオ

⑧ このアトラクションは1時間待ちです
The wait for this attraction is 1 hour.
ザ ウェイッ フォー ディッ アトラクション イズ ワン アワー

Zhèi ge yóuxì yào děng yí ge xiǎoshí.
这个游戏要等一个小时。
ヂェイガ ヨウシィ ヤオ デゥン イーガ シアオシー

이건 현재 1 시간 기다려야 탈 수 있습니다.
イゴン ヒョンジェ ハンシガン キダリョヤ タルス イッスムニダ

🔊 57

⑨ こちらが観覧車の列の最後尾です
Here is the end of the line for the Ferris wheel.
ヒアイズ ジ エンッ オヴ ザ ライン フォー ザ フェリス ウイーゥ

Zhèlǐ shì chéngzuò guānlǎnchē de duìwěi.
这里是乘坐观览车的队尾。
ヂョアリィ シー チョンヅオ グワンランチョァダ ドゥイウェイ

여기가 관람차 줄 맨 끝입니다.
ヨギガ クァルラムチャ ジュル メン クッチムニダ

⑩ 割り込みはおやめください
Don't break into the line, please.
ドンッ ブレイッ イントゥ ザ ライン プリー

Qǐng bú yào chāduì.
请不要插队。
チン ブゥヤオ チャァドゥイ

새치기를 하지 마십시오.
セチギルル ハジ マシァシオ

⑪ 身長100cm未満の方はご利用になれません
Those under 100 cm are not allowed on the ride.
ゾーズアンダー ア ハンドレッセンタミーターズ アーノッアラゥドゥ オンザライッ

Shēngāo bù mǎn yībǎi gōngfēn de bù néng chéngzuò.
身高不满一百公分的不能乘坐。
シェンガオ ブゥマン イーバイゴンフェンダ ブゥヌォン チョンヅオ

키 100 센티 이하인 분은 이용하실 수 없습니다.
キ ペクセンティ イハイン ブヌン イヨンハシルス オプスムニダ

ワードバンク　遊園地

入場券	admission ticket アドミッション ティケッ	入园票 rùyuánpiào ルゥユエンピアオ	입장권 イプチャンクォン
再入場する	re-enter リエンター	重新入园 chóngxīn rùyuán チォンシン ルゥユエン	재입장 チェイプチャン
案内図	guide map ガイッ マップ	导游图 dǎoyóutú ダオヨウトゥー	안내도 アンネド
お化け屋敷	haunted house ホーンティッ ハウス	鬼屋 guǐwū グイゥ	귀신집 クィシンチプ
メリーゴーランド	merry-go-round メリー ゴゥ ラウンッ	旋转木马 xuánzhuǎn mùmǎ シュエンヂュワン ムゥマァ	회전목마 フェジョンモンマ
中止	cancelled キャンサゥドゥ	停止 tíngzhǐ ティンヂー	중지 チュンジ
迷子	lost child ロスッ チャイゥドゥ	走失儿童 zǒushī értóng ヅォウシー アルトン	미아 ミア
放送	announcement アナウンスメンッ	广播 guǎngbō グアンボォ	방송 パんソん
売店	shop ショッ	小卖部 xiǎomàibù シァオマイブゥ	매점 メジョム
病人	sick person スィック パーソン	病人 bìngrén ビンレン	병자 ピョンジャ
妊婦	pregnant woman プレグナンッ ウーマン	孕妇 yùnfù ユインフゥ	임부 イムブ
心臓が弱い方	person with a weak heart パーソン ウィズ ア ウィーク ハーツ	心脏不好的客人 xīnzàng bù hǎo de kèrén シンザン ブゥハオダ カレン	심장이 약하신 분 シムジャンイ ヤクハシンブン

遊園地

① 6歳未満のお子様は大人と一緒にお乗りください

Bù mǎn liù suì értóng xū yǒu dàrén péibàn.
不满六岁儿童须有大人陪伴。
ブマン リウスイ アルトン シュイヨウ ダァレン ペイバン

Children under 6 must be accompanied by an adult.
チゥドレン アンダー シックス マスッビー アカンパニードゥ バイ アン アダゥト

6 살 미만의 어린이는 어른들하고 같이 타십시오.
ヨソッサル ミマネ オリニヌン オルンドゥラゴ カッチ タシプシオ

② チケットをご提示ください

Kàn yíxià nín de piào.
看一下您的票。
カン イーシア ニンダ ピアオ

May I see your ticket?
メィアイ スィー ユア ティケッ

표를 보여 주십시오.
ピョルル ポヨ ジュシプシオ

③ ジェットコースターは現在調整中です

Guǐdàofēichē zhèngzài tiáoshì.
轨道飞车正在调试。
グイダオフェイチョア ヂョンツァイ ティアオシー

The roller coaster is closed for maintenance.
ザ ロゥラー コースター イズ クロゥズッ フォー メインテナンス

제트 코스터는 현재 점검중입니다.
チェトゥコストヌン ヒョンジェ チョムゴムジュンイムニダ

④ 安全バーで固定してください

Qǐng jiāng ānquángàng gùdìnghǎo.
请将安全杠固定好。
チン ジアン アンチュエンガン グゥディンハオ

Please be secured with a safety bar.
プリー ビー セキュアードゥ ウィズ ア セイフティ バー

안전 바로 고정해 주십시오.
アンジョンバロ コジョンヘ ジュシプシオ

⑤ ベルトをお締めください

Qǐng jìhǎo ānquándài.
请系好安全带。
チン ジィハオ アンチュエンダイ

Fasten your seat belt, please.
ファスン ユア スィーッ ベゥツ プリー

밸트를 매 주십시오.
ベルトゥルル メ ジュシプシオ

⑥ 飛ばされやすい物は外してください

Qǐng bǎ róngyì fēichū de dōngxi zhāixià.
请把容易飞出的东西摘下。
チン バァ ロンイー フェイチュゥダ ドンシィ チャイシア

No loose items are allowed on the ride.
ノゥ ルース アイテムズ アー アラウドゥ オン ザ ライッ

날아가기 쉬운 물건은 벗으십시오.
ナラガギ シウン ムルゴヌン ポスプシオ

⑦ 記念撮影はいかがですか？

Yào zhào jìniànxiàng ma?
要照纪念像吗？
ヤオヂャオ ジィニエンシャンマ

How about taking some photographs?
ハウ アバウッ テイキンッ サム フォットグラフス

기념촬영은 어떠십니까？
キニョムチァリョんウン オットシムニッカ

⑧ 衣服に水がかかることがあります

Yīfu róngyì jiànshī.
衣服容易溅湿。
イーフゥ ロンイー ジエンシー

Be careful. Your clothes may get wet.
ビー ケアフゥ ユア クローズ メイ ゲッ ウェッ

옷에 물이 튈 수도 있습니다.
オセ ムリ トゥィルスド イッスムニダ

🔊 58

⑨ 2時からパレードが行われます	The parade will start at 2 p.m. ザ パレイヅ ウイゥ スターツ アッ トゥー ピーエム
Liǎng diǎn yǒu shèngzhuāng yóuxíng. 两点有盛装游行。 リァンディエン ヨウ ションヂュアン ヨウシン	2시부터 퍼레이드가 있습니다. トゥーシプト ポレイドゥガ イッスムニダ

⑩ この場所をあけていただけますか？	Could you make room here? クデュー メイク ルーム ヒア
Qǐng bǎ zhèli ràngchūlai. 请把这里让出来。 チン バァヂョアリ ランチュウライ	여기를 좀 비워 주시겠습니까? ヨギルル ジョム ピウォ ジュシゲッスムニッカ

⑪ このレストランではショーをご覧頂けます	You can enjoy a show in this restaurant. ユー キャン エンジョイ ア ショウ イン ディッ レストラン
Zhèi ge cāntīng kěyǐ kàn yǎnchū. 这个餐厅可以看演出。 ヂェイガ ツァンティン クァイー カン イェンチュウ	이 레스토랑에서는 쇼를 보실 수 있습니다. イ レストラんエソヌン ショルル ポシルス イッスムニダ

⑫ 園内は飲食物持込禁止です	No outside food or drink is allowed. ノゥ アウトサイドゥ フードゥ オァ ドゥリンク イズ アラウドゥ
Yuánnèi jìnzhǐ zì dài shípǐn. 园内禁止自带食品。 ユェンネイ ジンヂー ツーダイ シーピン	원내에는 음식물을 가지고 들어올 수 없습니다. ウォンネエヌン ウムシンムルル カジゴ トゥロオルス オプスムニダ

⑬ ここから先は立ち入り禁止です	This area is off-limits. ディス エァリア イズ オフ リミッツ
Zhèli jìnzhǐ rùnèi. 这里禁止入内。 ヂョアリィ ジンヂー ルゥネイ	여기서부터는 출입금지입니다. ヨギソブトヌン チュリプクムジイムニダ

遊び・レジャー　遊園地

コラム：丁寧な言い方を心がけよう（英語）（2）

　英語は外国語なので、私たちにはお客様に不快な感じを与えてしまう表現がどのようなものかよくわかりません。接客を職業としている者にとって、失礼な表現だけは避けたいものです。
　英語が苦手なために、ついつい単語だけで応答してしまうことがあります。例えばお店で"Where can I find ～?"（～はどこにありますか？）と尋ねられて「こちらです」を"This way."と表現しがちです。ここでもうひとこと please をつけて"This way, please."と言うことによって丁寧な印象を与えます。また、"Do you have ～?"（～を扱ってますか？）には Yes だけより"Yes, we do."とフルセンテンスで答えるように心がけてください。
　名前を尋ねるときに"Who are you?"と言うと「おまえは誰だ？」と失礼に聞こえます。"May I ask your name?"（お名前を伺ってもよろしいですか？）と、"May I ask ～?"という表現を用いると丁寧に響きます。
　あとは、"Thank you for waiting, sir."や、"Good morning, Mr. and Mrs. Brown."のように、文末（場合によって文頭）に、"sir [ma'am / Ms.]"などの敬称か、"Mr. [Ms. / Mrs.]＋お客様の名字"を加えると丁寧さが増します。このようにちょっとした工夫で、相手に不快感を与えない表現を使いこなすことができるようになります。

相撲 Sumo　大相扑 dà xiāngpū　スモ
スモウ　ダァ　シアンブゥ　スモ

① 座席はタマリ席とマス席と椅子席があります

Zuòwèi yǒu qiánzuò, xiāngshizuò hé yǐzuò sān zhǒng.
座位有前座、箱式座和座椅三种。
ヅオウェイ　ヨウ　チエンヅオ　シアンシーヅオ　ホァ　ヅオイー　サンチォン

There are orchestra seats, box seats and chair seats.
ゼアアー　オーカストラ　スィーツ　ボックス　スィーツ　アン　チェア　スィーツ

좌석은 다마리석하고 박스석하고 의자석이 있습니다.
チァソグン　タマリソカゴ　パクスソカゴ　ウィジャソギ　イッスムニダ

② タマリ席は土俵の周囲にある席です

Qiánzuò shì kàojìn xiāngpūtái de xíwèi.
前座是靠近相扑台的席位。
チエンヅオ　シー　カオジン　シアンブゥタイダ　シィウェイ

Tamari seats are ring side.
タマリ　スィーツ　アー　リンッ　サイッ

다마리석은 씨름판 둘레에 있는 자리입니다.
タマリソグン　シルムパン　トゥルレイ　インヌン　チャリイムニダ

③ タマリ席は飲食禁止です

Qiánzuò jìnzhǐ yǐnshí.
前座禁止饮食。
チエンヅオ　ジンヂー　インシー

No food or drink is permitted in Tamari seats.
ノゥ　フーッ　オア　ドリンクス　イズ　パーミッティッ　イン　タマリ　スィーツ

다마리석에서는 음식을 드시면 안 됩니다.
タマリソゲソヌン　ウムシグル　トゥシミョン　アンドェムニダ

④ マス席は4人用です

Xiāngshizuò kěyǐ róngnà sì rén.
箱式座可以容纳四人。
シアンシーヅオ　クァイー　ロンナァ　スーレン

Masu seats are box seats for 4 people.
マス　スィーツ　アー　ボックス　スィーツ　フォー　フォー　ピープゥ

박스석은 4 인용입니다.
パクスソグン　サーインニョンイムニダ

⑤ 椅子席での観戦がお手頃です

Zuòyǐ jiàqián zuì piányi.
座椅价钱最便宜。
ヅオイー　ジアチエン　ヅイ　ピエンイー

Tickets for chair seats are reasonable.
ティケッツ　フォー　チェア　スィーツ　アー　リーズナブゥ

의자석에서 관전하시는 게 가격이 적당합니다.
ウィジャソゲソ　クァンジョンハシヌゲ　カギョギ　チョクタンハムニダ

⑥ 希望観戦日はいつですか?

Nín kàn nǎi tiān de bǐsài?
您看哪天的比赛?
ニン　カン　ネイティエンダ　ビィサイ

When would you like to watch a match?
ウエン　ウデュー　ライッ　トゥ　ウォッチ　ア　マッチ

언제 보시고 싶으세요?
オンジェ　ポシゴ　シプセヨ

⑦ 幕内力士の試合は午後4時頃から始まります

Yījí lìshì de bǐsài cóng sì diǎn kāishǐ.
一级力士的比赛从四点开始。
イージィリーシーダ　ビィサイ　ツォン　スーディエン　カイシー

The matches of makuuchi wrestlers start at 4 p.m.
ザ　マッチズ　オヴ　マクウチ　レスラーズ　スターッ　アッ　フォーピーエム

상급 스모 시합은 오후 4 시경부터 시작합니다.
サングァ　スモ　シハブン　オーフ　ネーシギョンブト　シジャカムニダ

⑧ 当日券の販売も行っております

Yě shòu dàngtiānpiào.
也售当天票。
イエ　ショウ　ダンティエンピアオ

You can buy tickets on the day of the match.
ユー　キャン　バイ　ティケッツ　オン　ザ　デイ　オヴ　ザ　マッチ

당일권 판매도 하고 있습니다.
タンイルクォン　パンメド　ハゴ　イッスムニダ

🔊 59

⑨ 再入場はできません Bù néng chóngxīn rùchǎng. 不能重新入场。 ブゥヌォン チォンシン ルゥチャン	I'm sorry. You can't re-enter. アイム ソーリー ユー キャーンッ リエンター 재입장은 할 수 없습니다. チェイブチャンウン ハルス オプスムニダ
⑩ 事前に申し込むと稽古見学ができます Tíqián yùyuē, kěyǐ guānkàn xùnliàn. 提前预约，可以观看训练。 ティーチエン ユィユエ クァイー グワンカン シュンリエン	You can watch the *sumo* training if you reserve. ユー キャン ウォッチ ザ スモウ トレイニン イフ ユー リザーヴ 사전에 신청하면 연습을 견학할 수 있습니다. サジョネ シンチョンハミョン ヨンスブル キョナカルス イッスムニダ

ワードバンク — 相撲

取り組み	match マッチ	比赛 bǐsài ビィサイ	대전 テジョン
勝つ	win ウィン	赢 yíng イン	이기다 イギダ
負ける	lose ルーズ	输 shū シュウ	지다 チダ
決まり手	winning move ウィニング ムーヴ	决胜负的一着 jué shèngfù de yīzhāo ジュエ ションフゥダ イーヂャオ	승부를 결정짓은 수 スンブルル キョルチョンジウン ス
土俵	ring リング	相扑台 xiāngpūtái シアンプゥタイ	씨름판 シルムパン
行司	referee レファリー	裁判员 cáipànyuán ツァイパンユエン	심판 シムパン
力士	*sumo* wrestler スモウ レスラー	相扑选手 xiāngpū xuǎnshǒu シアンプゥ シュエンショウ	씨름꾼 シルムクン
呼出し	caller コーラー	传呼员 chuánhūyuán チュワンフゥユエン	씨름꾼을 호명하는 사람 シルムクヌル ホミョンハヌン サラム
横綱	grand champion グランッ チャンピオン	横纲 hénggāng ヘゥンガン	최고의 씨름꾼 チェゴエ シルムクン
大関	champion チャンピオン	大关 dàguān ダァグワン	요코즈나 다음 지위 ヨコジュナ タウム チウィ
幕内力士	wrestlers in the top division レスラーズ インザ トッ デヴィジョン	一级力士 yījí lìshì イージィリーシー	상급 씨름꾼 サングァ シルムクン
親方	stable master ステイブゥ マスター	师傅 shīfu シーフゥ	후진 양성자 フジン ヤンソンジャ
廻し	belt ベゥト	兜裆布 dōudāngbù ドゥダンブゥ	샅바 サッパ
化粧廻し	ceremonial apron セレモニアゥ エイプラン	刺绣围裙 cìxiù wéiqún ツーシウ ウェイチュン	(씨름꾼의) 의식용 앞치마 (シルムクネ) ウィシンニョン アプチマ
千秋楽	the last day ザ ラスッ デイ	末场(比赛) mòchǎng (bǐsài) モォチャン(ビィサイ)	경기 마지막 날 キョンギ マジマンナル
中日	the middle day ザ ミドゥ デイ	中场(比赛) zhōngchǎng (bǐsài) ヂョンチャン(ビィサイ)	경기 중간날 キョンギ チュンガンナル
初日	the 1st day ザ ファースッ デイ	首场(比赛) shǒuchǎng (bǐsài) ショウチャン(ビィサイ)	경기 첫날 キョンギ チョンナル
座布団	floor cushion フロア クッション	坐垫 zuòdiàn ヅオディエン	방석 パンソク

遊び・レジャー / 相撲

歌舞伎・文楽・能
Kabuki, Bunraku, Noh
カブキ ブンラク ノウ

① 歌舞伎をご覧になるには国立劇場へ行ってください
Please go to the National Theatre to see Kabuki.
プリー ゴゥ トゥ ザ ナショナゥ シアター トゥ スィー カブキ

Qǐng qù Guólì jùchǎng guānkàn Gēwǔjì.
请去国立剧场观看歌舞伎。
チン チュイ グオリィジュイチャン グワンカン グァウゥジィ

가부키를 보시려면 국립극장으로 가십시오.
カブキルル ポシリョミョン クンニアククチャンウロ カシプシオ

② 本日の出し物はこちらです
Here's a list of today's programs.
ヒアズ ア リスッ オヴ トゥデイズ プログラムズ

Zhèixiē shì jīntiān de jiémù.
这些是今天的节目。
チェイシエ シー ジンティエンダ ジエムゥ

오늘 공연 목록은 이렇습니다.
オヌル コンヨン モンノグン イロッスムニダ

③ どの演目をご覧になりますか？
What program would you like to watch?
ワッ プログラム ウデュー ライッ トゥ ウォッチ

Nín kàn něi chǎng yǎnchū?
您看哪场演出？
ニン カン ネイチャン イエンチュウ

어느 공연을 보시겠습니까？
オヌ コンヨヌル ボシゲッスムニッカ

④ この演目が特に人気です
This program is very popular.
ディス プログラム イズ ヴェリー ポピュラー

Zhèi ge jiémù zuì shòu huānyíng.
这个节目最受欢迎。
チェイガ ジエムゥ ツイショウ ホワンイン

이 공연이 특히 인기가 있습니다.
イ コンヨニ トゥキ インキガ イッスムニダ

⑤ 昼の部ですか、夜の部ですか？
Day program, or night program?
デイ プログラム オァ ナイツ プログラム

Nín kàn wǎnchǎng háishi báitiān de?
您看晚场还是白天的？
ニン カン ワンチャン ハイシー バイティエンダ

낮 프로입니까？ 밤 프로입니까？
ナッ プロイムニッカ パム プロイムニッカ

⑥ このブロックは1等A席です
This block is the 1st class A seats.
ディス ブロック イズ ザ ファースッ クラス エイ スィーツ

Zhèi ge qūyù shì tóuděng A zuòwèi.
这个区域是头等A座位。
チェイガ チュイユィ シー トウデゥン エイ ツオウェイ

이 블록이 1등 A 석입니다.
イ プルロギ イルトゥん エイソギムニダ

⑦ 一幕見席は当日に販売します
Single-act tickets are sold on the day of performance.
シングゥアクッ ティケッツ アー ソーゥド オンザデイ オヴ パフォーマンス

Dānmù piào dàngtiān gòumǎi.
单幕票当天购买。
ダンムゥピアオ ダンティエン ゴウマイ

한 막만 보는 자리는 당일날 판매합니다
ハンマンマン ボヌン チャリヌン タンイルラル パンメハムニダ

⑧ 桟敷席では靴を脱いで観劇いただけます
Please take off your shoes in the box seats.
プリー テイッ オフ ユア シューズ イン ザ ボックス スィーツ

Jìn bāoxiāng yào tuō xié.
进包厢要脱鞋。
ジンバオシアン ヤオ トゥオシエ

사지키석에서는 신발을 벗고 관람할 수 있습니다.
サジキソゲソヌン シンバルル ボッコ クアルラムハルス イッスムニダ

歌舞伎、文乐、能剧 Gēwǔjì, Wényuè, Néngjù / 가부키, 분라쿠(인형극), 노

ガァウゥジィ ウェンユエ ヌォンジュイ / カブキ ブンラク（インヒョングク） ノー 🔊 60

---

⑨ 一幕見席の入口はこちらです
Here is an entrance to the single-act seats.
ヒア イズ アン エントランス トゥ ザ シングゥアクトゥ スィーツ

Kàn dānmù cóng zhèli rùchǎng.
看单幕从这里入场。
カン ダンムゥ ツォン チョアリィ ルゥチャン

한 막만 보는 자리 입구는 이쪽입니다.
ハンマンマン ボヌン チャリ イプクヌン イチョギムニダ

---

⑩ こちらが舞台で、この部分が花道です
Here's a stage and this passage is "flower way".
ヒアズ ア ステイジ アン ディス パセッジ イズ フラワーウェイ

Zhè shì wǔtái, zhè shì chūchǎng huādào.
这是舞台，这是出场花道。
ヂョアシー ウゥタイ ヂョアシー チュウチャン ホアダオ

여기가 무대이고, 이 부분이 무대겸 통로입니다.
ヨギガ ムデイゴ イブブニ ムデギョム トんノイムニダ

---

⑪ お食事は幕間にお召し上がりください
You can enjoy your meal during the intermission.
ユー キャン エンジョイ ユア ミゥ デュアリンッ ジ インターミッション

Qǐng zài mùjiān xiūxi shí yòngcān.
请在幕间休息时用餐。
チン ヅァイ ムゥジエン シウシィシー ヨンツァン

식사는 막간을 이용해 주십시오.
シクサヌン マッカヌル イヨンヘ ジュシプシオ

---

⑫ 飲み物、軽食はロビーで販売しています
Drinks and snacks are sold at the lobby.
ドリンクス アンッ スナックス アー ソゥルッ アッ ザ ロビー

Yǐnliào hé xiǎochī zài xiūxitīng yǒushòu.
饮料和小吃在休息厅有售。
インリァオ ホァ シァオチー ヅァイ シウシィティン ヨウショウ

음료수, 간단한 식사는 로비에서 판매하고 있습니다.
ウムニョス カンダナン シクサヌン ロビエソ パンメハゴ イッスムニダ

🖉 ワードバンク 〈歌舞伎・文楽・能〉

オペラグラス	opera glasses アパラ グラスィーズ	看戏望远镜 kànxì wàngyuǎnjìng カンシィ ワンユエンジン	오페라 글래스 オペラ グルレス
2[3]等席	2nd [3rd] class seat セカンッ [サーッ] クラス スィーッ	二[三]等座 èr [sān] děng zuò アル[サン]ドゥン ヅオ	2[3]등석 イー[サム]ドゥンソク
正面	front of stage フロンッオヴ ステイジ	前方 qiánfāng チエンファン	정면 チョンミョン
脇正面	side front of stage サイッ フロンッ オヴ ステイジ	侧前方 cè qiánfāng ツァー チエンファン	옆 정면 ヨプ チョンミョン
歌舞伎座	*Kabuki* Theatre カブキ シアター	歌舞伎院院 Gēwǔjì jùyuàn ガァウゥジィ ジュイユエン	가부키좌 カブキジァ
国立能楽堂	National *Noh* Theatre ナショナゥ ノウ シアター	国立能乐堂 Guólì Néngyuètáng グオリィ ヌンユエタン	국립노가쿠도 クんニァ ノガクド
国立文楽劇場	National *Bunraku* Theatre ナショナゥ ブンラク シアター	国立文乐剧场 Guólì Wényuè jùchǎng グオリィ ウェンユエ ジュイチャン	국립분라쿠극장 クんニァ ブンラククチャン
国立演芸場	National *Engei* Hall ナショナゥ エンゲイ ホール	国立演艺场 Guólì yǎnyìchǎng グオリィ イエンイーチャン	국립연예장 クんニニョネジャン
役者	actor アクター	演员 yǎnyuán イエンユエン	배우 ベウ
オーディオガイド	audio guide オーディオゥ ガイッ	语音导游 yǔyīn dǎoyóu ユィイン ダオヨウ	음성 안내 ウムソン アンネ
悲劇	tragedy トラジァディ	悲剧 bēijù ベイジュイ	비극 ビグク
喜劇	comedy コメディ	喜剧 xǐjù シィジュイ	희극 ヒグク
人形劇	puppet play パペッ プレイ	木偶剧 mù'ǒujù ムゥオウジュイ	인형극 インヒョンククク

遊び・レジャー｜歌舞伎・文楽・能

カラオケ　*Karaoke*　卡拉 OK kǎlā OK　노래방
カリオゥキ　　カァラァオーケー　　ノレバん

① お名前、年齢、利用時間をご記入ください

Qǐng tiánxiě xìngmíng, niánlíng hé bāoyòng shíjiān.
请填写姓名、年龄和包用时间。
チン ティエンシエ シンミン ニエンリン ホァ バオヨンシージエン

Fill out your name, age and hours for use.
フィゥ アウッ ユア ネイム エイジ アンッ アワーズ フォー ユース

성함, 연령, 이용시간을 기입해 주십시오.
ソンハム ヨルリョん イヨンシガヌル キイペ ジュシプシオ

---

② 何名様ですか？

Nín jǐ wèi?
您几位？
ニン ジィウェイ

How many people?
ハゥ メニイ ピープゥ

몇 분이십니까？
ミョップニシムニッカ

---

③ 何時間のご利用ですか？

Bāoyòng duōcháng shíjiān?
包用多长时间？
バオヨン ドゥオチャン シージエン

How many hours would you like?
ハゥ メニイ アワーズ ウデュー ライッ

몇 시간 이용하실 겁니까？
ミョッシガン イヨンハシル コムニッカ

---

④ 料金は1時間お1人様400円です

Fèiyòng měirén měi xiǎoshí sìbǎi rìyuán.
费用每人每小时四百日元。
フェイヨン メイレン メイシァオシー スーバイリーユエン

The charge is 400 yen an hour per person.
ザ チャージ イズ フォー ハンドレッ イエン アン アワー パー パーソン

요금은 1 시간당 한 분에 400 엔입니다.
ヨグムン ハンシガンダン ハンブネ サーベゲニムニダ

---

⑤ 1部屋、1時間2000円です

Měi ge fángjiān yì xiǎoshí liǎngqiān rìyuán.
每个房间一小时两千日元。
メイガ ファンジエン イーシアオシー リアンチエンリーユエン

The charge for a room is 2,000 yen per hour.
ザ チャージ フォー ア ルーム イズ トゥ サウザンッ イエン パー アワー

방 하나, 1 시간에 2000 엔입니다.
バンハナ ハンシガネ イチョネニムニダ

---

⑥ この部屋は10名様までご利用可能です

Zhèi ge bāojiān kěyǐ shí ge rén shǐyòng.
这个包间可以十个人使用。
チェイガ バオジエン クァイー シーガレン シーヨン

This room can seat 10 people.
ディス ルーム キャン スィーッ テン ピープゥ

이 방은 열 분까지 이용하실 수 있습니다.
イバヌン ヨルブンカジ イヨンハシルス イッスムニダ

---

⑦ こちらは会員様限定の価格です

Zhè shì huìyuán jiàgé.
这是会员价格。
ヂョアシー ホイユエン ジアグァ

This price is for members only.
ディス プライス イズ フォー メンバーズ オゥンリー

이건 회원한정가입니다.
イゴン フェウォンハンジョんカイムニダ

---

⑧ お1人様1ドリンクの注文が必要です

Měirén bìxū diǎn yì bēi yǐnliào.
每人必须点一杯饮料。
メイレン ビィシュイ ディエン イーベイ インリアオ

There's a 1-drink minimum.
ゼアズ ア ワン ドリンッ ミニマム

음료수를 1 인당 하나 이상 주문하셔야 합니다.
ウムニョスルル イリンダン ハナ イサン チュムナショヤ ハムニダ

🔊 61

⑨ <u>5時</u>までは何時間でも一律料金です

We have as-long-as-you-like special until <u>5</u>.
ウィ ハヴ アズ ロング アズ ユー ライッ スペシャウ アンティウ <u>ファイヴ</u>

Wǔ diǎn yǐqián bú xiàn shíjiān, yílǜ tóngyī jiàgé.
五点以前不限时间，一律同一价格。
ウゥディエンイーチエン ブゥシエンシージェン イーリュィ トンイージアグァ

5 시까지는 몇 시간 이용하셔도 같은 요금입니다.
タソッシカジヌン ミョッシガン イヨンハショド カットゥン ヨグミムニダ

⑩ 料金は最後にお支払いください

Please pay the bill when you leave.
プリー ペイ ザ ビゥ ウェン ユー リーヴ

Fèiyòng hòu fù.
费用后付。
フェイヨン ホウフゥ

요금은 맨 나중에 지불해 주십시오.
ヨグムン メン ナジュンエ チブレ ジュシプシオ

⑪ 満室です。1時間ほどお待ちいただけますか？

We're full right now. Could you wait for <u>an hour</u>?
ウィアー フゥ ライッ ナウ クデュー ウェイッ フォー <u>アン アワー</u>

Fángjiān yǐ mǎn, yào děng yí ge xiǎoshí.
房间已满，要等一个小时。
ファンジエン イーマン ヤオドゥン <u>イーガ</u> シアオシー

방이 다 차서, <u>1 시간</u> 정도 기다리셔야 합니다.
パンイ タ チャソ <u>ハンシガン</u> ジョンド キダリショヤ ハムニダ

⑫ 準備ができたらお呼びします

We'll call you when your room is ready.
ウィゥ コーゥ ユー ウエン ユア ルーム イズ レディ

Zhǔnbèihǎo le, lái jiào nín.
准备好了，来叫您。
ヂュンベイハオラ ライジアオ ニン

준비가 되면 불러 드리겠습니다
チュンビガ トェミョン プルロ ドゥリゲッスムニダ

⑬ お待たせしました。お部屋にご案内します

Thank you for waiting. Let me take you to your room.
サンキューフォー ウェイティンッ レッミー テイッユー トゥ ユア ルーム

Ràng nín jiǔ děng le, dài nín qù bāojiān.
让您久等了，带您去包间。
ランニン ジウドゥンラ ダイニン チュイ パオジエン

준비됐습니다. 방으로 안내해 드리겠습니다.
チュンビドェッスムニダ パンウロ アンネヘ ドゥリゲッスムニダ

ワードバンク　カラオケ

平日	weekdays ウィークデイズ	平日 píngrì ピンリー	평일 ピョンイル
休日(土日)	weekends ウィーケンズ	假日 jiàrì ジアリー	휴일 ヒュイル
昼間	daytime デイタイム	白天 báitiān バイティエン	주간 チュガン
夜間	nighttime ナイッタイム	夜里 yèlǐ イエリィ	야간 ヤガン
歌本	song book ソンッ ブック	歌曲集 gēqǔjí グァチュイジィ	노래 책 ノレチェク
曲名	song title ソンッ タイトゥ	曲名 qǔmíng チュイミン	곡명 コンミョン
歌手	singer スィンガー	歌手 gēshǒu グァショウ	가수 カス
ランキング	ranking ランキンッ	名次 míngcì ミンツー	랭킹 レンキン
字幕	subtitles サブタイトゥズ	字幕 zìmù ツームゥ	자막 チャマク
歌詞	lyrics リリックス	歌词 gēcí グァツー	가사 カサ
採点機能	scoring function スコアリンッ ファンクション	判分功能 pànfēn gōngnéng パンフェン ゴンヌォン	채점 기능 チェチョムギヌン

遊び・レジャー　カラオケ

カラオケ

① 終了時に伝票とマイクをお持ちください
ブリー プリンツ ザ ビゥ アンッ マイク ウェン ユー リーヴ
Please bring the bill and mic when you leave.

Yòngwán hòu, qǐng bǎ fāpiào hé màikèfēng nálai.
用完后，请把发票和麦克风拿来。
ヨンワンホウ チンバァ ファーピアオ ホァ マイクァフォン ナァライ

돌아가실 때 전표하고 마이크를 가져와 주십시오.
トラガシルテ チョンビョハゴ マイクルル カジョウ ジュシァシオ

② 飲物等は部屋の電話でご注文ください
Please use the intercom to order drinks.
ブリー ユーズ ジ インターコム トゥ オーダー ドリンクス

Qǐng yòng bāojiān de diànhuà diǎn yǐnliào.
请用包间的电话点饮料。
チン ヨン バオジエンダ ディエンホワ ディエン インリアオ

음료 등은 방 안의 전화로 주문해 주십시오.
ウムニョ ドゥウン パン アネ チョヌァロ チュムネ ジュシァシオ

③ 終了時間はご自身でご確認ください
Please check the finishing time by yourself.
ブリー チェック ザ フィニシュインツ タイム バイ ユアセウフ

Qǐng zìjǐ zhǎngwò shíjiān.
请自己掌握时间。
チン ツージー ヂャンウォ シージエン

종료 시간은 본인이 스스로 확인하십시오.
チョンニョ シガヌン ポニニ ススロ ファギナシァシオ

④ 終了10分前に内線でお電話いたします
We'll call you in the last 10 minutes by intercom.
ウィゥ コーゥ ユー イン ザ ラスッ テン ミニッツ バイ インターコム

Jiéshù qián shí fēnzhōng tōngzhī nín.
结束前十分钟通知您。
ジエシュウチエン シーフェンヂョン トンヂー ニン

종료 시간 10 분 전에 전화로 연락드리겠습니다.
チョンニョ シガン シップン ジョネ チョヌァロ ヨルラクトゥリゲッスムニダ

⑤ 英語[中国語／韓国語]の曲も扱っております
We have English songs, too.
ウィー ハヴ イングリッシュ ソングス トゥ

Hái yǒu Zhōngwén gēqǔ.
还有中文歌曲。
ハイヨウ ヂョンウェン グァチュイ

한국 노래도 취급하고 있습니다.
ハングン ノレド チゥィグパゴ イッスムニダ

⑥ 音量はここで調節できます
You can adjust the volume here.
ユー キャン アジャスッ ザ ヴォリューム ヒア

Zhèlǐ tiáojié yīnliàng.
这里调节音量。
ヂョアリィ ティアオジエ インリアン

볼륨은 여기서 조절할 수 있습니다.
ポリュムン ヨギソ チョジョラルス イッスムニダ

⑦ このタッチパネルをお使いください
Please use this touch screen.
ブリー ユーズ ディッ タッチ スクリーン

Qǐng zài xiǎnshìpíng shang shūrù.
请在显示屏上输入。
チン ヅァイ シエンシーピンシャン シュウルゥ

이 터치 패널로 입력해 주십시오.
イ トチペノルロ イムニョケ ジュシァシオ

⑧ このタッチパネルは英語[中国語／韓国語]対応です
The text on the screen can be displayed in English.
ザ テクスト オン ザ スクリーン キャンビー ディスプレイッ イン イングリッシュ

Xiǎnshìpíng kěyǐ shǐyòng Zhōngwén.
显示屏可以使用中文。
シエンシーピン ケァイーシーヨン ヂョンウェン

이 터치 패널은 한국어도 됩니다.
イ トチペノルン ハングゴド テムニダ

🔊 62

⑨ 終了10分前です。延長なさいますか？
Hái yǒu shí fēnzhōng dàodiǎn, nín yáncháng ma?
还有十分钟到点，您延长吗？
ハイヨウ　シーフェンヂォン　ダオディエン　ニン　イエンチャンマ

You have 10 minutes left. Do you want to continue?
ユー　ハヴ　テン　ミニッツ　レフッ　ドゥ　ユー　ウォンッ　トゥ　コンティニュー

종료 10분 전입니다. 연장하시겠습니까？
チョンニョ　シップ　プン　ジョニムニダ　ヨンジャンハシゲッスムニッカ

⑩ 混雑していますので、延長はできません
Jīntiān kèrén duō, bù néng yáncháng.
今天客人多，不能延长。
ジンティエン　クァレン　ドゥオ　ブヌォン　イエンチャン

You can't continue, since other customers are waiting.
ユーキャーンッ　コンティニュー　スィンス　アザー　カスタマーズ　アー　ウェイティン

기다리는 손님이 많아서 연장은 안 됩니다.
キダリヌン　ソンニミ　マナソ　ヨンジャヌン　アンドェムニダ

ワードバンク　カラオケ

メニュー	menu メニュー	菜单 càidān ツァイダン	메뉴 メニュ
飲み放題	all-you-can-drink オーリューキャンドリンッ	无限量饮用 wúxiànliàng yǐnyòng ウゥシエンリアン　インヨン	음료수 무제한 리필 ウムニョス　ムジェハン　リピル
氷	ice アイス	冰 bīng ビン	얼음 オルム
アルコール	alcohol アルカホール	酒水 jiǔshuǐ ジウシュイ	술 スル
ソフトドリンク	soft drinks ソフッ　ドリンクス	清凉饮料 qīngliáng yǐnliào チンリアン　インリアオ	청량 음료 チョンニャン　ウムニョ
水	water ウォーター	水 shuǐ シュイ	물 ムル
おしぼり	wet hand towel ウェッ　ハンッ　タウアル	手巾 shǒujīn ショウジン	물수건 ムルスゴン
はし	chopsticks チャプスティクス	筷子 kuàizi クアイヅ	젓가락 チョッカラク
皿	plate プレイッ	碟子 diézi ディエヅ	접시 チョプシ
ふきん	dishcloth ディシュクロス	抹布 mābù マァブゥ	행주 ヘンジュ
空調	air conditioning エア　コンディショニンッ	空调 kōngtiáo コンティアオ	냉난방기 ネンナンバンギ
灰皿	ashtray アシュトレイ	烟灰缸 yānhuīgāng イエンホイガン	재떨이 チェットリ
禁煙	non smoking ノン　スモーキンッ	禁烟 jìnyān ジンイエン	금연 クミョン

神社・お寺
shrine, temple / シュライン テンポゥ
神社、寺庙 shénshè, sìmiào / シェンショア スーミアオ
신사, 절 / シンサ チョル

きほんの接客

① 拝観料は大人300円です
The admission fee is 300 yen for adults.
ジ アドミッション フィー イズ スリー ハンドレッ イエン フォー アダゥツ

Cānbàifèi dàrén sānbǎi rìyuán.
参拜费大人三百日元。
ツァンバイフェイ ダァレン サンバイリーユエン

관람료는 어른 300 엔입니다.
クァルラムニョヌン オルン サムベゲニムニダ

買い物

② これはお賽銭箱です
This is an offertory box.
ディス イズ アン オファトリー ボックス

Zhè shì xiāngqiánxiá.
这是香钱匣。
ヂョアシー シアンチエンシア

이건 보시함입니다.
イゴン ボシハムニダ

会計〈応用〉

③ ここで靴をお脱ぎください
Please take off your shoes here.
プリー ティッ オフ ユア シューズ ヒア

Qǐng zài zhèlǐ tuō xié.
请在这里脱鞋。
チン ヅァイヂョアリィ トゥオシエ

여기서 신발을 벗으십시오.
ヨギソ シンバルル ボスシプシオ

④ おみくじは1回100円です
Fortune-telling paper is 100 yen each.
フォーチュン テリンッ ペイパー イズ ア ハンドレッ イエン イーチ

Shénqiān chōu yí cì yìbǎi rìyuán.
神签抽一次一百日元。
シェンチエン チョウ イーツー イーバイリーユエン

운수보기는 한 번에 100 엔입니다.
ウンスボギヌン ハンボネ ベゲニムニダ

食事

⑤ 英語［中国語／韓国語］のおみくじもございます
We have fortune telling paper in English.
ウィ ハヴ フォーチュン テリンッ ペイパー イン イングリシュ

Hái yǒu yòng Zhōngwén xiě de shénqiān.
还有用中文写的神签。
ハイヨウ ヨン ヂォンウェン シエダ シェンチエン

한국어로 된 운수도 있습니다.
ハングゴロ ドェン ウンスド イッスムニダ

遊び・レジャー

⑥ 大吉［中吉／小吉／吉］です
It says "excellent" [great / very good / good].
イッ セッズ エクセレンッ [グレイッ/ヴェリーグッ/グッ]

Zhè shì dàjí [zhōngjí / xiǎojí / jílì].
这是大吉［中吉／小吉／吉利］。
ヂョアシー ダァジィ [ヂォンジィ/シァオジィ/ジィリィ]

대길 [중길/소길/길]입니다.
テギ [チュンギ/ソギ/キ] リムニダ

案内・交通・お金

⑦ 家内安全のお守りです
This charm is for the safety of your family.
ディス チャーム イズ フォー ザ セイフティ オブ ユア ファミリー

Zhè shì qídǎo quánjiā píng'ān de hùshēnfú.
这是祈祷全家平安的护身符。
ヂョアシー チィダオ チュエンジア ピンアンダ フゥシェンフゥ

가내안전 부적입니다.
カネアンジョン プジョギムニダ

電話・トラブル

⑧ 絵馬に願い事を書いてつり下げます
You write your wish on a votive tablet and hang it.
ユーライッ ユアウィシュ オン ア ヴォゥティヴ タブレッ アン ハングイッ

Zài mùbǎn shang xiěshàng xīnyuàn hòu guàqǐlai.
在木板上写上心愿后挂起来。
ヅァイ ムゥバンシャン シエシャン シンユエンホウ グワチィライ

말 그림의 부적에 소원을 써서 나무에 매답니다.
マルグリメ プジョゲ ソウォヌル ソソ ナムエ メダムニダ

🔊 63

⑨ これが徳川家康のお墓です	This is the tomb of Ieyasu Tokugawa.
	ディス イズ ザ トゥーム オヴ イエヤス トクガワ
Zhè shì Déchuān Jiākāng de língmù. 这是德川家康的陵墓。 チョアシー ドァチュアン ジエンカンダ リンムゥ	이게 도쿠가와 이에야스의 묘입니다. イゲ トクガワ イエヤスエ ミョイムニダ

⑩ 座禅体験をご希望ですか？	Would you like to join a Zen meditation?
	ウデュー ライッ トゥ ジョイン ア ゼン メディテイション
Nín xiǎng tǐyàn yíxià zuòchán ma? 您想体验一下座禅吗？ ニン シアン ティーイエン イーシァ ツオチャンマ	좌선 체험을 해 보시겠습니까? チァソン チェホムル ヘ ボシゲッスムニッカ

⑪ 今日はお祭り[お茶席]が開催されます	A festival [tea ceremony] is being held today.
	ア フェスティバゥ[ティー セレモニー] イズ ビーインッ ヘゥド トゥデイ
Jīntiān yǒu miàohuì [cháhuì]. 今天有庙会[茶会]。 ジンティエン ヨウ ミァオホイ[チァァホイ]	오늘은 축제[다회]가 있습니다. オヌルン チュクチェ[タフェ]ガ イッスムニダ

ワードバンク　神社・お寺

厄除け	against evils アゲンスッィーヴァゥズ	消灾 xiāozāi シアオツァイ	액막이 エンマギ
縁起物	good luck charm グッラッチャーム	吉祥物 jíxiángwù ジィシアンウゥ	행운의 마스코트 ヘンウネ マスコトゥ
商売繁盛	successful business サクセスフゥ ビジネス	买卖兴隆 mǎimài xīnglóng マイマイ シンロン	상업 번창 サンオプ ボンチャン
安産	safe birth セイフ バース	平安分娩 píng'ān fēnmiǎn ピンアン フェンミエン	안산 アンサン
縁結び	good marriage グッ マリッヂ	结缘 jiéyuán ジエユエン	부부의 인연을 맺음 ブブエ イニョヌル メジュム
交通安全	traffic safety トラフィック セイフティ	交通安全 jiāotōng ānquán ジァオトン アンチュエン	교통 안전 キョトン アンジョン
無病息災	good health グッ ヘゥス	无病消灾 wúbìng xiāozāi ウゥビン シアオツァイ	무병 식재 ムビョん シクチェ
学業成就	academic achievements アカデミック アチーヴメンッ	成就学业 chéngjiù xuéyè チョンジウ シュエイエ	학업 성취 ハゴプ ソンチゥイ
長寿	long life ロンッ ライフ	长寿 chángshòu チャンショウ	장수 チャンス
鳥居	shrine gate シュライン ゲイッ	牌楼 páilóu パイロウ	신사 입구의 문 シンサ イプクエ ムン
手水舎	purification basin ピューラフィケイション ベイスン	净手池 jìngshǒuchí ジンショウチー	손 씻는 곳 ソン シンヌン ゴッ
本堂	main hall メイン ホーゥ	正殿 zhèngdiàn ヂョンディエン	본당 ポンダン
仏像	Buddhist statue ブディスッ スタチュー	佛像 fóxiàng フォーシアン	불상 ブルサン
末吉	uncertain luck アンサートゥンラック	小吉 xiǎojí シアオジィ	말길 マルギル
凶	bad luck バッラック	凶 xiōng シォン	흉 ヒュん
精進料理	Buddhist vegetable dish ブディスッ ヴェジタブゥ ディシュ	斋饭 zhāifàn ヂャイファン	채소 요리 チェソ ヨリ
法話	sermon サーマン	说法 shuōfǎ シュオファー	법화 ボプァ

遊び・レジャー　神社・お寺

道案内

telling directions テリンッ ダレクシャンズ
指路 zhǐlù ヂールゥ
길 안내 キル アンネ

---

① 地図でいうと現在地はここです

Xiànzài de wèizhi zài zhèli.
现在的位置在这里。
シエンヅァイダ ウェイヂー ヅァイ ヂョアリ

We are here on the map.
ウィ アー ヒア オン ザ マッ

지도 상으로는 현재 위치는 여깁니다.
チド サンウロヌン ヒョンジェ ウィチヌン ヨギムニダ

---

② どちらへ行かれるのですか？

Nín xiǎng qù nǎr?
您想去哪儿？
ニン シアンチュィ ナァル

Where would you like to go?
ウエア ウデュー ライッ トゥ ゴウ

어디로 가실 겁니까？
オディロ カシル コムニッカ

---

③ 地図はお持ちですか？

Nín yǒu dìtú ma?
您有地图吗？
ニン ヨウ ディートゥーマ

Do you have a map?
ドゥユー ハヴ ア マッ

지도는 갖고 계세요？
チドヌン カッコ ゲセヨ

---

④ 住所はご存知ですか？

Nín yǒu dìzhǐ ma?
您有地址吗？
ニン ヨウ ディーヂーマ

Do you know the address?
ドゥユー ノウ ジ アドレッ

주소는 아세요？
チュソヌン アセヨ

---

⑤ 最寄駅は梅田です

Zuìjìn de chēzhàn shì Méitián zhàn.
最近的车站是梅田站。
ヅイジンダ チョアヂャン シー メイティエンヂャン

The nearest station is Umeda.
ザ ニアレスッ ステイション イズ ウメダ

제일 가까운 역은 우메다예요.
チェイル カッカウン ヨグン ウメダエヨ

---

⑥ 駅前からの直行バスが便利です

Chēzhàn kǒu yǒu zhídá gōngjiāochē.
车站口有直达公交车。
チョアヂャンコウ ヨウ ヂーダァー ゴンジアオチョア

The best way is to take a direct bus from the station.
ザ ベスッウェイ イズ トゥ テイクァ ダレクトゥバス フロム ザ ステイション

역 앞에서 직행 버스를 타시면 편리합니다.
ヨガペソ チッケンボスルル タシミョン ピョルリハムニダ

---

⑦ 徒歩で約20分かかります

Bùxíng yào èrshí fēnzhōng.
步行要二十分钟。
ブゥシン ヤオ アルシーフェンヂォン

It will take about 20 minutes on foot.
イッ ウィゥ テイク アバウッ トゥエンティ ミニッツ オン フッ

걸어서 약 20 분 정도 걸립니다.
コロソ ヤク イーシップン ジョンド コルリムニダ

---

⑧ ここから10kmほど離れています

Lí zhèli yǒu shí gōnglǐ.
离这里有十公里。
リィ ヂョアリ ヨウ シーゴンリィ

It's 10 km away from here.
イッツ テン キロミターズ アウェイ フロム ヒア

여기서 10 킬로 정도 떨어져 있습니다.
ヨギソ シプキルロ ジョンド トロジョ イッスムニダ

🔊 64

⑨ 近くですので、ご案内いたします	It's near here. Let me take you there. イッツ ニア ヒア レッ ミー テイク ユー ゼア
Hěn jìn, wǒ dài nín qù. 很近，我带您去。 ヘンジン ウォ ダイニン チュイ	가까우니까, 모셔다 드리겠습니다. カッカウニッカ モショダ ドゥリゲッスムニダ

⑩ 地図をお描きします	I'll draw a map for you. アイゥ ドロゥ ア マップ フォー ユー
Gěi nín huà zhāng dìtú. 给您画张地图。 ゲイニン ホアヂャン ディートゥー	약도를 그려 드리겠습니다. ヤクトルル クリョ ドゥリゲッスムニダ

⑪ 案内標識にしたがってください	You can follow the signs. ユーキャン フォロウ ザ サインズ
Qǐng àn lùbiāo zǒu. 请按路标走。 チン アン ルゥビアオ ヅォウ	안내표지판을 따라 가세요. アンネピョジパヌル タラ ガセヨ

⑫ まず南口を出て、まっすぐ進んでください	First, take the south exit and go straight. ファースッ テイク ザ サウス エグズィット アンツ ゴゥ ストレイッ
Xiān chū nánkǒu, yīzhí zǒu. 先出南口，一直走。 シエンチュゥ ナンコウ イーヂー ヅォウ	우선, 남쪽출구로 나가서 앞으로 곧장 가세요. ウソン ナムチョクチュルグロ ナガソ アプロ コッチャン カセヨ

ワードバンク　道案内（1）

~の前	in front of ~ イン フロンツ オヴ	~的前边 de qiánbiān ダ チエンビエン	~ 앞 アプ
~の後ろ	behind ~ ビハインツ	~的后边 de hòubiān ダ ホウビエン	~ 뒤 トゥイ
~の向かい	across from ~ アクロス フロム	~的对面 de duìmiàn ダ ドゥイミエン	~ 반대편 パンデピョン
~のはす向かい	diagonally opposite ~ ダイアガナァリィ オパジッ	~的斜对面 de xiéduìmiàn ダ シエドゥイミエン	비스듬히 정면 ピスドゥミ チョムミョン
~の近く	near ~ ニア	~的旁边 de pángbiān ダ パンビエン	~ 근처 クンチョ
右[左]へ行く	go to the right [left] ゴゥ トゥ ザ ライッ [レフッ]	向右[左]走 xiàng yòu [zuǒ] zǒu シアンヨウ [ヅォ] ヅォウ	오른[왼]쪽으로 걷다 オルン[ウェン]チョグロ コッタ
交差点	intersection インターセクション	路口 lùkǒu ルゥコウ	네거리 ネゴリ
信号	traffic light トラフィッ ライッ	红绿灯 hónglǜdēng ホンリュイドゥン	신호등 シノドゥン
通行止め	road closed ロゥドゥ クロウズドゥ	禁止通行 jìnzhǐ tōngxíng ジンヂー トンシン	통행 금지 トンヘングムジ
バス	bus バス	公交车 gōngjiāochē ゴンジアオチョア	버스 ポス
電車	train トレイン	电车 diànchē ディエンチョア	전차 チョンチャ
地下鉄	subway サブウェイ	地铁 dìtiě ディーティエ	지하철 チハチョル
モノレール	monorail モノレイゥ	单轨电车 dānguǐ diànchē ダングイ ディエンチョア	모노레일 モノレイル
路面電車	streetcar ストリーッカー	有轨电车 yǒuguǐ diànchē ヨウグイ ディエンチョア	노면전차 ノミョンジョンチャ

案内・交通・お金

道案内

145

道案内

① 2番目の角で右に曲がってください
Zài dì èr ge lùkǒu xiàng yòu guǎi.
在第二个路口向右拐。
ツァイ ディーアルガ ルゥコウ シアン ヨウグワイ

Turn right at the 2nd corner.
ターン ライッ アッ ザ セカンッ コーナー

두 번째 모퉁이에서 오른쪽으로 가세요.
トゥ ボンチェ モットゥンイエソ オルンチョグロ カセヨ

② 横断歩道を渡ってください
Qǐng guò rénxíng héngdào.
请过人行横道。
チン グオ レンシンヘゥンダオ

Cross the pedestrian crossing.
クロス ザ ペデストリアン クロッスィンッ

횡단보도를 건너세요.
フェンダンボドルル コンノセヨ

③ 大通り沿いにお進みください
Qǐng yán zhe dàjiē yìzhí zǒu.
请沿着大街一直走。
チン イエンヂャ ダァジエ イーヂーヅォウ

Go along the main street.
ゴゥ アロンッ ザ メイン ストリーッ

큰길을 따라서 쭉 가세요.
クンギルル タラソ チュク カセヨ

④ 歩道橋を渡って目の前です
Guò le tiānqiáo jiù shì.
过了天桥就是。
グオラ ティエンチアオ ジウシー

It's just across the footbridge.
イッツ ジャスッ アクロス ザ フッブリッジ

육교를 건너면 바로 눈 앞에 보여요.
ユクキョルル コンノミョン パロ ヌナッペ ボヨヨ

⑤ 銀行の隣です
Zài yínháng pángbiān.
在银行旁边。
ツァイ インハン パンビエン

It's next to the bank.
イッツ ネクスッ トゥ ザ バンク

은행 옆이에요.
ウネン ヨピエヨ

⑥ 交番を過ぎたところにあります
Guò le jǐngwùzhàn jiù shì.
过了警务站就是。
グオラ ジンウゥチャン ジウシー

It's just past the police box.
イッツ ジャスッ パーストゥ ザ ポリース ボックス

파출소를 지나서 바로예요.
パチュルソルル チナソ パロエヨ

⑦ この通りの左側にあります
Zài zhèi tiáo jiē de zuǒcè.
在这条街的左侧。
ツァイ ヂェイティアオ ジエダ ヅオツァー

It's on the left side of this street.
イッツ オン ザ レフッ サイド オヴ ディッ ストリーッ

이 길 왼편에 있어요.
イ キル ウェンピョネ イッソヨ

⑧ あの公園の中にあります
Zài nèi ge gōngyuán de lǐbiān.
在那个公园里边。
ツァイ ネイガ ゴンユエンダ リィビエン

It's in that park.
イッツ イン ザッ パーク

저 공원 안에 있어요.
チョ コンウォナネ イッソヨ

🔊 65

⑨ 青い看板が目印です Lánsè de zhāopái shì biāozhì. 蓝色的招牌是标志。 ランスァーダ チャオパイ シー ビアオヂー	You will find a blue signboard. ユー ウィゥ ファインッ ア ブルー サインボードゥ 파란색 간판을 찾으시면 돼요. パランセク カンパヌル チャジュシミョン ドェヨ
⑩ この地下道は駅に続いています Zhèi ge dìxià tōngdào zhídá chēzhàn. 这个地下通道直达车站。 ヂェイガ ディーシア トンダオ ヂーダァ チョアチャン	This underground passage leads to the station. ディス アンダーグラウンド パッスィッジ リーズ トゥ ザ ステイション 이 지하도는 역으로 통해요. イ チハドヌン ヨグロ トンヘヨ
⑪ 駅まで行って、もう一度お聞きください Dào le chēzhàn hòu nín zài dǎtìng yíxià. 到了车站后您再打听一下。 ダオラ チョアチャンホウ ニン ヅァイ ダァティン イーシア	Please ask someone when you get to the station. プリー アスッ サムワン ウエン ユー ゲッ トゥ ザ ステイション 역까지 가서 다시 한 번 물어 보세요. ヨクカジ ガソ タシハンボン ムロボセヨ
⑫ 申し訳ありませんが、わかりません Bàoqiàn, wǒ yě bù qīngchu. 抱歉，我也不清楚。 バオチエン ウォ イエ ブゥチンチュ	I'm sorry, I don't know. アイム ソゥリー アイ ドンッ ノゥ 죄송하지만, 잘 모르겠습니다. チェソンハジマン チャル モルゲッスムニダ

🖉 ワードバンク　道案内（2）

タクシー乗り場	taxi stand タクシー スタンゥ	出租车站 chūzūchēzhàn チューヅーチョアチャン	택시 승차장 テクシ スンチャジャン
バス乗り場	bus stop バス ストッ	公交车站 gōngjiāochēzhàn ゴンジアオチョアチャン	버스 승차장 ボス スンチャジャン
東	east イースッ	东 dōng ドン	동쪽 トンチョク
西	west ウェスッ	西 xī シィ	서쪽 ソッチョク
南	south サウス	南 nán ナン	남쪽 ナムチョク
北	north ノース	北 běi ベイ	북쪽 プクチョク
新〜口	new 〜 exit ニュー エグジッ	新〜口 xīn...kǒu シン コウ	신 〜출구 シン チュルグ
中央口	central exit セントラゥ エグジッ	中心口 zhōngxīnkǒu ヂョンシンコウ	중앙 출구 チュンアン チュルグ
公衆電話	public phone パブリッ フォゥン	公用电话 gōngyòng diànhuà ゴンヨン ディエンホワ	공중전화 コンジュンジョヌァ
連絡通路	passage パッスィッジ	通道 tōngdào トンダオ	연결 통로 ヨンギョル トンロ
本館	main building メイン ビゥディンッ	主楼 zhǔlóu ヂューロウ	본관 ボングァン
別館	annex アネックス	配楼 pèilóu ペイロウ	별관 ビョルグァン

案内・交通・お金　道案内

147

観光案内所 tourist information 旅游问讯处 lǚyóu wènxùnchù
トゥーリスト インフォメーション　リューヨウ　ウェンシュンチュウ

---

① 地図やパンフレットは無料です
Dìtú hé lǚyóu shǒucè shì miǎnfèi de.
地图和旅游手册是免费的。
ディートゥー　ホァ　リューヨウショウツァー　シー　ミエンフェイダ

Maps and brochures are free of charge.
マップス　アンヅ　ブロウシュァズ　アー　フリー　オヴ　チャージ

지도하고 팜플릿은 무료입니다.
チドハゴ　パムプルリスン　ムリョイムニダ

---

② どれくらい滞在する予定ですか？
Nín dòuliú duōcháng shíjiān?
您逗留多长时间？
ニン　ドウリウ　ドゥオチャン　シージエン

How long are you going to stay?
ハウ　ロンヅ　アーユー　ゴウインッ　トゥ　ステイ

얼마나 체재할 예정입니까？
オルマナ　チェジェハル　イェジョんイムニッカ

---

③ 宿[チケット]の手配も承ります
Kěyǐ bāng nín yùdìng lǚguǎn [chēpiào].
可以帮您预订旅馆[车票]。
クァイー　バンニン　ユィディン　リュィグワン[チョアピアオ]

We can arrange accommodation [tickets] for you.
ウィ　キャン　アレインヅ　アコモデイション [ティケッツ] フォー　ユー

숙소도 [티켓도] 대신 예약해 드립니다.
スクソド [ティケッ] テシン　イェーヤッケ　ドゥリムニダ

---

④ 日本は初めてでいらっしゃいますか？
Nín shi diyī cì lái Rìběn ma?
您是第一次来日本吗？
ニン　シー　ディーイーツー　ライ　リーベンマ

Is this your first time to Japan?
イズ　ディッ　ユア　ファースッ　タイム　トゥ　ジャパン

일본은 처음이십니까？
イルボヌン　チョウミシムニッカ

---

⑤ どんな宿がよろしいですか？
Nín yào shénmeyàng de lǚdiàn?
您要什么样的旅店？
ニン　ヤオ　シェンマヤンダ　リューディエン

What type of accommodation would you like?
ワッ　タイプ　オヴ　アコモデイション　ウデュー　ライッ

어떤 숙소를 원하십니까？
オットン　スクソルル　ウォナシムニッカ

---

⑥ 料金は朝食と夕食込みでございます
Fèiyòng li bāohán zǎocān hé wǎncān.
费用里包含早餐和晚餐。
フェイヨンリ　バオハン　ヅァオツァン　ホァ　ワンツァン

This rate covers breakfast and dinner.
ディス　レイツ　カヴァーズ　ブレックファスト　アンヅ　ディナー

요금에는 저녁식사와 아침식사가 들어 있습니다.
ヨグメヌン　チョニョクシクサワ　アチムシクサガ　トゥロ　イッスムニダ

---

⑦ こちらに注意事項が書かれています
Zhèli xiě zhe zhùyì shìxiàng.
这里写着注意事项。
ヂョアリ　シエヂャ　ヂュウイー　シーシアン

Please read the notes.
プリー　リードゥ　ザ　ノウツ

여기에 주의 사항이 쓰여 있습니다.
ヨギエ　チュイ　サハンイ　スヨ　イッスムニダ

---

⑧ この旅館は門限が10時です
Zhèi ge lǚdiàn shí diǎn guānmén.
这个旅店十点关门。
ヂェイガ　リューディエン　シーディエン　グワンメン

Curfew is 10 p.m.
カーフュー　イズ　テン　ピーエム

이 여관은 10 시에는 문을 잠급니다.
イ　ヨグァヌン　ヨルシエヌン　ムヌル　チャムグムニダ

관광안내소
クァングァンアンネソ

⑨ こちらは1人あたりの料金です

Zhè shì yí ge rén de fèiyòng.
这是一个人的费用。
ヂョアシー　イーガレンダ　フェイヨン

This rate is for 1 person.
ディス　レイツ　イズ　フォー　ワン　パーソン

이건 1 인당 요금입니다.
イゴン　イリンダン　ヨグミムニダ

⑩ これらは1泊8000円以下の宿です

Zhèixiē shì yī xiǔ bāqiān riyuán yǐnèi de lǚdiàn.
这些是一宿八千日元以内的旅店。
ヂェイシエシー　イーシウバァチエンリーユエンイーネイダ　リューディエン

These inns charge 8,000 yen or less per night.
ジーズ　インズ　チャージ　エイッサウザンイエン　オアレス　パーナイツ

이건 전부 1 박에 8000 엔 이하짜리 숙소입니다.
イゴン　チョンブ　イルバゲ　パルチョネン　イハチャリ　スクソイムニダ

ワードバンク ─ 観光案内

ホテル	hotel ホウテゥ	饭店 fàndiàn ファンディエン	호텔 ホテル
民宿	B & B ビーアンッビー	家庭旅店 jiātíng lǚdiàn ジアティン リューディエン	민박 ミンパク
大浴場	large bath ラージ バス	大浴池 dà yùchí ダァユィチー	대욕장 テヨクチャン
貸切可	reservable リザーヴァボゥ	可以包租 kěyǐ bāozū クァイー パオヅゥ	대여 가능 テヨ カヌン
銭湯	public bath パブリック バス	澡堂 zǎotáng ザオタン	대중 목욕탕 テジュン モギョクタン
ファミリーレストラン	family restaurant ファミリー レスタランツ	快餐店 kuàicāndiàn クワイツァンディエン	패밀리 레스토랑 ペミルリ レストらン
ベジタリアン向き	for vegetarians フォー ヴェジタリアンズ	素食专用 sùshí zhuānyòng スゥシー ヂュワンヨン	채식주의자용 チェシクチュイジャヨン
料亭	1st-class Japanese restaurant ファースックラス ジャパニーズレスタランツ	日式酒家 rìshì jiǔjiā リーシー ジウジア	요정 ヨジょン
懐石料理	tea-ceremony dishes ティーセラモニー ディシュイズ	怀石料理 huáishí liàolǐ ホワイシー リアオリィ	일식 고급 코스요리 イルシク コグァ コスヨリ
公園	park パーク	公园 gōngyuán ゴンユエン	공원 コゥウォン
日本庭園	Japanese garden ジャパニーズ ガーデン	日式庭园 rìshì tíngyuán リーシー ティンユエン	일본정원 イルボンジョンウォン
世界遺産	world heritage ワールッヘリティッジ	世界遗产 shìjiè yíchǎn シージェ イーチャン	세계유산 セゲユサン
動物園	zoo ズー	动物园 dòngwùyuán ドンウゥユエン	동물원 トムムルォン
水族館	aquarium アクウェリゥム	海洋馆 hǎiyángguǎn ハイヤングワン	수족관 スジョクァン
映画館	movie theater ムーヴィ シアター	电影院 diànyǐngyuàn ディエンインユエン	영화관 ヨんファグァン
伝統的	traditional トラディショナゥ	传统 chuántǒng de チュワントンダ	전통적 チョントんジョク
現代的	modern モダーン	现代 xiàndài de シエンダイダ	현대적 ヒョンデジョク
絵画	picture ピクチャー	绘画 huìhuà ホイホワ	그림 クリム
城	castle キャッスゥ	城堡 chéngbǎo チョンパオ	성 ソん
桜	cherry blossoms チェリー ブロッサムズ	樱花 yīnghuā インホワ	벚꽃 ポッコッ
デパート	department store ディパートメンツ ストーァ	百货商店 bǎihuò shāngdiàn バイフォ シャンディエン	백화점 ペックァジョム

観光案内所

① 露天風呂つきのこちらはいかがですか？
ハウ アバウッ ディッ ワン ウィズ アン アウッドア バス
How about this one with an outdoor bath?

Dài lùtiān yùchí de lǚdiàn zěnmeyàng?
带露天浴池的旅店怎么样？
ダイ ルウティエン ユィチーダ リューディエン ゼンマヤン

노천온천이 있는 여기는 어떠십니까？
ノチョンオンチョニ インヌン ヨギヌン オットシムニッカ

② 温泉への日帰り旅行がおすすめです
アイ リコメンッ ア デイ トリッ トゥ ア ハッスプリング
I recommend a day trip to a hot spring.

Tuījiàn nín qù wēnquán yīrìyóu.
推荐您去温泉一日游。
トゥイジエン ニン チュイ ウェンチュエン イーリーヨウ

온천 당일 여행을 권해 드립니다.
オンチョン タンイル ヨヘンウル クォネ ドゥリムニダ

③ 今は紅葉が見頃です
ディス イズ ザ ベスッ タイム トゥ エンジョイ オータム リーヴス
This is the best time to enjoy autumn leaves.

Xiànzài shì guānshǎng hóngyè de jìjié.
现在是观赏红叶的季节。
シエンツァイ シー グワンシャン ホンイエダ ジィジエ

요즘은 단풍이 한창입니다.
ヨジュムン タンプンイ ハンチャンイムニダ

④ 日本文化に興味はありますか？
アー ユー インタレスティッド イン ジャパニーズ カウチャー
Are you interested in Japanese culture?

Nín duì Rìběn wénhuà yǒu xìngqù ma?
您对日本文化有兴趣吗？
ニン ドゥイ リーベン ウェンホワ ヨウ シンチュィマ

일본 문화에 관심이 있습니까？
イルボン ムヌァエ クァンシミ イッスムニッカ

⑤ 歌舞伎の一幕見に行くのはいかがですか？
ハウ アバウッ ウォッチンッ ワン アクッ オヴ カブキ
How about watching one act of Kabuki?

Kàn yí duàn Gēwǔjì zěnmeyàng?
看一段歌舞伎怎么样？
カン イードワン グァウゥジィ ゼンマヤン

가부키를 한 막만 보러 가시는 건 어떻습니까？
カブキルル ハンマンマン ボロ ガシヌン ゴン オットッスムニッカ

⑥ 電気製品の購入なら秋葉原がいいですよ
アキハバラ イズ ァ グッ プレイス トゥ バイ ホウム アプライアンスィズ
Akihabara is a good place to buy home appliances.

Mǎi diànqì zuìhǎo qù Qiūyèyuán.
买电器最好去秋叶原。
マイ ディエンチィ ツイハオ チュイ チウイエユェン

전기제품이라면 아키하바라에서 구입하십시오.
チョンギチェプミラミョン アキハバラエソ クイパシプシオ

⑦ 相撲の興行は今の時期は開催していません
スモウ レスリンッ イズ カレントリー ノッ オン
Sumo wrestling is currently not on.

Zhèi ge jìjié méiyou xiàngpū gōngyǎn.
这个季节没有相扑公演。
チェイガ ジィジエ メイヨウ シアンプゥ ゴンイエン

스모 대회는 이 시기에는 개최하지 않습니다.
スモデフェヌン イ シギエヌン ケチェハジ アンスムニダ

⑧ 英語[中国語／韓国語]ガイド付きツアーのお申込みですか？
ウデュー ライッ トゥ テイク ア ガイディッ トゥアー イン イングリシュ
Would you like to take a guided tour in English?

Cānjiā yǒu Zhōngwén dǎoyóu de lǚyóutuán ma?
参加有中文导游的旅游团吗？
ツァンジア ヨウ チョンウェン ダオヨウダ リューヨウトゥワンマ

한국어 안내 투어를 신청하시겠습니까？
ハングゴ アンネ トゥオルル シンチョンハシゲッスムニッカ

🔊 67

⑨ ボランティアガイドツアーの一覧です	The guides on these tours are volunteers. ザ ガイズ オン ジーズ トゥアーズ アー ヴォランティアーズ
Zhèixiē shì dài yìwù dǎoyóu de lǚyóu xiàngmù. 这些是带义务导游的旅游项目。 チェイシエシー ダイ イーウー ダオヨウダ リューヨウシアンムゥ	자원봉사자들이 안내하는 투어의 일람표입니다. チャウォンボンサジャドゥリ アンネハヌン トゥオエ イルラムピョイムニダ

⑩ このツアーは相撲の稽古見学に行きます	This tour goes to the wrestlers' training room. ディス トゥアー ゴーズ トゥ ザ レスラーズ トレイニンッ ルーム
Zhèi xiàng lǚyóu shì guānkàn xiāngpū xùnliàn. 这项旅游是观看相扑训练。 チェイシアン リューヨウ シー グワンカン シアンプゥ シュンリエン	이 투어는 스모 연습장을 견학하러 갑니다. イ トゥオエヌン スモ ヨンスプチャンウル キョナカロ カムニダ

⑪ このツアーは毎週日曜日に実施しています	This tour is available every Sunday. ディス トゥアー イズ アヴェイラブゥ エヴリ サンデイ
Zhèi xiàng lǚyóu měi xīngqītiān jìnxíng. 这项旅游每星期天进行。 チェイシアン リューヨウ メイ シンチィティエン ジンシン	이 투어는 매주 일요일마다 있습니다. イ トゥオヌン メジュ イリョイルマダ イッスムニダ

⑫ 皇居散策ツアーは締め切りました	The Imperial Palace walking tour is full. ジ インペリアゥ パレス ウォーキンッ トゥアー イズ フゥ
Cānguān Huángjū de lǚyóu yǐjīng jiézhǐ le. 参观皇居的旅游已经截止了。 ツァングワン ホアンジュイダ リューヨウ イージン ジエヂーラ	황궁산책투어는 마감했습니다. ファングンサンチェクトゥオヌン マガムヘッスムニダ

⑬ 10時に新宿駅に集合してください	Please be at Shinjuku Station at 10. プリー ビー アッ シンジュク ステイション アッ テン
Qǐng shí diǎn zài Xīnsù zhàn jíhé. 请十点在新宿站集合。 チン シーディエン ヅァイ シンスゥヂャン ジィホァ	10시에 신주쿠역에 집합해 주십시오. ヨルシエ シンジュクヨグ チパベ ジュシァシオ

⑭ アレルギーの食べ物を（日本語で）メモしました	I wrote down the foods you are allergic to. アイ ロウッ ダウン ザ フーズ ユーアー アラージッッ トゥ
Yǐnfā guòmǐn de shíwù dōu xiězài zhèlǐ le. 引发过敏的食物都写在这里了。 インファア グオミン シーウゥ ドゥ シエヅァイ チョアリィラ	알레르기 식품은（일본어로）메모되어 있습니다. アルレルギ シクプムン （イルボノロ） メモドェオ イッスムニダ

⑮ これをレストランの人に見せてください	Please show this to the staff at restaurants. プリー ショウ ディッ トゥ ザ スタッフ アッ レスタランツ
Qǐng bǎ zhèi ge chūshìgěi cāntīng de rén. 请把这个出示给餐厅的人。 チン パァヂェイガ チュウシー ゲイ ツァンティンダレン	이걸 레스토랑 점원에게 보여 주십시오. イゴル レストラン チョムォネゲ ポヨ ジュシァシオ

案内・交通・お金

観光案内所

151

駅・バス乗り場

train station, bus station
トレイン ステイション バス ステイション

---

① 行き先はどちらですか？
What's your destination?
ワッツ ユア デスティネイション

Nín qù nǎr?
您去哪儿？
ニン チュィ ナァル

행선지가 어디십니까？
へンソンジガ オディシムニッカ

---

② 片道ですか、往復ですか？
Would you like a one-way or round-trip ticket?
ウデュー ライッ ア ワンウェイ オア ラウンドゥリップ ティケッ

Dānchéngpiào háishi wǎngfǎnpiào?
单程票还是往返票？
ダンチョンピアオ ハイシー ワンファンピアオ

편도입니까？왕복입니까？
ピョンドイムニッカ ワンボギムニッカ

---

③ 浅草までの切符は170円です
The ticket to Asakusa is 170 yen.
ザ ティケッ トゥ アサクサ イズ ワンハンドレッ アンツ セヴンティ イエン

Qù Qiǎncǎo de piào yībǎi qīshí rìyuán.
去浅草的票一百七十日元。
チュィ チエンツァオダ ピアオ イーバイチーシーリーユエン

아사쿠사까지는 170 엔입니다.
アサクサカジヌン ペクチルシペニムニダ

---

④ 片道で大人1人3000円です
A one-way ticket for an adult is 3,000 yen.
ア ワンウェイ ティケッ フォー アン アダルッ イズ スリー サウザンッ イエン

Dānchéngpiào dàrén sānqiān rìyuán.
单程票大人三千日元。
ダンチョンピアオ ダァレン サンチエンリーユエン

어른은 편도 3000 엔입니다.
オルヌン ピョンド サムチョネニムニダ

---

⑤ 出発[帰り]の日はいつですか？
What is the date of departure [returning]?
ワッ イズ ザ デイッ オヴ ディパーチュア [リターニンッ]

Chūfā [Huíchéng] rìqī shì něi tiān?
出发[回程]日期是哪天？
チュウファー [ホイチョン] リーチィ シー ネイティエン

언제 출발하십니까？[돌아오십니까]？
オンジェ チュルバラシムニッカ [トラオシムニッカ]

---

⑥ 午前8時発の博多行きは満席です
All the tickets to Hakata at 8 a.m. are sold out.
オーゥ ザ ティケッツ トゥ ハカタ アッ エイッ エイエム アー ソゥルッ アウッ

Zǎoshang bā diǎn kāiwǎng Bóduō de piào méiyou le.
早上八点开往博多的票没有了。
ザオシャン バァディエン カイワンボォドゥオダ ピアオ メイヨウラ

오전 8 시발 하카타행은 만석입니다.
オージョン ヨドルシバル ハカタヘンウン マンソギムニダ

---

⑦ あちらの券売機をご利用ください
Please use the ticket machine over there.
プリー ユーズ ザ ティケッ マシーン オゥヴァー ゼア

Qǐng zài nèibian de shòupiàojī gòupiào.
请在那边的售票机购票。
チン ツァイ ネイビエンダ ショウピアオジィ ゴウピアオ

저쪽에 있는 발매기를 이용해 주십시오.
チョチョゲ インヌン パルメギルル イヨンヘ ジュシプシオ

---

⑧ 指定席はあちらの窓口でご予約ください
Please reserve a seat at the counter.
プリー リザーヴ ア スィーッ アッ ザ カウンター

Duìhàopiào qǐng zài nèi ge chuāngkǒu yùdìng.
对号票请在那个窗口预订。
ドゥイハオピアオ チン ツァイ ネイガ チュワンコウ ユィディン

지정석은 저쪽 창구에서 예약해 주십시오.
チジョンソグン チョチョク チャングエソ イェヤケ ジュシプシオ

车站、公交车站 chēzhàn, gōngjiāochēzhàn　역, 버스 타는 곳
チョアヂャン　ゴンジアオチョアヂャン　　　ヨク　ポス　タヌンゴッ

🔊 68

⑨ 特急券も必要です

| You need a limited express ticket, too. |
| ディス ティケッ イズ ヴァリッド フォー トゥ デイズ |

Hái xūyào jiākuàipiào.
还需要加快票。
ハイ　シューヤオ　ジアクワイピアオ

특급권도 필요합니다.
トゥックァクァンド　ピリョハムニダ

⑩ この乗車券は2日間有効です

This ticket is valid for 2 days.
ディス ティケッ イズ ヴァリッド フォー トゥ デイズ

Zhèi zhāng piào yǒuxiàoqī shì liǎng tiān.
这张票有效期是两天。
ジェイヂャンピアオ　ヨウシアオチィ　シー　リアンティエン

이 승차권은 이틀 동안 유효합니다.
イ スンチャクォヌン イトゥル トンアン ユヒョハムニダ

⑪ 途中下車ができます

This ticket allows a stopover.
ディス ティケッ アラウズ ア ストップオウヴァー

Kěyǐ zhōngtú xià chē.
可以中途下车。
クァイー　ヂョントゥ　シアチョア

도중하차를 할 수 있습니다.
トジュンハチャルル　ハルス　イッスムニダ

⑫ 大阪市内の地下鉄にご利用いただけます

This ticket is good for subways in Osaka city.
ディス ティケッ イズ グッ フォー サブウェイズ イン オーサカ シティ

Kěyǐ chéngzuò Dàbǎn shì nèi de dìtiě.
可以乘坐大阪市内的地铁。
クァイー　チョンヅオ　ダアバンシーネイダ　ディーティエ

오사카시내의 지하철을 이용하실 수 있습니다.
オーサカシネエ チハチョルル イヨンハシルス イッスムニダ

⑬ 動物園の入場券がセットです

An admission ticket to a zoo is included.
アン アドミッション ティケッ トゥ ア ズー イズ インクルーディッ

Hé dòngwùyuán de ménpiào shì yítào de.
和动物园的门票是一套的。
ホア　ドンウゥユエンダ　メンピアオ　シー　イータオダ

동물원 입장권이 딸려 있습니다.
トンムルォン　イプチャンクォニ　タルリョ　イッスムニダ

⑭ JRパスの引換所はあちらです

JR Pass Exchange Office is over there.
ジェイアール パス エクスチェインジ オフィス イズ オウヴァー ゼア

JR zhōuyóuquàn huànpiàochù zài nèibiān.
JR 周游券换票处在那边。
ジェイアーヂョウヨウチュエン　ホワンピアオチュウ　ザイネイビエン

JR 패스 교환소는 저쪽입니다.
チェイアルペス　キョファンソヌン　チョチョギムニダ

⑮ 日本国内では購入できません

You cannot buy it in Japan.
ユー キャンノッ バイ イッ イン ジャパン

Rìběn guónèi bù shòu zhèi zhǒng piào.
日本国内不售这种票。
リーベン　グオネイ　ブゥショウ　ヂェイヂォン　ピアオ

일본 국내에서는 구입할 수 없습니다.
イルボン　クンネエソヌン　クイパルス　オプスムニダ

⑯ カードの返却時にデポジットが返ってきます

You'll get the deposit back when you return the card.
ユーゥ ゲッ ザ ディポジッ バッ ウエン ユー リターン ザ カーッ

Huán kǎ shí, tuìhuí zhìkǎfèi.
还卡时，退回制卡费。
ホワンカァシー　トゥイホイ　ヂーカァフェイ

카드 반환시 보증금을 돌려 드립니다.
カドゥ　バヌァンシ　ポジュングムル　トルリョ　ドゥリムニダ

駅・バス乗り場

① 1番線の東京方面の電車にお乗りください

Qǐng chéngzuò yī hào kāiwǎng Dōngjīng de diànchē.
请乘坐一号开往东京的电车。
チン チョンヅオ イーハオ カイワン ドンジンダ ディエンチョア

Please take a train to Tokyo. It's on Track 1.
プリー テイクァ トレイン トゥ トーキョウ イッツ オン トラッ ワン

1 번선에서, 동경으로 가는 열차를 타십시오.
イルボンソネソ トンギョンウロ ガヌン ヨルチャルル タシプシオ

② こちらは(奈良経由)京都行きです

Zhèi tàng chē (tújīng Nàiliáng) kāiwǎng Jīngdū.
这趟车(途经奈良)开往京都。
チェイタンチョア (トゥージン ナイリァン) カイワン ジンドゥー

This is for Kyoto (via Nara).
ディス イズ フォー キョウト (ヴィア ナラ)

이쪽은 (나라 경유) 쿄토행입니다.
イチョグン (ナラ キョンユ) キョトヘムイムニダ

③ この急行電車は東新宿駅には止まりません

Zhè shi kuàichē, bú zài Dōngxīnsù tíngliú.
这是快车，不在东新宿停留。
チョアシー クワイチョア ブヅァイ ドンシンスゥ ティンリウ

This express doesn't stop at East Shinjuku.
ディス エクスプレス ダズンッ ストップ アッ イースト シンジュク

이 급행열차는 히가시신주쿠역에는 서지 않습니다.
イ クペンニョルチャヌン ヒガシシンジュクヨゲヌン ソジ アンスムニダ

④ 次の空港行きは9時発です

Xià tàng qù jīchǎng de chē jiǔ diǎn fā chē.
下趟去机场的车九点发车。
シアタン チュイ ジィチャンダ チョア ジウディエン ファーチョア

The next train for the Airport departs at 9.
ザ ネクスッ トレイン フォー ジ エアポート デパーツ アッ ナイン

다음 공항행은 9 시에 출발합니다.
タウム コンハンヘンウン アホァシエ チュルバラムニダ

⑤ 名古屋駅到着は3時40分の予定です

Sān diǎn sìshí fēn dàodá Mínggǔwū zhàn.
三点四十分到达名古屋站。
サンディエン スーシーフェン ダオダァ ミングゥウゥチャン

The train will arrive at Nagoya at 3:40.
ザ トレイン ウィゥ アライヴ アッ ナゴヤ アッ スリー フォーティ

나고야역에는 3 시 40 분에 도착할 예정입니다.
ナゴヤヨゲヌン セーシ サーシプネ トチャカル リェジョンイムニダ

⑥ 3番目[終点]の駅で降りてください

Qǐng zài dì sān [zhōngdiǎn] zhàn xià chē.
请在第三[终点]站下车。
チン ヅァイ ディーサン [ヂョンディエン] チャン シアチョア

Please get off at the 3rd [last] stop.
プリー ゲッ オフ アッ ザ サード [ラスッ] ストップ

3 번째 역에서 [종점에서] 내려 주십시오.
セーボンチェ ヨゲソ [チョンチョメソ] ネリョジュシプシオ

⑦ 神田で銀座線に乗り換えます

Zài Shéntián huànchéng Yínzuò xiàn.
在神田换乘银座线。
ヅァイ シェンティエン ホワンチョン インヅオシエン

Please change trains at Kanda to the Ginza line.
プリー チェインジ トレインズ アッ カンダ トゥ ザ ギンザ ライン

간다에서 긴자선으로 갈아탑니다.
カンダエソ キンジャソヌロ カラタムニダ

⑧ 階段を上がって向こう側のホームでお待ちください

Qǐng shàng táijiē dào duìmiàn zhàntái.
请上台阶到对面站台。
チン シャン タイジエ ダオ ドゥイミエン チャンタイ

Go up the stairs, and wait on the opposite track.
ゴゥ アップ ザ ステアーズ アンツ ウェイッ オン ジ オポジッ トラッ

계단을 올라가서 건너편 플랫폼에서 기다리세요.
ケダヌル オルラガソ コノピョン プルレッポメソ キダリセヨ

🔊 69

⑨ 事故のため電車が遅れています
The trains are delayed due to an accident.
ザ トレインズ アー ディレイドゥ デュー トゥ アン アクシデンツ

Yóuyú fāshēng le shìgù, diànchē wùdiǎn le.
由于发生了事故，电车误点了。
ヨウユィ ファーションラ シーグゥ ディエンチョア ウーディエンラ

사고로 인해 운행이 지연되고 있습니다.
サゴロ イネ ウネンイ チヨンドェゴ イッスムニダ

⑩ 故障のため運転を見合わせています
The trains are not running due to a breakdown.
ザ トレインズ アー ノッ ランニッ デュー トゥ ア ブレイクダウン

Yóuyú gùzhàng, diànchē tíngzhǐ yùnxíng le.
由于故障，电车停止运行了。
ヨウユィ グゥヂャン ディエンチョア ティンヂー ユンシンラ

고장으로 인해 운행을 보류하고 있습니다.
コジャンウロ イネ ウネンウル ボリュハゴ イッスムニダ

ワードバンク　駅・切符

1日乗車券	1-day pass ワン デイ パス	一日周游券 yírì zhōuyóuquàn イーリー ジョウヨウチュエン	일일승차권 イリルスンチャックォン
日帰り	day trip デイ トリッ	当天往返 dàngtiān wǎngfǎn ダンティエン ワンファン	당일여행 タンイルリョヘン
自由席	unreserved seat アンリザーヴッ スィーツ	散座 sǎnzuò サンヅオ	자유석 チャユソク
グリーン車	1st-class car ファーストゥ クラス カー	软座 ruǎnzuò ルワンヅオ	특별 객차 トクピョルケクチャ
窓側の席	window seat ウィンドウ スィーツ	靠窗座位 kào chuāng zuòwèi カオチュワン ヅオウェイ	창가쪽 자리 チャムカチョク チャリ
通路側の席	aisle seat アイゥ スィーツ	靠过道的座位 kào guòdào de zuòwèi カオグオダオダ ヅオウェイ	통로쪽 자리 トンノチョク チャリ
寝台特急	sleeper express スリーパー エクスプレス	卧铺特快 wòpù tèkuài ウォプゥ トァクワイ	침대 특급 チムデ トゥックプ
新幹線	Shinkansen シンカンセン	高速铁路 gāosù tiělù ガオスゥ ティエルゥ	신간선 シンガンソン
路線図	route map ルーツ マッ	线路图 xiànlùtú シエンルトゥー	노선도 ノソンド
時刻表	time table タイム テイボウ	时刻表 shíkèbiǎo シークァビアオ	시각표 シガクピョ
逆方向	the opposite direction ジ オポジッ ディレクション	反方向 fǎnfāngxiàng ファンファンシアン	반대방향 パンデッパンヒャン
各駅停車	local train ロゥカゥ トレイン	慢车 mànchē マンチョア	완행 ワネン
最終電車	last train ラスッ トレイン	末班车 mòbānchē モゥバンチョア	막차 マクチャ
始発電車	1st train ファーストゥ トレイン	首班车 shǒubānchē ショウバンチョア	첫차 チョッチャ
悪天候	bad weather バッ ウェザー	恶劣天气 èliè tiānqì ゥアリエ ティエンチィ	악천후 アクチョヌ
ホーム	platform プラッフォーム	站台 zhàntái ヂャンタイ	플랫폼 プルレッポム
乗り越し料金	excess fare エクセス フェア	补票钱 bǔpiàoqián ブゥピアオチエン	초과 승차 요금 チョグァ スンチャ ヨグム
精算機	fare adjustment machine フェア アジャスッメンツ マシーン	补票机 bǔpiàojī ブゥピアオジィ	정산기 チョンサンギ
車掌	conductor コンダクター	乗务员 chéngwùyuán チョンウゥユエン	차장 チャヂャン
改札	ticket gate ティケッ ゲイツ	检票口 jiǎnpiàokǒu ジエンピアオコウ	개찰 ケチャル

駅・バス乗り場

① JR線[地下鉄]をご利用ください
Qǐng chéngzuò JR xiàn [dìtiě].
请乘坐 JR 线［地铁］。
チン チョンヅオ ジェイアーシエン［ディーティエ］

Please take the JR line [subway].
ブリー テイク ザ ジェイアール ライン［サブウェイ］

JR 선을[지하철을] 이용해 주십시오.
チェイアルソヌル［チハチョルル］ イヨンヘ ジュシァシオ

② 東西線への乗り換えはこちらをまっすぐです
Huànchéng Dōngxī xiàn, cóng zhèlǐ yìzhí zǒu.
换乘东西线，从这里一直走。
ホワンチョン ドンシーシエン ツォンヂョアリ イーヂーヅォウ

Please go straight to take the Tozai line.
ブリー ゴウ ストレイット トゥ テイク ザ トーザイ ライン

토자이선으로 갈아타려면 이쪽으로 곧장 가십시오.
トザイソヌロ カラタリョミョン イチョグロ コッチャン カシプシオ

③ 歌舞伎座へは5番出口をご利用ください
Qù Gēwǔjì jùyuàn qǐng chū wǔ hào kǒu.
去歌舞伎剧院请出五号口。
チュイ グァウゥジィジューユエン チン チュウ ウゥハオコウ

Please take Exit 5 to Kabuki-za.
ブリー テイク エグジッ ファイヴ トゥ カブキザ

가부키좌는 5 번 출구로 나가십시오.
カブキジァヌン オーボン チュルグロ ナガシプシオ

④ どちらからご乗車になりましたか？
Nín shì cóng nǎr shàng de chē?
您是从哪儿上的车？
ニン シー ツォンナァル シャンダ チョア

Where did you get on the train?
ウェアー ディデュー ゲッ オン ザ トレイン

어디서 타셨습니까？
オディソ タショッスムニッカ

⑤ 切符を拝見いたします
Kàn yíxià nín de piào.
看一下您的票。
カン イーシア ニンダ ピアオ

Could I see your ticket?
クダイ スィー ユア ティケッ

차표를 보여 주십시오．
チャピョルル ポヨ ジュシァシオ

⑥ あと60円頂戴いたします
Qǐng bǔ liùshí rìyuán.
请补六十日元。
チン ブゥ リウシーリーユエン

Please pay an additional 60 yen.
ブリー ペイ アン アディショナゥ シクスティー イエン

60 엔 더 받겠습니다．
ユクシベン ト パッケッスムニダ

⑦ この乗車券は無効です
Zhèi zhāng piào wúxiào.
这张票无效。
ヂェイヂャンピアオ ウゥシアオ

I'm afraid this ticket is invalid.
アイム アフレイッ ディス ティケッ イズ インヴァリッ

이 승차권은 무효입니다．
イ スんチャクォヌン ムヒョイムニダ

⑧ あちらの駅員に切符を見せてください
Qǐng chūshìgěi nèibiān de zhànwùyuán.
请出示给那边的站务员。
チン チュウシー ゲイ ネイビエンダ ヂャンウゥユエン

Please show this ticket to a station staff over there.
ブリー ショウ ディス ティケッ トゥ ア ステイション スタッフ オゥヴァーゼア

저쪽에 있는 역무원에게 차표를 보여 주십시오．
チョッチョゲ インヌン ヨンムウォネゲ チャピョルル ポヨ ジュシァシオ

🔊 70

⑨ 振替輸送を行っております(＝ほかの交通機関をご利用ください)
Qǐng chéngzuò dàitìxiàn.
请乘坐代替线。
チン チョンヅオ ダイティーシエン

Please take other transportation.
プリー テイツ アザー トランスポーテイシヨン

다른 교통 수단을 이용해 주십시오.
タルン キョトンスダヌル イヨンヘ ジュシプシオ

⑩ 第1ターミナルへは無料バスをご利用ください
Qù dìyī hángzhànlóu, qǐng zuò miǎnfèi dàbā.
去第一航站楼，请坐免费大巴。
チュイ ディーイー ハンヂャンロウ チン ヅオ ミエンフェイ ダァパァ

Please take a free shuttle bus to Terminal 1.
プリー テイツ ア フリー シャトウ バス トウ ターミナゥ ワン

제 1 터미널은 무료버스를 이용해 주십시오.
チェ イル トミノルン ムリョボスルル イヨンヘ ジュシプシオ

⑪ Bホテル行きは7番乗り場でお待ちください
Qù B fàndiàn, qǐng zài qī hào zhàn děnghòu.
去B饭店，请在七号站等候。
チュイ ビーファンディエン チンヅァイ チィハオヂャン デゥンホウ

A bus to the B hotel departs from stand no. 7.
ア バス トウ ザ ビーホウテゥ デパーツ フロム スタンヅ ナンバーセヴン

B 호텔행은 7 번 승차장에서 기다려 주십시오.
ピホテレヌウン チルボン スンチャジャンエソ キダリョ ジュシプシオ

⑫ バスは10分おきに運行しています
Dàbā shí fēnzhōng yí tàng.
大巴十分钟一趟。
ダァパァ シーフェンヂョン イータン

The bus runs every 10 minutes.
ザ バス ランズ エヴリ テン ミニッツ

버스는 10 분에 한 대씩 있습니다.
ボスヌン シァブネ ハン デシク イッスムニダ

⑬ 次のバスは4時30分の発車です
Xià tàng chē sì diǎn sānshí fēn fā chē.
下趟车四点三十分发车。
シアタンチョア スーディエン サンシーフェン ファーチョア

The next bus leaves at 4:30.
ザ ネクスッ バス リーヴズ アッ フォー サーティ

다음 버스는 4 시 30 분에 출발합니다.
タウム ボスヌン ネーシ サムシプブネ チュルバラムニダ

⑭ 整理券をお取りください
Qǐng náhǎo chéngchēquàn.
请拿好乘车券。
チン ナァハオ チョンチョアチュエン

Please get a boarding ticket.
プリー ゲッ ア ボーディン ティケッ

정리권을 뽑아 주십시오.
チョンニクォヌル ポバ ジュシプシオ

⑮ 料金はお乗り[お降り]の際にお支払いください
Chēfèi qǐng shàng chē [xià chē] shí fù.
车费请上车[下车]时付。
チョアフェイ チン シャンチョア[シアチョア]シー フゥ

Please pay the fare when you get on [get off].
プリー ペイ ザ フェア ウエン ユー ゲッオン[ゲッオフ]

요금은 타실[내리실] 때 지불해 주십시오.
ヨグムン タシル[ネリシル] テ チブレ ジュシプシオ

⑯ 着きましたらお知らせします
Dào zhàn hòu tōngzhī nín.
到站后通知您。
ダオヂャンホウ トンヂー ニン

I'll let you know when we get there.
アイゥ レッテユー ノゥ ウエン ウィ ゲッ ゼア

도착하면 알려 드리겠습니다.
トチャカミョン アルリョ ドゥリゲッスムニダ

案内・交通・お金

駅・バス乗り場

タクシー

taxi / 出租车 chūzūchē タクシー チュウヅゥチョア / 택시 テクシ

① ドアは自動で閉まります。ご注意ください

Qǐng xiǎoxin, chēmén zìdòng guānbì.
请小心，车门自动关闭。
チン シアオシン チョアメン ツードン グワンビィ

The door closes automatically. Please be careful.
ザ ドア クローズィズ オートマティカリー プリー ビー ケアフゥ

문이 자동으로 닫힙니다. 주의하십시오.
ムニ チャドンウロ タッチムニダ チュイハシプシオ

② どちらまで行かれますか？

Nín qù nǎr?
您去哪儿？
ニン チュイ ナァル

Where would you like to go?
ウェアー ウデュー ライッ トゥ ゴウ

어디로 모실까요？
オディロ モシルカヨ

③ シートベルトをお締めください

Qǐng jìshàng ānquándài.
请系上安全带。
チン ジィシャン アンチュエンダイ

Fasten your seat belt, please.
ファスン ユア スィート ベット プリー

안전 벨트를 매 주십시오.
アンジョン ベルトゥルル メ ジュシァシオ

④ 地図を見せていただけますか？

Kěyǐ ràng wǒ kàn yíxià dìtú ma?
可以让我看一下地图吗？
クァイー ランウォ カンイーシア ディートゥーマ

Would you show me the map?
ウデュー ショウ ミー ザ マッ

지도 좀 보여 주시겠습니까？
チド ジョム ボヨ ジュシゲッスムニッカ

⑤ 住所はご存知ですか？

Nín zhīdao dìzhǐ ma?
您知道地址吗？
ニン ヂーダオ ディーヂーマ

Do you know the address?
ドゥユー ノウ ジ アドレッ

주소를 아십니까？
チュソルル アシムニッカ

⑥ 空港までですと大体5000円くらいです

Dào jīchǎng dàgài wǔqiān rìyuán.
到机场大概五千日元。
ダオ ジィチャン ダァガイ ウゥチェンリーユエン

It's about 5,000 yen to the airport.
イッツ アバウッ ファイヴ サウザンッ イエン トゥ ジ エアポート

공항까지는 한 5000 엔 정도 나옵니다.
コんハんカジヌン ハン オーチョネン ジョンド ナオムニダ

⑦ 新宿までは1時間ほどかかります

Dào Xīnsù dàgài yào yí ge xiǎoshí.
到新宿大概要一个小时。
ダオ シンスゥ ダァガイ ヤオ イーガ シアオシー

It takes about an hour to Shinjuku.
イッ テイクス アバウッ アン アワー トゥ シンジュク

신주쿠까지는 1 시간 정도 걸립니다.
シンジュクカジヌン ハンシガン ジョンド コルリムニダ

⑧ 到着いたしました。この辺りでよろしいですか？

Dào le. Zài zhè fùjìn tíngchē kěyǐ ma?
到了。在这附近停车可以吗？
ダオラ ヅァイ チョアフゥジン ティンチョア クァイーマ

Here we are. Would you like to get off here?
ヒア ウィ アー ウデュー ライッ トゥ ゲッ オフ ヒア

다 왔습니다. 여기서 내리시겠습니까？
タ ワッスムニダ ヨギソ ネリシゲッスムニッカ

⑨ 迎車料金を 300 円頂戴します

Shōu sānbǎi rìyuán jiēkèfèi.
收三百日元接客费。
ショウ サンバイリーユエン ジエクァフェイ

It costs 300 yen for the pick-up service.
イッ コスツ スリー ハンドレッ イエン フォー ザ ピックアッ サービス

콜 요금은 300 엔입니다.
コル ヨグムン サムベゲニムニダ

⑩ 小銭はお持ちですか？

Nín yǒu língqián ma?
您有零钱吗？
ニン ヨウ リンチエンマ

Do you have any small change with you?
ドゥユー ハヴ エニ スモーゥ チェインジ ウィズ ユー

잔돈은 없으십니까？
チャンドヌン オプスシムニッカ

⑪ お客様、お荷物をお忘れです

Duìbùqǐ, nín wàng dōngxi le.
对不起，您忘东西了。
ドゥイブチィ ニン ワン ドンシィラ

Excuse me! You have left something behind.
エクスキューズ ミー ユー ハヴ レフト サムシンッ ビハインッ

손님, 물건을 놓고 내리셨습니다.
ソンニム ムルゴヌル ノッコ ネリショッスムニダ

⑫ 予約が入っていますので、ご乗車いただけません

Duìbùqǐ, yǐjīng yǒu kèrén dìng chē le.
对不起，已经有客人订车了。
ドゥイブチィ イージン ヨウ クァレン ディンチョアラ

I'm sorry. This car is reserved.
アイム ソゥリー ディス カー イズ リザーヴドゥ

예약된 차라서 타실 수 없습니다.
イェーヤクトェン チャラソ タシルス オプスムニダ

ワードバンク タクシー

メーター	meter ミーター	计价器 jìjiàqì ジィジアチィ	미터 ミト
初乗り料金	basic fare ベイスィック フェア	起步费 qǐbùfèi チィブウフェイ	기본 요금 キボンニョグム
高速料金	expressway toll エクスプレスウェイ トウル	高速公路费 gāosù gōnglù fèi	고속도로 통행료 コソクトロ トンヘンニョ
深夜料金	late-night fare レイッナイッ フェア	深夜费 shēnyèfèi シェンイエフェイ	심야 요금 シミャヨグム
2割増し料金	20% surcharge トゥエンティ パーセンッ サーチャージ	加费两成 jiā fèi liǎng chéng ジアフェイ リアンチョン	2 할 할증 イバル ハルチュン
渋滞	traffic jam トラフィッ ジャム	堵车 dǔchē ドゥーチョア	교통 정체 キョトゥン ジョンチェ
信号	traffic light トラフィッ ライッ	红绿灯 hónglǜdēng ホンリュィデゥン	신호등 シノドゥん
横断歩道	pedestrian crossing ペデストリアン クロスィンッ	人行横道 rénxíng héngdào レンシンヘゥンダオ	횡단보도 フェンダンボド
駅	station ステイション	车站 chēzhàn チョアヂャン	역 ヨク
ロータリー	rotary ロゥタリー	环路 huánxínglù ホワンシンルゥ	로터리 ロトリ
バス乗り場	bus stop バス ストッ	公交车站 gōngjiāochēzhàn ゴンジアオチョアヂャン	버스 타는 곳 ボス タヌンゴッ
目印	landmark ランッマーク	标志 biāozhì ビアオヂー	표적 ピョジョク
高速道路	expressway エクスプレスウェイ	高速公路 gāosù gōnglù ガオスゥゴンルゥ	고속도로 コソクトロ

空港 airport / 机场 jīchǎng / 공항
エアポート / ジィチャン / コンハン

きほんの接客

① 国際線搭乗口は4階です
Guójì hángbān dēngjīkǒu zài sì céng.
国际航班登机口在四层。
グオジィハンバン デゥンジィコウ ヅァイスーツン

International departure is on the 4th floor.
インターナショナウ ディパーチュア イズ オン ザ フォース フロア

국제선 탑승구는 4 층입니다.
ククチェソン タプスンヌグヌン サーチュヌイムニダ

② どこの航空会社をご利用ですか？
Nín chéngzuò něi ge hángbān?
您乘坐哪个航班？
ニン チョンヅゥオ ネイガ ハンバン

Which airline are you taking?
ウィッチ エアライン アー ユー テイキンッ

어느 항공사를 이용하십니까？
オヌ ハンゴンサルル イヨンハシムニッカ

③ 搭乗券を見せていただけますか？
Qǐng chūshì dēngjīkǎ.
请出示登机卡。
チン チュウシー デゥンジィカァ

Could you show me your boarding pass?
クデュー ショウ ミー ユア ボーディンッ パス

탑승권을 보여 주시겠습니까？
タプスンクォヌル ポヨ ジュシゲッスムニッカ

④ パスポートのご提示をお願いします
Qǐng chūshì hùzhào.
请出示护照。
チン チュウシー フゥヂャオ

May I see your passport?
メイアイ スィー ユア パスポートゥ

여권을 제시해 주십시오.
ヨックォヌル チェシヘ ジュシプシオ

⑤ この便のご搭乗は第1ターミナルからです
Zhèi ge bānjī zài yī hào hángzhànlóu.
这个班机在一号航站楼。
ジェイガ バンジィ ヅァイ イーハオ ハンジャンロウ

This flight departs from Terminal 1.
ディッ フライッ ディパーツ フロム ターミナゥ ワン

이 비행기 편은 제1터미널에서 타야 합니다.
イ ビヘンギピョヌン チェイルトミノレソ タヤ ハムニダ

⑥ 搭乗手続きはお済みですか？
Dēngjī shǒuxù bànlíwán le ma?
登机手续办理完了吗？
デゥンジィ ショウシュィ バンリィワン ワンラマ

Have you checked in?
ハヴ ユー チェックトゥ イン

탑승 수속은 하셨습니까？
タプスン スソグン ハショッスムニッカ

⑦ こちらの自動チェックイン機をご利用ください
Qǐng shǐyòng zìdòng jiǎnpiàojī.
请使用自动检票机。
チン シーヨン ヅードン ジエンピアオジィ

Please use this automatic check-in machine.
プリー ユーズ ディッ オートマティック チェックイン マシーン

이 자동 체크인 기계를 이용해 주십시오.
イ チャドン チェクイン キゲルル イヨンヘ ジュシプシオ

⑧ 手荷物検査の列にお並びください
Qǐng páiduì jiǎnyàn shǒutí xíngli.
请排队检验手提行李。
チン パイドゥイ ジエンイエン ショウティーシンリィ

Please get in line for the baggage check.
プリー ゲッ イン ライン フォー ザ バギッヂ チェック

수하물 검사 줄에 서 주십시오.
スハムル コムサ ジュレ ソ ジュシプシオ

🔊 72

⑨ **こちらは機内に持ち込みできません**
You cannot take this on the plane.
ユー キャンノッ テイク ディッ オン ザ プレイン

Zhèi ge bù néng dàishàng fēijī.
这个不能带上飞机。
ヂェイガ ブゥノォン ダイシャン フェイジィ

이건 기내에 가지고 들어갈 수 없습니다.
イゴン キネエ カジゴ ドゥロガルス オプスムニダ

⑩ **お預けのお荷物はございますか？**
Do you have any luggage to check in?
ドゥユー ハヴ エニィ ラギッヂ トゥ チェック イン

Yǒu tuōyùn xíngli ma?
有托运行李吗？
ヨウ トゥオユン シンリィマ

맡기실 짐이 있으십니까？
マッキシル チミ イッスシムニッカ

⑪ **この便の搭乗ゲートは40番です**
Your boarding gate is number 40.
ユア ボーディンッ ゲイッ イズ ナンバー フォーティ

Běn cì bānjī zài sìshí hào dēngjīkǒu dēngjī.
本次班机在四十号登机口登机。
ベンツーバンジィ ヅァイ スーシーハオ デゥンジィコウ デゥンジィ

이 비행기 탑승구는 40 번입니다.
イ ビへんギ タプスんグヌン サーシプボニムニダ

⑫ **5時30分までにご搭乗ください**
Be sure to be on board by 5:30.
ビー シュア トゥ ビー オン ボード バイ ファイヴ サーティ

Qǐng zài wǔ diǎn sānshí fēn zhīqián dēngjī.
请在五点三十分之前登机。
チン ヅァイ ウゥディエン サンシーフェン ヂーチエン デゥンジィ

5 시 30 분까지 탑승해 주십시오.
タソッシ サムシプブンカジ タプスんヘ ジュシプシオ

ワードバンク　空港（1）

保安検査場	security checkpoint セキュリティ チェックポインッ	安检处 ānjiǎnchù アンジェンチュウ	보안 검사장 ボアン コムサジャん
到着ロビー	arrival lobby アライバゥ ロビー	到达大厅 dàodá dàtīng ダオダァ ダァティン	도착로비 トチャンノビ
出発ロビー	departure lobby ディパーチュア ロビー	出发大厅 chūfā dàtīng チュウファー ダァティン	출국로비 チュルグンノビ
定刻通り	on schedule オン スケジューゥ	准点 zhǔndiǎn ヂュンディエン	정시대로 チョんシデロ
コードシェア便	code-share flight コゥドシェア フライッ	联营航班 liányíng hángbān リエンイン ハンバン	코드 쉐어 편 コドゥ シェオ ピョン
未着	hasn't arrived ハズンッ アライヴドゥ	未到 wèidào ウェイダオ	미도착 ミドチャク
破損	damaged ダミッジドゥ	破损 pòsǔn ポォスン	파손 パソン
出入国審査	immigration イミグレイション	出入境检查 chūrùjìng jiǎnchá チュウルゥジン ジエンチァア	출입국 심사 チュリプクッシムサ
税関検査	customs inspection カスタムズ インスペクション	海关检查 hǎiguān jiǎnchá ハイグワン ジエンチァア	세관 검사 セグァンゴムサ
検疫	quarantine inspection クオランティン インスペクション	检疫 jiǎnyì ジエンイー	검역 コミョク
免税範囲	duty-free allowances デューティーフリー アラウアンスィズ	免税范围 miǎnshuì fànwéi ミエンシュイ ファンウェイ	면세 범위 ミョンセ ボムウィ

案内・交通・お金

空港

空港

きほんの接客 / 買い物 / 会計〈応用〉 / 食事 / 遊び・レジャー / 案内・交通・お金 / 電話・トラブル

① 出発時間が迫っております。私についてきてください
Qǐfēi shíjiān jiù yào dào le, wǒ dài nín qù.
起飞时间就要到了，我带您去。
チィフェイ シージエン ジウヤオ ダオラ ウォ ダイニン チュイ

The boarding gate is closing soon. Please follow me.
ザ ボーディンッ ゲイッ イズ クロウズィンッ スーン プリー フォロー ミー

출발시간이 다 돼 갑니다. 저를 따라 오십시오.
チュルパルシガニ タ ドェ ガムニダ. チョルル タラ オシプシオ

② お乗り継ぎの便は30分遅れております
Zhuǎnjī hángbān wùdiǎn sānshí fēnzhōng.
转机航班误点三十分钟。
ヂュワンジィ ハンバン ウゥディエン サンシーフェンヂォン

The connecting flight is delayed by 30 minutes.
ザ コネクティンッ フライッ イズ ディレイドゥ バイ サーティ ミニッツ

갈아타실 비행기가 30 분 늦어지고 있습니다.
カラタシル ピヘンギガ サムシプブン ヌジョジゴ イッスムニダ

③ 札幌行きは全便欠航です
Fēiwǎng Zháhuǎng de bānjī qǔxiāo le.
飞往札幌的班机取消了。
フェイワン ヂャアホアンダ バンジィ チュィシアオラ

All flights to Sapporo are cancelled.
オーゥ フライッ トゥ サッポロ アー キャンセゥド

삿포로행은 전편 결항입니다.
サッポロヘンウン チョンピョン キョランイムニダ

④ カウンターの職員にお尋ねください
Qǐng nín wèn yíxià guìtái fúwùyuán.
请您问一下柜台服务员。
チン ニン ウェンイーシア グイタイ フゥウゥユエン

Please ask the staff at the counter.
プリー アスク ザ スタッフ アッ ザ カウンター

카운터 직원한테 물어 보십시오.
カウント チグォナンテ ムロ ポシプシオ

⑤ 手荷物一時預かり所は3階にございます
Xíngli línshí cúnfàngchù zài sān lóu.
行李临时存放处在三楼。
シンリィ リンシー ツンファンチュウ ヅァイ サンロウ

The baggage room is on the 3rd floor.
ザ バギッヂ ルーム イズ オン ザ サード フロア

짐 일시 보관소는 3 층에 있습니다.
チム イルシ ボグァンソヌン サムチュンエ イッスムニダ

⑥ 荷物の配送は右手のカウンターで受け付けます
Xíngli tuōyùn zài yòushǒu guìtái bànlǐ.
行李托运在右手柜台办理。
シンリィ トゥオユン ヅァイ ヨウショウ グイタイ バンリィ

The delivery service counter is on your right.
ザ デリヴァリー サーヴィス カウンター イズ オン ユア ライッ

짐 배송은 오른쪽 카운터에서 접수합니다.
チム ペソヌン オルンチョク カウントエソ チョプスハムニダ

⑦ 手荷物受取所はこちらをまっすぐです
Xíngli lǐngqǔchù cóng zhèr yìzhí zǒu.
行李领取处从这儿一直走。
シンリィ リンチュィチュウ ツォンヂョアル イーヂーヅォウ

The baggage claim is straight ahead.
ザ バギッヂ クレイム イズ ストレイッ アヘッ

수하물 찾는 곳은 이쪽으로 곧장 가십시오.
スハムル チャンヌンゴスン イチョグロ コッチャン カシプシオ

⑧ 空席待ちなさいますか？
Nín yào děng kòngwèi ma?
您要等空位吗？
ニン ヤオ ドゥン コンウェイマ

Would you like to be on the waiting list?
ウデュー ライッ トゥ ビー オン ザ ウェイティンッ リスッ

자리가 날 때까지 대기하시겠습니까？
チャリガ ナル テカジ テーギハシゲッスムニッカ

ワードバンク 空港 (2)

飛行機	plane プレイン	飞机 fēijī フェイジィ	비행기 ピヘンギ
フライト	flight フライッ	航班 hángbān ハンバン	플라이트 プライト
航空会社	airline エアライン	航空公司 hángkōng gōngsī ハンコン ゴンスー	항공 회사 ハンゴン フェサ
便名	flight number フライッ ナンバー	航班号 hángbānhào ハンバンハオ	편명 ピョンミョん
外貨両替	money exchange マニー エクスチェインジ	外币兑换 wàibì duìhuàn ワイビィ ドゥイホワン	외화 환전 ウェファファンジョン
旅行保険	travel insurance トラヴェゥ インシュアランス	旅游保险 lǚyóu bǎoxiǎn リューヨウ バオシエン	여행보험 ヨヘン ボホム
携帯電話	cell phone セゥ フォゥン	手机 shǒujī ショウジィ	핸드폰 ヘンドゥポン
レンタル	rental レンタゥ	出赁 chūlìn チュウリン	렌털 レントゥ
救護室	medical office メディカゥ オフィス	医务室 yīwùshì イーウゥシー	의무실 ウィムシル
仮眠室	nap room ナッ ルーム	休息室 xiūxishì シウシィシー	수면실 スミョンシル
クリニック	clinic クリニッ	诊所 zhěnsuǒ チェンスオ	클리닉 クルリニッ
コインロッカー	coin locker コイン ロッカー	投币式存放柜 tóubìshì cúnfànggùi トウビーシー ツンファングイ	코인 로커 コインロッコ
有料	charged チャージドゥ	收费 shōufèi ショウフェイ	유료 ユリョ
授乳室	breastfeeding room ブゥレスッフィーディンッ ルーム	哺乳室 bǔrǔshì ブゥルゥシー	수유실 スユシル
免税店	duty-free shop デューティ フリー ショッブ	免税店 miǎnshuìdiàn ミエンシュイディエン	면세점 ミョンセジョム
バス乗り場	bus station バス ステイション	大巴车站 dàbā chēzhàn ダァバァ チョァチャン	버스 타는 곳 ボス タヌンゴッ
タクシー	taxi タクシー	出租车 chūzūchē チュウズゥチョア	택시 テクシ
予約	reservation リザヴェイション	预订 yùdìng ユーディン	예약 イェヤク
ベビーカー	stroller ストゥロゥラー	婴儿车 yīng'érchē インアルチョア	유모차 ユモチャ
公衆電話	public phone パブリッ フォゥン	公用电话 gōngyòng diànhuà ゴンヨン ディエンホワ	공중전화 コンジュンジョヌァ
テレホンカード	phone card フォゥン カーッ	电话卡 diànhuàkǎ ディエンホワ カァ	전화카드 チョヌァカドゥ

案内・交通・お金

空港

レンタカー　car rental　出租汽车 chūlin qìchē　렌트카
カー レンタゥ　チゥリン チィチョア　レントゥカ

① ご予約されていますか？
Do you have a reservation?
ドゥユー ハヴ ア リザヴェイション

Nín yùdìng le ma?
您预订了吗？
ニン ユーディンラマ

예약하셨습니까？
イェーヤクカショッスムニッカ

② 車種はどちらになさいますか？
Which model would you like?
ウイッチ モデゥ ウデュー ライッ

Nín yào něi ge chēxíng?
您要哪个车型？
ニン ヤオ ネイガ チョアシン

어떤 차로 하시겠습니까？
オットン チャロ ハシゲッスムニッカ

③ 何名様でいつのご利用ですか？
When and for how many people?
ウエン アンッ フォー ハウ メニィ ピープゥ

Nín jǐ wèi, shénme shíhou yòng chē?
您几位，什么时候用车？
ニン ジィウェイ シェンマシーホウ ヨンチョア

몇 분이, 언제 이용하실 겁니까？
ミョップニ オンジェ イヨンハシル コムニッカ

④ 運転する方は何名ですか？
How many drivers are there in your party?
ハウ メニィ ドライヴァーズ アー ゼア イン ユア パーティ

Nín jǐ ge rén jiàshǐ?
您几个人驾驶？
ニン ジィガレン ジアシー

운전은 한 분이 하십니까？
ウンジョヌン ハンブニ ハシムニッカ

⑤ 全車にカーナビが搭載されています
A navigation system is installed in all cars.
ア ナヴィゲーション システム イズ インストールドゥ イン オーゥ カーズ

Měi liàng chē dōu dài wèixīng dǎohángyí.
每辆车都带卫星导航仪。
メイリアンチョア ドウ ダイ ウェイシン ダオハンイー

모든 차에 네비게이션이 장착되어 있습니다.
モドゥン チャエ ネビゲイショニ チャンチャクテオ イッスムニダ

⑥ 運転する方全員の免許証を拝見します
Can I see the drivers' license of all drivers?
キャナイ スィー ザ ドライヴァーズ ライセンッ オヴ オーゥ ドライヴァーズ

Qǐng chūshì měi wèi jiàshǐrén de jiàzhào.
请出示每位驾驶人的驾照。
チン チュウシー メイウェイ ジアシーレンダ ジアチャオ

운전하시는 분 전원의 면허증을 보여 주십시오.
ウンジョナシヌンブン チョヌォネ ミョノチュンウル ボヨ ジュシプシオ

⑦ 何日間[何時間]ご利用になりますか？
How many days [hours] would you like?
ハウ メニィ デイズ [アワーズ] ウデュー ライッ

Nín yòng jǐ tiān [jǐ ge xiǎoshí]?
您用几天[几个小时]？
ニン ヨン ジィティエン [ジィガ シアオシー]

몇 일 동안[몇 시간] 이용하시겠습니까？
ミョッチル トンアン [ミョッシガン] イヨンハシゲッスムニッカ

⑧ 6時間までなら5000円です
It's 5,000 yen for 6 hours.
イッツ ファイヴ サウザンッ イエン フォー シックス アワーズ

Liù ge xiǎoshí yǐnèi huán wǔqiān rìyuán.
六个小时以内还五千日元。
リウガ シアオシー イーネイ ホワン ウゥチエンリーユエン

6시간까지는 5000엔입니다.
ヨソッシガンカジヌン オーチョネニムニダ

🔊 74

⑨ 1日あたり7000円です

Shǐyòng yī tiān qīqiān rìyuán.
使用一天七千日元。
シーヨン イーティエン チィチエンリーユエン

It's 7,000 yen per day.
イッツ セヴン サウザンツ イエン パー デイ

하루에 7000 엔입니다.
ハルエ チルチョネニムニダ

⑩ この料金には保険が含まれています

Fèiyòng lǐ bāohán le bǎoxiǎn.
费用里包含了保险。
フェイヨンリィ バオハンラ バオシエン

The insurance is included in the rate.
ジ インシュアランス イズ インクルーディッ イン ザ レイツ

이 요금에는 보험료가 포함되어 있습니다.
イ ヨグメヌン ポホムニョガ ポハムドェオ イッスムニダ

⑪ 保険はどれになさいますか？

Nín xuǎn nǎi zhǒng bǎoxiǎn?
您选哪种保险？
ニン シュエン ネイヂォン バオシエン

Which type of insurance would you like?
ウィッチ タイプ オヴ インシュアランス ウデュー ライツ

보험은 어느 걸로 하시겠습니까？
ポホムン オヌゴルロ ハシゲッスムニッカ

⑫ ご返却期限は明日の午後6時です

Huán chē shíjiān shì míngtiān xiàwǔ liù diǎn.
还车时间是明天下午六点。
ホワンチョア シージエンシー ミンティエン シアウゥ リウディエン

Please return the car by 6 p.m. tomorrow.
プリー リターン ザ カー バイ シクス ピーエム トゥモロウ

반환 기한은 내일 오후 6 시입니다.
パヌァンギハヌン ネイル オーフ ヨソッシイムニダ

ワードバンク　レンタカー

オートマ車	automatic オートマティッ	自动档车 zìdòng dǎngchē ツードン ダンチョア	오토매틱 차 オトメティク チャ
マニュアル車	manual マニュアゥ	手档车 shǒudǎngchē ショウダンチョア	매뉴얼 차 メニュオル チャ
ワゴン車	station wagon ステイション ワゴン	面包车 miànbāochē ミエンバオチョア	왜건 ウェゴン
ハイブリッドカー	hybrid car ハイブリッ カー	混合动力车 hùnhé dònglì chē ホンホァ ドンリィチョア	하이브리드 자동차 ハイブリドゥ ジャドンチャ
事故	accident アクシデンツ	事故 shìgù シーグゥ	사고 サゴ
傷	scratch スクラッチ	伤 shāng シャン	흠 フーム
走行距離	mileage マイレッジ	行车里程 xíngchē lǐchéng シンチョア リィチョン	주행거리 チュヘンコリ
駐車場	parking lot パーキンッ ロッ	停车场 tíngchēchǎng ティンチョアチャン	주차장 チュチャジャン
燃料代	fuel charges フューエゥ チャージズ	油费 yóufèi ヨウフェイ	연료비 ヨルリョビ
車検証	car registration card カー レジストレイション カードゥ	车检证 chējiǎnzhèng チョアジエンヂョン	차량 검사증 チャリャン コムサッチュン
国際免許証	international driver's license インターナショナゥ ドライヴァーズ ライセンス	国际驾照 guójì jiàzhào グオジィ ジアヂャオ	국제면허증 ククチェミョノッチュン

案内・交通・お金
レンタカー

レンタカー

① ガソリンを満タンにしてご返却ください

Huán chē shí qǐng jiāmǎn qìyóu.
还车时请加满汽油。
ホワンチョアシー チン ジアマン チィヨウ

Please fill up the gas tank before returning the car.
プリー フィウ アップ ザ ガス タンッ ビフォア リターニンッ ザ カー

기름을 가득 채워서 반환해 주십시오.
キルムル カドゥク チェウォソ パヌァネ ジュシプシオ

---

② 別の営業所にも返却できます

Bié de chūlìnsuǒ yě kěyǐ huán chē.
别的出赁所也可以还车。
ビエダ チュウリンスオ イエ クァイー ホワンチョア

You can return it to other branches.
ユー キャン リターン イッ トゥ アザー ブランチィズ

다른 영업소에 반환해도 됩니다.
タルン ヨンオプソエ パヌァネド デムニダ

---

③ 追加料金がかかります

Yào jiā fèi.
要加费。
ヤオ ジアフェイ

There will be an additional charge.
ゼァ ウィゥビー アン アディショナゥ チャージ

추가요금이 부과됩니다.
チュガヨグミ ブグァドェムニダ

---

④ ご一緒に車両をご確認ください

Qǐng quèrèn yíxià chē.
请确认一下车。
チン チュエレン イーシア チョア

Could you check the car with me?
クデュー チェック ザ カー ウィズ ミー

같이 가셔서 직접 자동차를 확인하십시오.
カッチ ガショソ チクチョブ チャドンチャルル ファギナシプシオ

---

⑤ 給油口はこちらです

Jiāyóukǒu zài zhèibiān.
加油口在这边。
ジアヨウコウ ツァイ チェイビエン

The gas cap is here.
ザ ガス キャップ イズ ヒア

연료탱크 뚜껑은 이쪽입니다.
ヨルリョテンク トゥコンウン イチョギムニダ

---

⑥ お気をつけてお出かけください

Qǐng lùshang xiǎoxīn.
请路上小心。
チン ルゥシャン シアオシン

Take care, and have fun.
テイク ケア アンッ ハヴ ファン

조심해 다녀오십시오.
チョシメ タニョオシプシオ

---

⑦ お子様にはチャイルドシートをお使いください

Qǐng zhuāngshàng értóng ānquánzuò.
请装上儿童安全座。
チン チュアンシャン アルトン アンチュエンヅオ

Please use a car seat for your child.
プリー ユーズ ア カー スィーッ フォー ユア チャイゥド

어린이한테는 차일드 시트를 사용해 주십시오.
オリニハンテヌン チャイルドゥ シトゥルル サヨンヘ ジュシプシオ

---

⑧ トラブルの際はこの番号へご連絡ください

Fāshēng shìgù shí, qǐng dǎ zhèi ge hàomǎ liánxì.
发生事故时，请打这个号码联系。
ファーション シーグゥシー チンダ チェイガハオマ リエンシィ

Please call this number in case of trouble.
プリー コーゥ ディス ナンバー イン ケイス オヴ トラブゥ

문제가 생겼을 땐 이 번호로 연락해 주십시오.
ムンジェガ センギョッスルテン イ ボノロ ヨルラケ ジュシプシオ

🔊 75

⑨ 車内には地図が用意されています	There is a map in the car.
	ゼア イズ ア マップ イン ザ カー
Chē nèi bèiyǒu dìtú. 车内备有地图。 チョアネイ ベイヨウ ディートゥー	차내에는 지도가 준비되어 있습니다. チャネヌン チドガ チュンビドェオ イッスムニダ

⑩ 延長する場合はご連絡ください	Please call us if you'd like to extend the rental.
	プリー コーゥ アス イフ ユードゥ ライト トゥ エクステンッ ザ レンタゥ
Yáncháng shíjiān, qǐng dǎ diànhuà liánxì. 延长时间，请打电话联系。 イエンチャン シージェン チン ダァディエンホワ リエンシィ	연장할 경우엔 연락해 주십시오. ヨンジャンハル キョンウエン ヨルラケ ジュシァシオ

⑪ 超過料金はご返却時にいただきます	Extra fees may be charged when you return the car.
	エクストラ フィーズ メイビー チャージドゥ ウェン ユー リターン ザ カー
Chāoshífèi huán chē shí jiésuàn. 超时费还车时结算。 チャオシーフェイ ホワンチョアシー ジエスワン	초과요금은 반환할 때 주시면 됩니다. チョグァヨグムン パヌァナルテ チュシミョン ドェムニダ

コラム：お客様が言う表現（1）

接客表現をマスターすると同時に、お客様が使う最低限の表現を知らないと会話が成立しません。①質問の表現、②依頼・要求の表現の2つを覚えましょう。

質問の表現で代表的なものは、品物を尋ねる「これは何ですか？」⊕"What is it?/ワッイズイッ" "这是什么？/Zhè shì shénme？/チョアシー シェンマ" ㊧"이게 뭐예요？/イゲ ムオーエヨ"です。
次に、「いくらですか？」と値段を聞くときは ⊕"How much is it?/ハウマッチ イズイッ"（靴などペアになっている場合は"How much are they？"）⊕"多少钱？/Duōshǎo qián？/ドゥオシャオチエン" ㊧"얼마예요？/オルマエヨ"となります。
場所を尋ねる表現、例えば「お手洗いはどこですか？」は、⊕"Where is the restroom?/ウェア イズ ザ レストルーム" ⊕"洗手间在哪儿？/Xǐshǒujiān zài nǎr？/シィショウジエン ヅァイナァル" ㊧"화장실이 어디예요？/ファジャンシリ オディエヨ"です。
お店に置いてあるものを尋ねる表現「～はありますか？」は、⊕"Do you have ～?" ⊕"有～吗？/Yǒu... ma?/ヨウ マ"（または"有没有～？/Yǒuméiyǒu.../ヨウメイヨウ"）㊧"～있어요？/イッソヨ"がよく使われます。（⇒答え方は p. 7）

依頼・要求の表現は、まず「～をください」⊕"～, please."（または"I'd like ～."）⊕"我要～。/Wǒ yào...ヲォ ヤオ" ㊧"주세요。/チュセヨ"と、「～したいのですが」⊕"I'd like to ～./アイドゥ ライッ トゥ" "我要～。/Wǒ yào.../ウォ ヤオ" ㊧"～고 싶어요。/ゴ シポヨ"を覚えましょう。
次に、話し手自身がしたいことについて「～してもいいですか？」と尋ねるときは、⊕"May I ～?/メィアィ" ⊕"可以～吗？/Kěyǐ...ma？/クァイー マ" ㊧"～해도 돼요？/ヘド ドェヨ"を使って表現されます（⇒答え方は p. 8）。
相手に何かしてもらいたいときの「～していただけますか？／～してください」という依頼表現は、⊕"Could you ～?/クデュー"（または"Would you ～?"）⊕"请～。/Qǐng.../チン" ㊧"～해 주세요。/ヘジュセヨ"を使うことができます（⇒答え方は p. 7, 8）。

そのほか、お客様がよく使う表現の具体例のいくつかは、p.169 に紹介します。

167

ガソリンスタンド

gas station
ガス ステイション

加油站 jiāyóuzhàn
ジアヨウヂャン

주유소
チュユソ

---

① ちょっとバックしてください

Zài dào yíxià chē.
再倒一下车。
ヅァイ ダオイーシア チョア

Could you back up a little?
クデュー バッ アップ ア リトゥ

뒤로 좀 빼 주십시오.
トゥイロ ジョム ペ ジュシアシオ

---

② レギュラー満タンでよろしいですか?

Shì jiāmǎn biāozhǔnyóu ma?
是加满标准油吗?
シー ジアマン ビアオヂュンヨウマ

Would you like me to fill it up with regular?
ウデュー ライッ ミー トゥ フィリッ アップ ウィズ レギュラー

보통으로 가득 채워 드리면 되겠습니까?
ポトンウロ カドゥク チェウォ ドゥリミョン デゲッスムニッカ

---

③ 給油口を開けてください

Qǐng dǎkāi yóuxiānggài.
请打开油箱盖。
チン ダァカイ ヨウシアンガイ

Please open the gas cap.
プリー オプン ザ ガス キャッ

연료탱크 뚜껑을 열어 주십시오.
ヨルリョテンク トゥコンウル ヨロ ジュシアシオ

---

④ 洗車なさいますか?

Nín xǐchē ma?
您洗车吗?
ニン シィチョアマ

Would you like your car washed?
ウデュー ライッ ユア カー ウォッシュッ

세차도 하시겠습니까?
セチャド ハシゲッスムニッカ

---

⑤ 車内のごみをお捨てしましょうか?

Yào qīnglǐ chē nèi lājī ma?
要清理车内垃圾吗?
ヤオ チンリィ チョアネイ ラァジマ

Is there any trash inside?
イズ ゼア エニィ トラッシュ インサイッ

자동차 안의 쓰레기를 버려 드릴까요?
チャドンチャ アネ スレギルル ポリョ ドゥリルカヨ

---

⑥ 給油終了です

Jiāwán yóu le.
加完油了。
ジアワン ヨウラ

The gas tank is filled up.
ザ ガス タンク イズ フィゥドゥ アップ

(급유가) 끝났습니다.
(クビュガ) クンナッスムニダ

---

⑦ どちらの方に向かわれますか?

Nín qù něi ge fāngxiàng?
您去哪个方向?
ニン チュィ ネイガ ファンシアン

Which way are you heading?
ウイッチ ウェイ アー ユー ヘディンッ

어느 쪽으로 가십니까?
オヌチョグロ カシムニッカ

---

⑧ ブレーキランプが切れていますよ

Shāchēdēng méi liàng.
刹车灯没亮。
シャーチョアドゥン メイリアン

I'm afraid the brake light isn't working.
アイム アフレイッ ザ ブレイク ライッ イズンッ ワーキンッ

뒷브레이크등이 나갔는데요.
トゥィッブレイクドゥんイ ナガンヌンデヨ

ワードバンク ガソリンスタンド

セルフサービス	self-service セゥフ サーヴィス	自助 zìzhù ツーヂュウ	셀프 서비스 セルプ ソビス
フルサービス	full-service フゥ サーヴィス	有人服务 yǒurén fúwù ヨウレン フゥウゥ	풀 서비스 プル ソビス
ハイオク	premium プレミアム	高辛烷汽油 gāoxīnwán qìyóu ガオシンワン チィヨウ	고급 휘발유 コグァ フゥィバルユ
軽油	light oil ライッ オイゥ	汽油 qìyóu チィヨウ	경유 キョンユ
パンクした（タイヤ）	flat tire フラッ タイアー	爆胎 bàotāi バオタイ	펑크난 (타이어) ポンクナン (タイオ)
点検する	check チェック	检查 jiǎnchá ジエンチャア	점검하다 チョムゴムハダ
1リットル〜円	〜 yen per liter イエン パー リター	一升〜日元 yì gōngshēng...rìyuán イーゴンション リーユエン	1 리터〜엔 イルリット エン

コラム：お客様が言う表現（2）

p. 167 で、お客様が使う①質問の表現、②依頼・要求の表現 のパターンを紹介しましたが、以下では、そのほかによく使われる具体例を見てみましょう。

- 「すみません」（※店員を呼ぶとき）英"Excuse me. / エクスキューズ ミー" 中"服务员！/ Fúwùyuán! / フゥウゥュエン"（または男性に対し"先生！/ Xiānshen! / シエンション"、女性に対し"小姐！/ Xiǎojiě! / シアオジエ"）韓"저기요. / チョギヨ"

- 「安くしてもらえませんか？」英"Can I get a discount? / キャナイ ゲッ ア ディスカウンッ" 中"能便宜点儿吗？/ Néng piányi yìdiǎnr ma? / ヌォン ピエンイー イーディアルマ" 韓"좀 더 싸게 해 주세요. / チョムド サゲ ヘジュセヨ"

- 「お会計お願いします」英"Check, please. / チェック プリー" 中"埋单。/ Máidān. / マイダン"（または"结账。/ Jiézhàng. / ジエヂャン"）韓"계산해 주세요. / ケサネ ジュセヨ"

- 「〜へ行きたいのですが」英"I'd like to go to 〜. / アイドゥ ライットゥ ゴゥトゥ" 中"我要去〜。/ Wǒ yào qù... / ウォ ヤオ チュイ" 韓"〜에 가고 싶어요. / エ カゴ シポヨ"

- 「材質は何ですか？」英"What is it made of? / ワッ イズィッ メイッオヴ" 中"是什么材料的？/ Shì shénme cáiliào de? / シー シェンマ ツァイリアオダ" 韓"뭘로 만들었어요？/ ムォルロ マンドゥロッソヨ"

お客様は、自分の希望することを店員に伝えようとします。どうしても言われていることがわからない場合は、「もう一度おっしゃってください」（⇒ p. 9）と聞き返すことが必要です。時間がかかっても確認することこそ最大の hospitality です。

銀行 bank 銀行 yínháng 은행
バンク　インハン　ウネン

① 海外送金は1番のカウンターです
Wǎng guówài huìkuǎn zài yī hào chuāngkǒu.
往国外汇款在一号窗口。
ワン　グオワイ　ホイクワン　ヅァイ　イーハオ　チュアンコウ

Overseas money transfers are made at Counter 1.
オゥヴァースィーズ　マニー　トランスファーズ　アー　メイッ　アッ　カウンター　ワン

해외 송금은 1번 카운터입니다.
ヘウェ　ソングムン　イルボン　カウントイムニダ

② 番号札をとって呼ばれるまでお待ちください
Qǐng ná hào děnghòu. Wǒmen àn shùnxù jiào hào.
请拿号等候。我们按顺序叫号。
チン　ナァハオ　デゥンホウ　ウォメン　アン　シュンシュィ　ジアオハオ

Please take a number and wait until it's called.
プリー　テイク　ア　ナンバー　アンッ　ウェイッ　アンティゥ　イッツ　コードゥ

번호표를 뽑고 나서 부를 때까지 기다리십시오.
ボノピョルル　ポプコ　ナソ　プルル　テカジ　キダリシプシオ

③ お掛けになってお待ちください
Qǐng zuòxià děnghòu.
请坐下等候。
チン　ヅオシア　デゥンホウ

Please have a seat while you wait.
プリー　ハヴ　ア　スィーッ　ワイゥ　ユー　ウェイッ

앉아서 기다리십시오.
アンジャソ　キダリシプシオ

④ 6番でお待ちですか？　こちらへどうぞ
Nín de shì liù hào ma? Zhèibiān qǐng.
您的是六号吗？这边请。
ニンダ　シー　リウハオマ　チェイビエン　チン

Is your number 6? Please come to the counter.
イズ　ユア　ナンバー　シックス　プリー　カム　トゥ　ザ　カウンター

6번 손님이십니까? 이쪽으로 오십시오.
ユクボン　ソンニミシムニッカ　イチョグロ　オシプシオ

⑤ こちらにご記入ください
Qǐng tiánxiě zhèi zhāng dānzi.
请填写这张单子。
チン　ティエンシエ　チェイヂャン　ダンヅ

Please fill out this form.
プリー　フィゥ　アウッ　ディス　フォーム

여기다 기입해 주십시오.
ヨギダ　キイペ　ジュシプシオ

⑥ いくら両替なさいますか？
Nín duìhuàn duōshao?
您兑换多少？
ニン　ドゥイホワン　ドゥオシャオ

How much would you like to exchange?
ハウ　マッチ　ウデュー　ライッ　トゥ　エクスチェインジ

얼마 환전하시겠습니까?
オルマ　ファンジョナシゲッスムニッカ

⑦ 小額紙幣を混ぜますか？
Yào xiǎoé zhǐbì ma?
要小额纸币吗？
ヤオ　シアオウア　チービィマ

Would you like small bills?
ウデュー　ライッ　スモール　ビゥズ

소액 지폐도 섞어 드릴까요?
ソエク　チペド　ソッコ　ドゥリルカヨ

⑧ 現金レートは1ドル100.1円です
Páijià shì yī měijīn huàn yībǎi diǎn yī rìyuán.
牌价是一美金换一百点一日元。
パイジア　シー　イーメイジン　ホワン　イーバイ　ディエン　イーリーユエン

The exchange rate is 100.1 yen to the dollar.
ジ　エクスチェンジレイッ　イズ　ワンハンドレッポインッワンイエン　トゥ　ザ　ダラー

환율은 달러당 100.1 엔입니다.
ファニュルン　タルロダン　ペクチョムイレニムニダ

🔊 77

⑨ 手数料は1ドル当たり3円です

Yī měijīn shōu sān rìyuán shǒuxùfèi.
一美金收三日元手续费。
イーメイジン ショウ サンリーユエン ショウシュィフェイ

The transaction fee is 3 yen per dollar.
ザ トランザクション フィー イズ スリー イエン パー ダラー

수수료는 1 달러당 3 엔입니다.
ススリョヌン イルタルダン サメニムニダ

⑩ ドル[元／ウォン]から円への両替でよろしいですか？

Rénmínbì huàn rìyuán ma?
人民币换日元吗？
レンミンビィ ホワン リーユエンマ

Would you like to exchange dollars to yen?
ウデュー ライク トゥ エクスチェインジ ダラーズ トゥ イエン

원화를 엔화로 바꾸시는 거죠？
ウォヌァルル エヌァロ バクシヌンゴジョ

⑪ ただいま勘定いたします

Xiànzài shǔ yīxià qián.
现在数一下钱。
シエンヅァイ シュウ イーシア チエン

Let me count them.
レッ ミー カウンッ ゼム

곧 계산해 드리겠습니다.
コッ ケサネ ドゥリゲッスムニダ

⑫ 100ドルですので日本円で1万円です

Nín zhè shì yībǎi měijīn, huànchéng yíwàn rìyuán.
您这是一百美金，换成一万日元。
ニンヂョアシー イーバイメイジン ホワンチョン イーワンリーユエン

100 dollars is equal to 10,000 yen.
ア ハンドレッ ダラーズ イズ イクォール トゥ テン サウザンッ イエン

100 달러니까 일본엔으로 10000 엔입니다.
ペクタルロニカ イルボネヌロ マネニムニダ

⑬ お金とレシートでございます

Zhè shì nín de qián hé shōujù.
这是您的钱和收据。
ヂョアシー ニンダ チエン ホア ショウジュィ

Here's your money and receipt.
ヒアズ ユア マニー アンッ レスィーッ

돈과 영수증입니다.
トングァ ヨンスジュんイムニダ

ワードバンク 銀行 (1)

紙幣	bill ビゥ	纸币 zhǐbì ヂービィ	지폐 チペ
硬貨	coin コイン	硬币 yìngbì インビィ	동전 トンジョン
小切手	check チェック	支票 zhīpiào ヂーピアオ	수표 スピョ
取引	transaction トランザクシャン	交易 jiāoyì ジアオイー	거래 コレ
控え	copy コピー	存根 cúngēn ツンゲン	보관용 ポグァンニョン
預金通帳	bankbook バンクブッ	存折 cúnzhé ツンヂョア	통장 トンジャン
口座番号	account number アカウンッ ナンバー	银行帐号 yínháng zhànghào インハン ヂャンハオ	계좌번호 ケジャボノ
支店名	branch name ブランチ ネイム	分行名称 fēnháng míngchēng フェンハン ミンチョン	지점명 チジョムミョン

銀行

① パスポートを拝見します

Néng kàn yíxià hùzhào ma?
能看一下护照吗?
ヌォン カンイーシア フゥヂャオマ

May I see your passport?
メィアイ スィー ユァ パスポート

여권을 보여 주십시오.
ヨクォヌル ポヨ ジュシプシオ

② コピーを取りますので少々お待ちください

Xūyào fùyìn yíxià zhèngjiàn, qǐng shāo hòu.
需要复印一下证件，请稍候。
シュィヤオ フゥインイーシア チョンジエン チン シャオホウ

Please wait while I make a copy.
プリー ウェイツ ワイゥ アイ メイク ア コピー

복사를 하겠습니다. 잠시만 기다려 주십시오.
ポクサルル ハゲッスムニダ チャムシマン キダリョ ジュシプシオ

③ お名前と電話番号をご記入ください

Qǐng tián yíxià nín de xìngmíng hé diànhuà hàomǎ.
请填一下您的姓名和电话号码。
チン ティエンイーシア ニンダシンミン ホァ ディエンホワハオマァ

Please fill in your name and phone number.
プリー フィゥ イン ユァ ネイム アンッ フォウン ナンバー

성함고 전화번호를 기입해 주십시오.
ソンハマゴ チョヌァボノルル キイペ ジュシプシオ

④ 当店ではトラベラーズチェックは扱っておりません

Běnháng bù jiēshòu lǚxíng zhīpiào.
本行不接受旅行支票。
ベンハン ブゥジェショウ リューシンヂーピアオ

I'm sorry. We don't take traveler's checks.
アイム ソーリー ウィ ドンッ テイッ トラヴェラーズ チェックス

저희 지점에서는 여행자 수표는 취급하지 않습니다.
チョイ チジョメソヌン ヨヘンジャ スピョヌン チュィグパジ アンスムニダ

⑤ 丸の内支店へおいでください

Qǐng nín qù Wánzhīnèi fēnháng bànlǐ.
请您去丸之内分行办理。
チン ニン チュイ ワンヂーネイ フェンハン バンリィ

Please visit Marunouchi branch.
プリー ヴィジッ マルノウチ ブランチ

마루노우치지점으로 와 주십시오.
マルノウチジジョムロ ワ ジュシプシオ

⑥ 海外送金には約1週間かかります

Wǎng guówài huìkuǎn yào yí ge xīngqī zuǒyòu.
往国外汇款要一个星期左右。
ワン グオワイ ホイクワン ヤオ イーガ シンチィ ヅオヨウ

It takes 1 week to transfer money overseas.
イッ テイクス ワン ウィーク トゥ トランスファー マニー オゥヴァースィーズ

해외 송금은 약 1 주일 걸립니다.
ヘウェ ソングムン ヤク イルチュイル コルリムニダ

⑦ このカードは取り扱っていません

Zhèi zhāng kǎ bù néng yòng.
这张卡不能用。
ヂェイヂャンカァ ブゥノン ヨン

We cannot accept this card.
ウィ キャンノッ アクセプッ ディッ カーツ

이 카드는 취급하지 않습니다.
イ カドゥヌン チュィグパジ アンスムニダ

⑧ (郵便局の)ATMをご利用ください

Qǐng shǐyòng (yóujú de) qǔkuǎnjī.
请使用（邮局的）取款机。
チン シーヨン (ヨウジュィダ) チュィクワンジー

Please use an ATM (at a post office).
プリー ユーズ アン エイティーエム (アッ ア ポウスト オフィス)

(우체국의) ATM 을 이용해 주십시오.
(ウチェグゲ) エイティエムル イヨヘ ジュシプシオ

🔊 78

ワードバンク　銀行 (2)

キャッシュカード	bank card バンク カーツ	提款卡 tíkuǎnkǎ ティークワンカァ	현금카드 ヒョングムカドゥ
クレジットカード	credit card クレディッ カーツ	信用卡 xìnyòngkǎ シンヨンカァ	신용카드 シニョんカドゥ
預金する	deposit ディポジッ	存款 cúnkuǎn ツンクワン	예금하다 イェグムハダ
引き出す	withdraw ウィズドロー	提款 tíkuǎn ティークワン	출금하다 チュルグムハダ
振り込む	transfer トランスファー	汇款 huìkuǎn ホイクワン	이체하다 イチェハダ
残高	balance バランス	余額 yú'é ユィアァ	잔고 チャンゴ
照会する	enquire インクワイアー	查询 cháxún チャァシュン	조회하다 チョフェハダ
申し込む	apply (for) アプライ (フォー)	申请 shēnqǐng シェンチン	신청하다 シンチョんハダ
身分証	identification アイデンティフィケイション	证件 zhèngjiàn チョンジエン	신분 증명서 シンブン ジュんミョんソ
住所	address アドレス	地址 dìzhǐ ディーヂー	주소 チュソ
ホテル名	hotel name ホウテゥ ネイム	饭店名称 fàndiàn míngchēng ファンディエン ミンチョン	호텔 이름 ホテルイルム

コラム：数字の読み方（英語）

　英語の数字の読み方は、次の3つのパターンを覚えましょう。

　まず、電話番号のように数字を そのまま読むパターン です。例えば、03-1234-5678 という電話番号なら zero three, one two three four, five six seven eight と、数字をひとつひとつ読んでいきます。zero は o(オゥ) とも読みます（⇒電話番号の読み方について詳しくは、p. 183）。

　次は 桁で読んでいくパターン です。英語の数字の読み方の基本は、3桁です。支払金額で考えてみましょう。123円は one hundred and twenty-three yen です。一桁上がって 3,123円になると three thousand, one hundred and twenty-three yen となります。つまり、千の桁の thousand が加わるのです。もう一桁上がって 23,123円になった場合に注目してください。Twenty-three thousand, one hundred and twenty-three yen となります。もう一桁上げて 10万円台にしてみましょう。123,123円は one hundred, twenty-three thousand, one hundred and twenty-three yen となります。

　　　　123円　one hundred and twenty-three yen
　　123,123円　one hundred, twenty-three thousand, one hundred and twenty-three yen

　3桁ごとの読み方は全く同じなことがわかれば、意外と覚えやすいのではないでしょうか？
　3つ目は 序数で読むパターン です。序数は「～番目」「～回目」などに使われます。簡単な覚え方は、4から10までの序数は基数に -th をつけます。fourth, fifth, sixth となります。ただし 1、2、3 の場合は first, second, third です。桁が上がってもルールは同じで、21st, 22nd, 23rd や、121st, 122nd, 123rd のようになります。

郵便局

post office / 邮局 yóujú / 우체국

① 宛先はどちらですか？
Jì wǎng nǎr?
寄往哪儿？

Where would you like it sent?

어디에 보내실 겁니까?

② どのようにお送りしますか？
Nín xīwàng yòng shénme fāngshì yóujì?
您希望用什么方式邮寄？

How would you like it sent?

어떻게 보내 드릴까요?

③ 航空便ですか、船便ですか？
Jì hángkōng de háishì hǎiyùn de?
寄航空的还是海运的？

By airmail or sea mail?

항공편입니까? 배편입니까?

④ 明日[1週間以内に]届きます
Dàgài míngtiān [yí ge xīngqī zhīnèi] jìdào.
大概明天[一个星期之内]寄到。

It will arrive tomorrow [within 1 week].

내일[일주일 이내로] 도착합니다.

⑤ 配達希望日[時間]はありますか？
Yào zhǐdìng tóudì rìqī [shíjiān] ma?
要指定投递日期[时间]吗？

Would you like to specify the delivery date [time]?

배달을 원하시는 날짜[시간대]가 있습니까?

⑥ 料金の一覧はこちらです
Zhè shì fèiyòng yīlǎnbiǎo.
这是费用一览表。

Here is the list of rates.

여기, 요금 일람표가 있습니다.

⑦ 速達なら350円です
Jì kuàijiàn sānbǎi wǔshí rìyuán.
寄快件三百五十日元。

Express delivery costs 350 yen.

속달로 보내면 350 엔입니다.

⑧ 箱[封筒]はどちらがよろしいですか？
Zhǐxiāng [Yóufēng] yào něi zhǒng?
纸箱[邮封]要哪种？

Which box [envelope] would you like?

상자[봉투]는 어느 걸로 하시겠습니까?

🔊 79

⑨ この葉書には切手は必要ありません

Zhèi zhǒng míngxìnpiàn bú yòng tiē yóupiào.
这种明信片不用贴邮票。
チェイヂォン ミンシンピエン ブゥヨン ティエ ヨウピアオ

You don't need to put a stamp on this postcard.
ユー ドンッ ニーッ トゥ プッ ア スタンプ オン ディッ ポウストカード

이 엽서는 우표가 필요없습니다.
イ ヨァソヌン ウピョガ ピリョオプスムニダ

⑩ 2kgまでならこの料金です

Liǎng gōngjīn yǐxià shì zhèi ge fèiyòng.
两公斤以下是这个费用。
リァンゴンジン イーシア シー チェイガ フェイヨン

This rate is for up to 2 kg.
ディス レイッ イズ フォー アップ トゥ トゥー キログラムズ

2 킬로그램까지는 이 요금입니다.
イーキルログレムカジヌン イ ヨグミムニダ

⑪ 3辺の合計は90cmまでです

Sān tiáo biān jiāqǐlái jiǔshí gōngfēn yǐnèi.
三条边加起来九十公分以内。
サンティアオビエン ジアチィライ ジウシーゴンフェン イーネイ

The total of the 3 sides must be under 90 cm.
ザ トウタゥ オヴ ザ スリーサイズ マスッビー アンダー ナインティセンチミーターズ

세 변의 합계가 90 센티까지만 해당됩니다.
セービョネ ハプケガ クシプ センティカジマン ヘダンドェムニダ

⑫ この荷物の中身は何ですか？

Yóubāo li zhuāng de shì shénme?
邮包里装的是什么？
ヨウパオリィ ヂュアンダ シー シェンマ

What's inside this package?
ワッツ インサイッ ディッ パキッヂ

이 짐 안에는 뭐가 들어 있습니까？
イ ジム アネヌン ムォガ トゥロ イッスムニッカ

ワードバンク 郵便局（1）

ポスト	post ポウスッ	邮筒 yóutǒng ヨウトン	우체통 ウチェトン
年賀状	New Year's card ニュー イヤーズ カーッ	贺年片 hèniánpiàn ホァニエンピエン	연하장 ヨナチャン
記念切手	memorial stamp メモリアゥ スタンプ	纪念邮票 jìniàn yóupiào ジィニエン ヨウピアオ	기념우표 キニョムウピョ
普通郵便	regular mail レギュラー メイゥ	平信 píngxìn ピンシン	보통 우편 ポトン ウピョン
小包	package パキッヂ	包裹 bāoguǒ パオグォ	소포 ソポ
定形外	oversized オゥヴァーサイズドゥ	规格外 guīgéwài グイグァワイ	비정형 우편물 ビジョンヒョン ウピョンムル
重さ	weight ウェイッ	重量 zhòngliàng ヂォンリアン	무게 ムゲ
差出人	sender センダー	发信人 fāxìnrén ファーシンレン	보내는 사람 ポネヌン サラム
受取人	recipient レシーピアンッ	收信人 shōuxìnrén ショウシンレン	받는 사람 パンヌン サラム
郵便番号	zip code ズィップ コゥドゥ	邮编号 yóubiānhào ヨウビエンハオ	우편번호 ウピョンボノ
住所	address アドレス	地址 dìzhǐ ディーヂー	주소 チュソ
電話番号	phone number フォゥン ナンバー	电话号码 diànhuà hàomǎ ディエンホワ ハオマァ	전화번호 チョヌァボノ
記入例	example イグザンプゥ	填写例子 tiánxiě lìzi ティエンシエ リィヅ	기입 예 キイムニェ
現金書留	registered mail for cash レジスターッメイゥ フォー キャシュ	保价信 bǎojiàxìn パオジアシン	현금 송금 ヒョングム ソングム

案内・交通・お金

郵便局

175

郵便局

きほんの接客／買い物／会計〈応用〉／食事／遊び・レジャー／案内・交通・お金／電話・トラブル

① この用紙に記入してください
Please fill out this form.
ブリー　フィウ　アウッ　ディッ　フォーム

Qǐng tián yíxià dānzi.
请填一下单子。
チン　ティエン　イーシア　ダンツ

이 전표에 기입해 주십시오.
イ　チョンピョエ　キイペ　ジュシアシオ

② 荷物の大体の価格をご記入ください
Please write the approximate value of the package.
ブリー　ライッ　ジ　アプロキシメイトゥ　ヴァリュー　オヴ　ザ　パキッヂ

Qǐng xiě yíxià yóujiàn de dàgài jiàqián.
请写一下邮件的大概价钱。
チン　シエ　イーシア　ヨウジエンダ　ダァガイ　ジアチエン

물건 가격이 대충 얼마인지 기입해 주십시오.
ムルゴン　カギョギ　テチュン　オルマインジ　キイペ　ジュシアシオ

③ ここに"Personal Use"とお書きください
Please write "Personal Use" here.
ブリー　ライッ　パーソナゥ　ユース　ヒァ

Qǐng zài zhèli xiěshang "sīrén yòngpǐn".
请在这里写上"私人用品"。
チン　ヴァイ　ジョアリ　シエシァン　スーレン　ヨンピン

여기다 "Personal Use"라고 써 주십시오.
ヨギダ　ポスノル　ユジュラゴ　ソ　ジュシアシオ

④ お手数ですが、お書き直しください
Sorry for the inconvenience, but could you rewrite it?
ソゥリー　フォー　ジ　インコンヴィニアンス　バッ　クデュー　リライッ　イッ

Duìbuqǐ, qǐng nín chóng xiě yíxià.
对不起，请您重写一下。
ドゥイブチィ　チン　ニン　チョンシエ　イーシア

죄송하지만, 새로 써 주십시오.
チェソンハジマン　セロ　ソ　ジュシアシオ

⑤ (この国には)送ることができません
I'm afraid we cannot send it (to this country).
アイム　アフレイッ　ウィ　キャンノッ　センディッ　（トゥ　ディス　カントリー）

(Wǎng zhèi ge guójiā) Bù néng yóujì.
（往这个国家）不能邮寄。
（ワン　ヂェイガ　グオジア）ブゥノン　ヨウジィ

(이 나라로는)보낼 수 없습니다.
（イ　ナラロヌン）ポネルス　オプスムニダ

⑥ 手紙を一緒に入れることはできません
You cannot put a letter in the package.
ユー　キャンノッ　プッ　ア　レター　イン　ザ　パキッヂ

Lǐmian bù néng jiā shūxìn.
里面不能夹书信。
リィミエン　ブゥノン　ジア　シュウシン

편지는 같이 넣으면 안 됩니다.
ピョンジヌン　カッチ　ノウミョン　アン　ドェムニダ

⑦ お荷物の受け取りはあちらの窓口です
You can pick up your package at that window.
ユー　キャン　ピック　アップ　ユア　パキッヂ　アッ　ザッ　ウィンドウ

Lǐngqǔ bāoguǒ zài nèibian chuāngkǒu.
领取包裹在那边窗口。
リンチュイ　バオグオ　ヴァイ　ネイビエン　チュアンコウ

짐은 저쪽 창구에서 찾아 가십시오.
チムン　チョチョク　チャングエソ　チャジャガシプシオ

⑧ この荷物の受け取りには税金がかかります
Import tax will be charged when you receive this package.
インポーッ　タックス　ウィゥビー　チャージド　ウェン　ユー　レスィーヴ　ディス　パキッヂ

Zhèi ge bāoguǒ yào shàng shuì.
这个包裹要上税。
ヂェイガ　バオグオ　ヤオ　シャンシュイ

이 짐은 찾을 때 세금이 부과됩니다.
イ　チムン　チャジュルテ　セグミ　ブグァドェムニダ

🔊 80

⑨ 海外への転送は行っておりません	We don't forward mail to foreign countries. ウィ ドンッ フォワードゥ メイゥ トゥ フォーリン カントリーズ
Bú bànlǐ wǎng guówài de zhuǎnjì yèwù. 不办理往国外的转寄业务。 ブゥバンリィ ワン グオワイダ ヂュワンジィ イエウゥ	해외 전송 서비스는 하고 있지 않습니다. ヘウェ チョンソン ソビスヌン ハゴ イッチ アンスムニダ

⑩ ATMで現金のお引き出しが可能です	You can withdraw cash from ATMs. ユー キャン ウィズドロー キャシュ フロム エイティーエムズ
Kěyǐ zài ATM shang tíkuǎn. 可以在 ATM 上提款。 クァイー ヅァイ エイティーエムシャン ティークワン	ATM 에서 돈을 찾을 수 있습니다. エイティエメソ トヌル チャジュルス イッスムニダ

⑪ カードはこちらの向きで挿入してください	Please insert the card in this direction. プリー インサート ザ カード イン ディッ ディレクション
Qǐng cóng zhèi ge fāngxiàng chārù qǔkuǎnkǎ. 请从这个方向插入取款卡。 チン ツォン ヂェイガ ファンシアン チャアルゥ チュイクワンカァ	카드는 이 방향으로 넣어 주십시오. カドゥヌン イ バンヒャンウロ ノオ ジュシァシオ

⑫ ここを押すと英語［中国語／韓国語］の指示が出ます	You can set the language to English by pushing here. ユー キャン セッ ザ ラングウェジ トゥ イングリシュ バイ プッシンッ ヒア
Àn zhèli yǒu Zhōngwén xiǎnshi. 按这里有中文显示。 アン ヂョアリ ヨウ ヂョンウェン シエンシー	여기를 누르시면 한국어로 지시가 나옵니다. ヨギルル ヌルシミョン ハングゴロ チシガ ナオムニダ

⑬ 暗証番号を入力してください	Please enter your PIN code. プリー エンター ユア ピン コッド
Qǐng shūrù mìmǎ. 请输入密码。 チン シュウルゥ ミィマァ	비밀번호를 입력해 주십시오. ビミルボノルル イムニョケ ジュシァシオ

ワードバンク　郵便局（2）

国内[国際]郵便	domestic [international] mail ドメスティッ [インターナショナァ] メイゥ	国内[国际]邮件 guónèi [guójì] yóujiàn グオネイ[グオジイ]ヨウジエン	국내 [국제] 우편 クンネ[ククチェ]ウピョン
着払い	cash on delivery キャシュ オン デリヴァリー	对方付款 duìfāng fùkuǎn ドゥイファン フゥクワン	수취인 부담 スチュイン ブダム
保険付き	with insurance ウィズ インシュアランス	保价 bǎojià バオジア	보험 포함 ボホム ポハム
宅配便	courier service クーリア サーヴィス	宅急送 zháijísòng チャイジィソン	택배 テクペ
壊れ物	fragile フラジャゥ	易碎品 yìsuìpǐn イースイピン	깨지기 쉬운 물건 ケジギ シュィウン ムルゴン
液体	liquid リキッ	液体 yètǐ イエティー	액체 エクチェ
再配達する	redeliver リデリヴァー	重新投递 chóngxīn tóudì チョンシン トウディー	재배달하다 チェベダルハダ
賠償する	compensate カンパンセイッ	赔偿 péicháng ペイチャン	배상하다 ペサンハダ

電話

telephone / テレフォウン
电话 diànhuà / ディエンホワ
전화 / チョヌァ

---

① はい、松の屋でございます

Zhèli shì Sōngzhīwū.
这里是松之屋。
ヂョアリィ シー ソンヂーウゥ

Hello. This is Matsunoya.
ハロゥ ディスイズ マツノヤ

예, 마츠노야입니다.
イェ マツノヤイムニダ

---

② 私です

Wǒ jiù shì.
我就是。
ウォ ジウシー

Yes. Speaking.
イエス スピーキンッ

네, 접니다.
ネ チョムニダ

---

③ <u>係</u>とかわります

Wǒ ràng fùzérén lái jiē diànhuà.
我让<u>负责人</u>来接电话。
ウォ ラン <u>フゥヅァーレン</u> ライジエ ディエンホワ

I'll put you through to <u>the person in charge</u>.
アイウ プッチュ スルー トゥ <u>ザ パーソン イン チャージ</u>

<u>담당자</u>를 바꿔 드리겠습니다.
<u>タムダンジャル</u> パクォ ドゥリゲッスムニダ

---

④ このままでお待ちください

Qǐng nín shāo hòu.
请您稍候。
チン ニン シャオホウ

Hold on, please.
ホウゥド オン プリー

끊지 말고 기다리십시오.
クンチマルゴ キダリシプシオ

---

⑤ お待たせしました、<u>原</u>でございます

Ràng nín jiǔ děng le, wǒ shì <u>Yuán</u>.
让您久等了，我是<u>原</u>。
ラン ニン ジウデゥンラ ウォ シー <u>ユエン</u>

Thank you for waiting. This is <u>Hara</u> speaking.
サンキュー フォー ウェイティンッ ディスイズ <u>ハラ</u> スピーキンッ

전화 바꿨습니다. <u>하라</u>입니다.
チョヌァ パクォッスムニダ <u>ハライ</u>ムニダ

---

⑥ どちらにおかけですか？

Nín zhǎo shéi?
您找谁？
ニン ヂャオ シェイ

Who would you like to speak to?
フー ウデュー ライッ トゥ スピーク トゥ

어디에 거셨습니까？
オディエ コショッスムニッカ

---

⑦ どちら様でしょうか？

Nín guì xìng?
您贵姓？
ニン グイシン

May I ask who's calling?
メイアイ アスク フーズ コーリング

누구십니까？
ヌグシムニッカ

---

⑧ <u>ABC社</u>の<u>ライリー</u>様ですね

<u>ABC gōngsī</u> de <u>Riley xiānsheng [xiǎojiě]</u>.
<u>ABC 公司</u>的 <u>Riley 先生［小姐］</u>。
<u>エイビースィーゴンスーダ ライリーシエンション［シアオジエ］</u>

Mr. [Ms.] <u>Riley</u> of <u>ABC Corporation</u>.
ミスター［ミズ］<u>ライリー</u> オヴ <u>エイビースィー コーペレイション</u>

<u>ABC 사</u>의 <u>라이리</u>님이시죠？
<u>エイビシサエ ライリニミシジョ</u>

きほんの接客 / 買い物 / 会計〈応用〉/ 食事 / 遊び・レジャー / 案内・交通・お金 / 電話・トラブル

178

🔊 81

⑨ お名前のスペルを教えていただけますか？	Could you spell your name please? クデュー スペゥ ユア ネイム プリー
Nín de míngzi zěnme pīnxiě? 您的名字怎么拼写？ ニンダ ミンヅ ゼンマ ピンシエ	성함 스펠을 좀 불러 주시겠습니까？ ソンハム スペルル ジョム プルロ ジュシゲッスムニッカ

⑩ どういったご用件ですか？	How can I help you? ハゥ キャナイ ヘゥプ ユー
Nín yǒu shénme shìqing? 您有什么事情？ ニン ヨウ シェンマ シーチン	무슨 용건이십니까？ ムスン ヨンコニシムニッカ

⑪ もう一度おっしゃっていただけますか？	Could you please repeat that? クデュー プリー リピー ザッ
Qǐng nín zài shuō yí biàn. 请您再说一遍。 チン ニン ヅァイシュオ イービエン	다시 한 번 말씀해 주시겠습니까？ タシ ハンボン マルスメ ジュシゲッスムニッカ

⑫ お電話番号をいただけますか？	Could you give me your phone number? クデュー ギヴミー ユア フォゥン ナンバー
Nín de diànhuà hàomǎ shì duōshao? 您的电话号码是多少？ ニンダ ディエンホワ ハオマァ シー ドゥオシャオ	전화번호 좀 가르쳐 주시겠습니까？ チョヌァボノ ジョム カルチョ ジュシゲッスムニッカ

コラム：スペルアウトの仕方（英語）

お客様の名前を確認したり、お店の名前を伝えたりするときに、スペルアウトすることがあります。面と向かって話すときには、ゆっくりと一文字一文字を読みあげることもできますし、書いてもらうこともできます。

店員： How do you spell your name?　　お客様： My name is Bearse. B-e-a-r-s-e.

your name を it に言い換えれば、いろいろなスペルを尋ねるときにとても便利です。
電話では、相手の顔が見えないだけに、スペリングもより的確に伝える必要があります。それぞれの文字は、主に国名や都市名を使って言い表されます。
例えば「西蔭」のスペルを伝えるには、"N for New York, i for Italy, s for Spain, h for Hong Kong, i for Italy, k for Korea, a for America, g for Germany, e for England." と具体的な国名や都市名の頭文字を使って説明します。

A	America	H	Hong Kong	O	Olympic	V	Victory
B	Bombay	I	Italy	P	Paris	W	Washington
C	China	J	Japan	Q	Queen	X	X-ray
D	Denmark	K	Korea	R	Rome	Y	Yellow
E	England	L	London	S	Spain	Z	Zebra
F	France	M	Mexico	T	Tokyo		
G	Germany	N	New York	U	Union		

電話

① もう一度繰り返します

Wèi nín chóngfù yí biàn.
为您重复一遍。
ウェイニン チョンフゥ イービエン

Let me repeat that.
レッ ミー リピーッ ザッ

다시 한 번 불러 보겠습니다.
タシハンボン プルロ ポゲッスムニダ

② ただいま電話が込み合っております

Xiànzài tōnghuà fánmáng.
现在通话繁忙。
シエンヅァイ トンホワ ファンマン

The line is busy.
ザ ライン イズ ビズィー

지금은 전화가 붐벼서 받을 수가 없습니다.
チグムン チョヌァガ ブムビョソ パドゥル スガ オプスムニダ

③ 森は席を外しております

Sēn xiànzài bú zài.
森现在不在。
セン シエンヅァイ ブゥヅァイ

Ms. Mori is not at her desk now.
ミズモリ イズ ノッ アッ ハー デスク ナゥ

모리는 자리에 없습니다.
モリヌン チャリエ オプスムニダ

④ 外出中です。3時頃戻ります

Xiànzài wàichū le, sān diǎn zuǒyòu huílai.
现在外出了，三点左右回来。
シエンヅァイ ワイチュウラ サンディエン ヅオヨウ ホイライ

He is out now. He will be back around 3 p.m.
ヒー イズ アウッ ナゥ ヒー ウイゥビー バッ アラウンッ スリー ピーエム

외출중입니다. 3시쯤 돌아옵니다.
ウェチュルジュンイムニダ セーシチュム トラオムニダ

⑤ 担当者は休みを取っております

Fùzérén jīntiān xiūxi.
负责人今天休息。
フゥヅァーレン ジンティエン シウシィ

The person in charge is off today.
ザ パーソン イン チャージ イズ オフ トゥデイ

담당자가 오늘 안 나왔습니다.
タムダンジャガ オヌル アン ナワッスムニダ

⑥ 本日はもう帰宅しました

Yǐjing xiàbān le.
已经下班了。
イージン シアバンラ

He [she] has left the office for the day.
ヒー [シー] ハズ レフッ ジ オフィス フォー ザ デイ

오늘은 퇴근했습니다.
オヌルン トェグネッスムニダ

⑦ ただいま電話中です

Xiànzài zhèng jiē diànhuà.
现在正接电话。
シエンヅァイ チョンジエ ディエンホワ

He [she] is on another line right now.
ヒー [シー] イズ オン アナザー ライン ライッ ナゥ

지금 통화중입니다.
チグム トンファジュンイムニダ

⑧ しばらくしてからおかけ直しください

Qǐng nín guò yíhuìr zài dǎ.
请您过一会儿再打。
チン ニン グオ イーホァル ヅァイダァ

Could you call back later?
クデュー コーゥ バッ レイター

잠시 후에 다시 한 번 걸어 주십시오.
チャムシフエ タシハンボン コロ ジュシプシオ

🔊 82

⑨ 伝言を承りましょうか？	Would you like to leave a message? ウデュー ライト トゥ リーヴ ア メッスィヂ
Yào wèi nín zhuǎndá ma? 要为您转达吗？ ヤオ ウェイニン ヂュワンダァマ	메시지를 남기시겠습니까？ メシジルヮ ナムギシゲッスムニッカ

⑩ のちほどこちらからお電話さしあげます	I'll call you back later. アイゥ コーゥ ユー バッ レイター
Guò yíhuìr dǎgěi nín. 过一会儿打给您。 グオ イーホァル ダァゲイニン	나중에 이쪽에서 전화드리겠습니다． ナジュんエ イッチョゲソ チョヌァドゥリゲッスムニダ

⑪ 電話での受付時間は10時から5時です	Our line is open from 10 a.m. to 5 p.m. アワー ライン イズ オゥプン フロム テン エイエム トゥ ファイヴ ピーエム
Diànhuà yèwù cóng shí diǎn dào wǔ diǎn. 电话业务从十点到五点。 ディエンホワ イエゥゥ ツォン シーディエン ダオ ウゥディエン	전화 접수는 10 시에서 5 시까지입니다． チョヌァ チョァスヌン ヨルシエソ タソッシカジムニダ

⑫ 内線番号は701です	The extension number is 701. ジ エクステンション ナンバー イズ セヴン オゥ ワン
Nèixiàn hàomǎ shì qī líng yāo. 内线号码是 701。 ネイシエン ハオマァ シー チィ リン ヤオ	구내번호는 701 입니다． クネボノヌン チルゴんイリムニダ

⑬ フリーダイヤルは0120…です	The toll-free number is 0120.... ザ トゥル フリー ナンバー イズ ゼロ ワン トゥ ゼロ
Miǎnfèi hàomǎ shì líng yāo èr líng…… 免费号码是 0120…… ミエンフェイ ハオマァ シー リン ヤオ アル リン	프리 다이얼은 0120 입니다． プリ ダイオルン こんイルイゴんイムニダ

⑭ 通訳サービスの番号をご案内します	I'll give you the number for the interpreter service. アイゥ ギヴユー ザ ナンバー フォー ジ インタープリター サーヴィス
Wèi nín jièshào yí ge tígōng fānyì de hàomǎ. 为您介绍一个提供翻译的号码。 ウェイニン ジエシャオ イーガ ティーゴン ファンイーダ ハオマァ	통역 서비스의 번호를 안내해 드리겠습니다． トンヨクソビスエ ボノル アンネヘ ドゥリゲッスムニダ

⑮ 恐れ入りますが、おかけ間違いです	I'm afraid you have the wrong number. アイム アフレイッ ユー ハヴ ザ ロンッ ナンバー
Duìbuqǐ, nín dǎcuò le. 对不起，您打错了。 ドゥイブチィ ニン ダァツオラ	죄송합니다만, 잘못 거셨습니다． チェソンハムニダマン チャルモッ コショッスムニダ

⑯ お電話ありがとうございました	Thank you for calling. サンキュー フォー コーリンッ
Xièxie nín de lái diàn. 谢谢您的来电。 シエシエ ニンダ ライディエン	전화 주셔서 감사합니다． チョヌァ ジュショソ カムサハムニダ

電話・トラブル

181

公衆電話　public phone　公用电话 gōngyòng diànhuà　공중전화
パブリッ フォウン　ゴンヨン ディエンホワ　コンジュンジョヌァ

① 入口の公衆電話が使えます
There's a public phone at the entrance.
ゼアズ ア パブリッ フォウン アッ ジ エンタランス

Qǐng shǐyòng ménkǒu de gōngyòng diànhuà.
请使用门口的公用电话。
チン シーヨン メンコウダ ゴンヨン ディエンホワ

입구에 있는 공중전화를 사용할 수 있습니다.
イプクエ インヌン コンジュンジョヌァルル サヨンハルス イッスムニダ

② このあたりに公衆電話はありません
There is no public phone around here.
ゼア イズ ノウ パブリッ フォウン アラウンッ ヒア

Zhè fùjìn méiyǒu gōngyòng diànhuà.
这附近没有公用电话。
ヂョアフゥジン メイヨウ ゴンヨン ディエンホワ

이 부근에는 공중전화가 없습니다.
イ ブグネヌン コンジュンジョヌァガ オプスムニダ

③ 国際電話ですか、国内電話ですか？
An international call or a domestic call?
アン インターナショナゥ コーゥ オア ア ドメスティッ コーゥ

Dǎ guójì diànhuà háishi guónèi diànhuà?
打国际电话还是国内电话？
ダァ グオジィ ディエンホワ ハイシー グオネィ ディエンホワ

국제전화입니까？ 국내전화입니까？
ククチェジョヌァイムニッカ クンネジョヌァイムニッカ

④ この電話では外国にはかけられません
This is for domestic calls only.
ディス イズ フォー ドメスティッ コーゥズ オゥンリー

Zhèi bù diànhuà bù néng dǎ guójì diànhuà.
这部电话不能打国际电话。
ヂェイブゥ ディエンホワ ブゥヌォンダァ グオジィ ディエンホア

이 전화로는 국제전화를 걸 수 없습니다.
イ チョヌァロヌン ククチェジョヌァルル コルス オプスムニダ

⑤ このカードは使えません
I'm afraid you can't use this card.
アイム アフレイッ ユー キャーンッ ユーズ ディス カーッ

Zhèi zhāng kǎ bù néng yòng.
这张卡不能用。
ヂァイチャンカア ブゥヌォンヨン

이 카드는 사용할 수 없습니다.
イ カドゥヌン サヨンハルス オプスムニダ

⑥ この番号にかけてください
Please dial this number.
プリー ダイアゥ ディッ ナンバー

Qǐng dǎ zhèi ge hàomǎ.
请打这个号码。
チン ダァ ヂェイガ ハオマァ

이 번호로 걸어 주십시오.
イ ボノロ コロ ジュシァシオ

⑦ スクラッチ部分を削ってください
Please scratch here.
プリー スクラッチ ヒア

Qǐng guākāi mìmǎqū.
请刮开密码区。
チン グワカイ ミィマァチュィ

은색 부분을 긁으십시오.
ウンセク ブブヌル クルグシプシオ

⑧ 音声案内にしたがってください
Please follow the voice instructions.
プリー フォロゥ ザ ヴォイス インストラクションズ

Qǐng tīng yīnshēng dǎoháng.
请听音声导航。
チン ティン インション ダオハン

음성 안내를 따라 하십시오.
ウムソン アンネルル タラ ハシプシオ

コラム：**国際電話のかけ方**

　国際電話のかけ方にはいろいろありますが、最も一般的な方法は次の通りです。携帯電話からもこの方法でかけられます。仮に、お客様がアメリカ合衆国カリフォルニア州ロサンゼルスのハリウッドに電話をしたいとしましょう。

(001 −) 010 − 1 − 323 − 656 − 1111
　　①　　　 ②　　③　　 ④　　　⑤

① 事業者識別番号　telephone company code
　※利用する電話会社によって異なる。001 は KDDI。
　　ただしマイライン登録など事前の契約があれば、この部分は省略可。
② 国際電話識別番号　international call prefix（または international access code）
　※発信する国によって異なる。010 は日本からかける場合。
③ 国番号　country code
　※1 はアメリカ合衆国。カナダも 1、イギリスは 44、オーストラリアは 61、中国は 86、
　　台湾は 886、香港は 852、韓国は 82。
④ 市外局番　area code
　※323 はカリフォルニア州ロサンゼルス市ハリウッド。
　　市外局番の最初の 0 は削除する（イタリア以外）。
⑤ 相手先の電話番号　telephone number

　また、旅行者の中にはプリペイド式の国際電話専用カードを使う方もいるようです。これは日本のテレホンカードのように公衆電話に挿入して使うのではなく、カード裏面に記載されているアクセス番号と PIN ナンバー（スクラッチ部分を削ると現れる暗証番号）をダイヤルして、受話器から流れる音声案内にしたがって利用するタイプのカードです。日本国内のコンビニや空港などでも販売されており、中にはチャージ式で繰り返し使えるものもあります。

コラム：**電話番号の読み方**

英語：英語で電話番号を読むときは、数字を一桁ずつ読んでいくのが一般的です。例えば、012 なら "zero one two" となります。0 はアルファベットの "o"（オゥ）とも読みます。また、00 や 111 のように同じ数字が連続する場合は、"double o（オゥ）" や "triple one" のように読んだり、7000 や 4100 のようなきりのいい数字は、"seven thousand" や "forty-one hundred" と読んだりすることもあります。

中国語：中国語で電話番号を読むときは、数字をひとつずつ読みます。例えば、075 なら "líng qī wǔ / リン チィ ウゥ" と発音します。ただし、数字の 1 を読むときは次の点に注意しましょう。通常、電話番号を読むときは、1 を "yī / イー" ではなく "yāo / ヤオ" と発音します。例えば、1021 なら "yāo líng èr yāo / ヤオ リン アル ヤオ" と言います。これは "1 / yī / イー" と "7 / qī / チィ" との混同を防ぐためです。

韓国語：韓国語で電話番号を読むときは、日本語と同じように、数字をひとつずつ読みます。また、"−"（ハイフン）は "エ" と発音することも覚えておきましょう。例えば、070-3421 なら "コンチルゴン エ サムサイル" となります。

病気・けが

disease, injury / ディズィーズ インジャリー / 生病、受伤 shēngbìng, shòushāng / ションビン ショウシャン

① どうしましたか？　大丈夫ですか？
What's the matter? Are you alright?
ワッツ ザ マター アーユー オーゥライッ

Zěnme le? Yào bú yàojǐn?
怎么了？要不要紧？
ゼンマラ ヤオブゥヤオジン

왜 그러십니까? 괜찮습니까?
ウェ グロシムニカ クェンチャンスムニッカ

② 気分が悪いのですか？
Do you feel sick?
ドゥユー フィーゥ スィッ

Bù shūfu ma?
不舒服吗？
ブゥシュウフマ

어디 불편하십니까?
オディ プルピョナシムニッカ

③ どこが痛いのですか？
Where do you feel pain?
ウエア ドゥ ユー フィーゥ ペイン

Nǎr téng?
哪儿疼？
ナァル トン

어디가 아프십니까?
オディガ アプシムニッカ

④ アレルギー[持病]はありますか？
Do you have any allergies [chronic conditions]?
ドゥユー ハヴ エニ アラヂーズ[クロニッ コンディションズ]

Yǒu guòmǐnzhèng [lǎobìng] ma?
有过敏症[老病]吗？
ヨウ グオミンヂョン[ラオビン]マ

알레르기가 [지병이] 있습니까?
アルレルギガ[チビョンイ] イッスムニッカ

⑤ ここで横になってください
Why don't you lie down here?
ワイ ドンッユー ライ ダウン ヒア

Qǐng nín tǎngxià.
请您躺下。
チン ニン タンシア

여기 누우십시오.
ヨギ ヌウシプシオ

⑥ これ[バンドエイド/車椅子]をお使いください
Please use this [a Band-Aid / a wheelchair].
プリー ユーズ ディッ[ア バンッエイッ/ア ウィーゥチェア]

Qǐng yòng zhèi ge [chuāngkǒutiē / lúnyǐ].
请用这个[创口贴/轮椅]。
チン ヨン ヂェイガ[チュアンコウティエ/ルンイー]

이걸[일회용 밴드를 / 휠체어를] 사용하십시오.
イゴル[イルェヨん ベンドゥルル/フィルチェオルル] サヨンハシプシオ

⑦ 応急手当をします
I'll give you first aid.
アイゥ ギヴ ユー ファースッ エイッ

Jǐnjí chǔlǐ yíxià.
紧急处理一下。
ジンジー チュウリィ イーシア

응급치료를 하겠습니다.
ウングプチリョルル ハゲッスムニダ

⑧ 病院に行ったほうがいいですよ
I think you should go to the hospital.
アイ スィンク ユー シュドゥ ゴゥ トゥ ザ ホスピタゥ

Zuìhǎo qù yīyuàn.
最好去医院。
ツイハオ チュイ イーユエン

병원에 가는 게 좋겠습니다.
ビョンウォネ カヌンゲ チョッケッスムニダ

병・부상
ピョン　ブサん

🔊 84

⑨ この病院は英語[中国語／韓国語]が通じます	This hospital has English-speaking staff. ディス　ホスピタゥ　ハズ　イングリシュ　スピーキンッ　スタッフ
Zhèi jiā yīyuàn dǒng Zhōngwén. 这家医院懂中文。 ヂェイジア　イーユエン　ドン　ヂォンウェン	이 병원은 한국어가 통합니다. イ　ピョんウォヌン　ハングゴガ　トんハムニダ

⑩ この病院は24時間あいています	This hospital is open 24 hours. ディス　ホスピタゥ　イズ　オゥプン　トゥエンティ　フォー　アワーズ
Zhèi jiā yīyuàn èrshisì xiǎoshí kāizhěn. 这家医院二十四小时开诊。 ヂェイジア　イーユエン　アルシースー　シアオシー　カイヂェン	이 병원은 24 시간 하고 있습니다. イ　ピョんウォヌン　イーシプサシガン　ハゴ　イッスムニダ

⑪ 救急車を呼びます	I'll call an ambulance. アイゥ　コーゥ　アン　アンビュランス
Wǒ gěi nín jiào jiùhùchē. 我给您叫救护车。 ウォ　ゲイニン　ジアオ　ジウフゥチョア	구급차를 부르겠습니다. クグプチャルル　ブルゲッスムニダ

⑫ どうかお大事に	Please take care of yourself. プリーズ　テイク　ケア　オヴ　ユアセゥフ
Qǐng bǎozhòng. 请保重。 チン　バオヂォン	부디 몸조리 잘 하십시오. プーディ　モムジョリ　チャラシプシオ

ワードバンク — 病気・けが

けがをする	get injured　ゲッ　インジューアードゥ	受伤　shòushāng　ショウシャン	다치다　タチダ
熱がある	have a fever　ハヴァ　フィーヴァー	发烧　fā shāo　ファーシャオ	열이 있다　ヨリ　イッタ
寒気がする	have a chill　ハヴァ　チゥ	发冷　fā lěng　ファールォン	오한이 나다　オハニ　ナダ
インフルエンザ	flu　フルゥ	流感　liúgǎn　リウガン	인플루엔자　インプルエンジャ
食中毒	food poisoning　フーッ　ポイズニッン	食物中毒　shíwù zhòngdú　シーウー　ヂォンドゥー	식중독　シクチュンドク
貧血	anemia　アニーミア	贫血　pínxuè　ピンシュエ	빈혈　ピニョル
歯痛	toothache　トゥースエイク	牙疼　yáténg　ヤァトン	치통　チトン
外科	surgery　サージャリー	外科　wàikē　ワイクァ	외과　ウェクァ
内科	internal medicine　インターナゥ　メディスン	内科　nèikē　ネイクァ	내과　ネクァ
患者	patient　ペイシャンツ	病人　bìngrén　ビンレン	환자　ファンジャ
診察を受ける	see a doctor　スィー　ア　ドクター	看病　kànbìng　カンビン	진찰을 받다　チンチャルル　パッタ
体温計	thermometer　サーマメター	体温计　tǐwēnjì　ティーウェンジィ	체온계　チェオンゲ

紛失・盗難

loss, theft
ロス セフツ

遺失、被盗 yíshī, bèidào
イーシー ベイダオ

분실・도난
プンシル トナン

---

① 何かなくされたのですか？

Have you lost something?
ハヴ ユー ロスツ サムスィンツ

Diūshī dōngxi le ma?
丢失东西了吗？
ディウシー ドンシィラマ

뭔가 분실하셨습니까？
ムォンガ プンシラショッスムニッカ

---

② 何がなくなったのですか？

What have you lost?
ワッ ハヴ ユー ロスツ

Nín diūshī shénme le?
您丢失什么了？
ニン ディウシー シェンマラ

뭐가 없어졌습니까？
ムォガ オプソジョッスムニッカ

---

③ どんな形[色]ですか？

What shape [color] is it?
ワッ シェイッ [カラー] イズ イッ

Shénme xíngzhuàng [yánsè] de?
什么形状［颜色］的？
シェンマ シンヂュアン [イエンスァー] ダ

어떤 모양입니까[색입니까]？
オットン モヤんイムニッカ[セギムニッカ]

---

④ どこでなくし[盗まれ]ましたか？

Where did you lose it [was it stolen]?
ウエア ディデュー ルーズ イッ [ワズ イッ ストールン]

Zài nǎr diūshī [bèidào] de?
在哪儿丢失［被盗］的？
ヅァイ ナァル ディウシー [ベイダオ] ダ

어디서 잃어버렸[도난당했]습니까？
オディソ イロボリョッ [トナンたんヘッ] スムニッカ

---

⑤ どんなものが入っていましたか？

Could you tell me what's in it?
クデュー テゥ ミー ワッツ イン イッ

Lǐbiān zhuāngyǒu shénme?
里边装有什么？
リービエン ヂュアンヨウ シェンマ

뭐가 들어 있었습니까？
ムォガ トゥロ イッソッスムニッカ

---

⑥ 交番へ行ってください

Please go to the police box.
プリー ゴゥ トゥ ザ ポリース ボックス

Qǐng qù jǐngwùzhàn.
请去警务站。
チン チュイ ジンウーヂャン

파출소로 가십시오.
パチュルソロ カシプシオ

---

⑦ クレジットカード会社に連絡してください

Please contact the credit card company.
プリー コンタクッ ザ クレディッ カード カンパニー

Qǐng tōngzhī xìnyòngkǎ gōngsī.
请通知信用卡公司。
チン トンヂー シンヨンカァ ゴンスー

신용카드 회사에 연락하십시오.
シニョんカドゥ フェサエ ヨルラカシプシオ

---

⑧ ここに連絡先をお書きください

Please write your phone number here.
プリー ライツ ユア フォウン ナンバー ヒア

Qǐng bǎ liánxì diànhuà xiězài zhèli.
请把联系电话写在这里。
チン パァ リエンシィ ディエンホワ シエヅァイ ヂョァリ

여기에 연락처를 쓰십시오.
ヨギエ ヨルラクチョルル スシプシオ

きほんの接客 / 買い物 / 会計〈応用〉 / 食事 / 遊び・レジャー / 案内・交通・お金 / 電話・トラブル

🔊 85

⑨ 見つかったらご連絡します	We'll let you know if we find it. ウィゥ レッ ユー ノウ イフ ウィ ファインッ イッ
Zhǎodào hòu, tōngzhī nín. 找到后，通知您。 ヂャオダオ ホウ トンヂー ニン	찾으면 연락드리겠습니다. チャジュミョン ヨルラクトゥリゲッスムニダ

⑩ こちらがお探しの物ですか？	Is this yours? イズ ディス ユアーズ
Zhè shì nín de ma? 这是您的吗？ ヂョァシー ニンダマ	이게 찾으시는 물건입니까? イゲ チャジュシヌン ムルゴニムニッカ

ワードバンク　紛失・盗難

遺失物取扱所	lost-and-found office ロスッアンッファウンッ オフィス	失物招领处 shīwù zhāolǐng chù シーウー ヂャオリンチュウ	분실물센터 ブンシルムルセント
大使館	embassy エンバシィー	大使馆 dàshǐguǎn ダァシーグワン	대사관 テサグァン
再発行する	reissue リイシュ	重新发行 chóngxīn fāxíng チョンシン ファーシン	재발행 チェバレン
旅行会社	travel agency トラヴェゥ エイジェンスィー	旅行社 lǚxíngshè リューシンショァ	여행사 ヨヘンサ
保険会社	insurance company インシュアランス カンパニー	保险公司 bǎoxiǎn gōngsī バオシエン ゴンスー	보험회사 ポホムフェサ
貴重品	valuables ヴァリュアブゥズ	贵重物品 guìzhòng wùpǐn グイヂォン ウーピン	귀중품 クィジュンブム
財布	wallet ウァレッ	钱包 qiánbāo チエンバオ	지갑 チガプ
パスポート	passport パスポーッ	护照 hùzhào フゥヂャオ	여권 ヨックォン
鍵	key キー	钥匙 yàoshi ヤオシー	열쇠 ヨルスェ
携帯電話	cell phone セゥ フォウン	手机 shǒujī ショウジー	핸드폰 ヘンドゥポン
カメラ	camera キャメラ	照相机 zhàoxiàngjī ヂャオシアンジー	카메라 カメラ

コラム：トイレの説明

　　日本には、腰掛式の洋式トイレ（Western-style toilets）としゃがんで用を足す和式トイレ（Japanese-style toilets）の2種類ありますが、海外の方は和式トイレの使い方で戸惑うことがあります。洋式トイレの使い方の習慣にしたがって、ドア側に体を向けて用を足す傾向があるからです。特に、段差のある和式トイレではこうした使い方をするためか、トイレを汚してしまうことがあります。トイレに入った正面にトイレの使い方を絵で示しておくことをお勧めします。

　　また、使い終わったトイレットペーパーを、便器に流すのではなく、備え付けのゴミ箱に捨てるという習慣の国もあります。「紙はトイレに流してください」⊕ "Please flush toilet paper down the toilet." ⊕ "用过的手纸请冲掉。" ⊕ "화장지는 변기 속에 넣어 주세요." といった張り紙をしておくと便利です。

災害・注意　trouble, caution　灾难、注意事项 zāinàn, zhùyì shìxiàng
トラボゥ　コーション　ザイナン　チュウイー　シーシアン

① 火事です［地震です］！
Shī huǒ le [Dìzhèn le]!
失火了［地震了］！
シーフオラ［ディーヂェンラ］

Fire [Earthquake]!
ファイア［アースクェイク］

불이야［지진이다］！
プリヤ［チジニダ］

② 停電しております
Tíng diàn le.
停电了。
ティンディエンラ

It's a power failure.
イッツ ア パワー フェイリア

정전됐습니다.
チョンジョンドェッスムニダ

③ 非常口から外に出てください
Qǐng zǒu jǐnjí chūkǒu.
请走紧急出口。
チン ヅォウ ジンジィ チュウコウ

Please leave through the emergency exit.
プリー リーヴ スルー ジ エマージェンスィー エグジッ

비상구로 나가십시오.
ピサングロ ナガシプシオ

④ 私についてきてください
Qǐng gēn wǒ zǒu.
请跟我走。
チン ゲンウォー ヅォウ

Please follow me.
プリー フォロウ ミー

저를 따라오십시오.
チョルル タラオシプシオ

⑤ 動か［走ら］ないでください
Bú yào dòng [pǎo].
不要动［跑］。
ブヤオ ドン［パオ］

Don't move [run], please.
ドンッ ムーヴ［ラン］ プリー

움직이［뛰］지 마십시오.
ウムジギ［トゥィ］ジ マシプシオ

⑥ 落ち着いてください
Qǐng zhènjìng.
请镇静。
チン チェンジン

Please stay calm.
プリー ステイ カーム

당황하지 마십시오.
タンファンハジ マシプシオ

⑦ もう大丈夫です、安心してください
Méi shì le, qǐng fàngxīn.
没事了，请放心。
メイシーラ チン ファンシン

We are safe now. Don't worry.
ウィアー セイフ ナゥ ドンッ ワリー

이젠 괜찮습니다. 안심하십시오.
イジェン クェンチャンスムニダ アンシマシプシオ

⑧ 危険です。近寄らないでください
Wēixiǎn! Bú yào kàojìn!
危险！不要靠近！
ウェイシエン ブゥヤオ カオジン

It's dangerous. Please stay away!
イッツ デインジャラス プリー ステイ アウェイ

위험합니다. 가까이 가지 마십시오.
ウィホマムニダ カカイ カジ マシプシオ

재해, 주의
チェヘ　チュイ

🔊 86

---

⑨ 故障中です。触らないでください

It's out of order. Please don't touch it.
イッツ　アウト　オヴ　オーダー　プリー　ドンッ　タッチ　イッ

Wéixiū zhōng. Bú yào chùmō.
维修中。不要触摸。
ウェイシウチォン　ブウヤオ　チュウモォ

고장났습니다. 손 대지 마십시오.
コジャンナッスムニダ　ソンデジ　マシプシオ

---

⑩ ほかのお客様のご迷惑です。おやめください

Would you stop that? That may bother other customers.
ウデュー　ストップ　ザッ　ザッ　メイ　ボザー　アザー　カスタマーズ

Bú yào zhème zuò. Bú yào yǐngxiǎng tārén.
不要这么做。不要影响他人。
ブウヤオ　チョアマ　ヅゥオ　ブウヤオ　インシァン　タァレン

다른 손님께 폐가 됩니다. 하지 마십시오.
タルン　ソンニムケ　ペガ　デムニダ　ハジ　マシプシオ

---

⑪ パスポートをお見せください

May I see your passport?
メイアイ　スィー　ユア　パスポーツ

Qǐng chūshì hùzhào.
请出示护照。
チン　チュウシー　フゥチャオ

여권을 보여 주십시오.
ヨックォヌル　ボヨ　ジュシプシオ

---

⑫ 警察を呼びます

I'll call the police.
アイゥ　コーゥ　ザ　ポリース

Jiào jǐngchá.
叫警察。
ジアオ　ジンチァア

경찰을 부르겠습니다.
キョンチャルル　ブルゲッスムニダ

---

⑬ 立入禁止です

Excuse me, but this area is off-limits.
エクスキューズミー　バッ　ディス　エァリア　イズ　オフリミッツ

Jìnzhǐ rù nèi.
禁止入内。
ジンヂー　ルゥネイ

출입금지입니다.
チュリプクムジイムニダ

---

⑭ お会計はお済みですか？

Have you paid the bill?
ハヴ　ユー　ペイッ　ザ　ビゥ

Jiéwán zhàng le ma?
结完账了吗？
ジエワン　チャンラマ

계산은 하셨습니까？
ケサヌン　ハショッスムニッカ

---

⑮ バッグの中を確認させていただけますか？

May I take a look inside your bag?
メイアイ　テイッ　ア　ルック　インサイド　ユア　バッ

Wǒmen jiǎnchá yíxià bāo, kěyǐ ma?
我们检查一下包，可以吗？
ウォメン　ジエンチァア　イーシア　バオ　クァイーマ

가방 안을 좀 확인하겠습니다.
カバンヌル　ジョム　ファギナゲッスムニダ

---

⑯ 万引きは警察に通報します

Shoplifting will be reported to the police.
ショップリフティンッ　ウィル　ビー　リポーティッ　トゥ　ザ　ポリース

Tōu dōngxi, yào tōngbào jǐngchá.
偷东西，要通报警察。
トウ　ドンシィ　ヤオ　トンパオ　ジンチァア

물건을 훔치면 경찰에 통보하겠습니다.
ムルゴヌル　フムチミョン　キョンチャレ　トンボハゲッスムニダ

迷子・アナウンス

lost child, announcement
ロスッ チャイゥド アナウンスメンッ

① お連れ様のお名前、年齢は？

Qǐng shuō yīxià zǒushīrén de xìngmíng hé niánlíng.
请说一下走失人的姓名和年龄。
チン シュオイーシア ツォウシーレンダ シンミン ホァ ニエンリン

What's the name and age of your companion?
ワッツ ザ ネイム アンッ エイジ オヴ ユァ コンパニオン

같이 오신 분은 성함하고 연령이 어떻게 되십니까？
カッチ オシン ブヌン ソンハマゴ ヨルリョんイ オットッケ ドェシムニッカ

② 男の子ですか、女の子ですか？

Nánháir háishi nǚháir?
男孩儿还是女孩儿？
ナンハァル ハイシー ニュィハァル

Is it a boy or a girl?
イズ イッ ア ボーイ オァ ア ガーゥ

남자 아이입니까？ 여자 아이입니까？
ナムジャアイムニッカ ヨジャアイムニッカ

③ お連れ様の特徴を教えてください

Zǒushīrén shì shénme tèzhēng?
走失人是什么特征？
ヅォウシーレン シー シェンマ ターヂョン

Could you describe him [her]?
クデュー ディスクライブ ヒム [ハー]

같이 오신 분의 특징을 말씀해 보세요．
カッチ オシン ブネ トゥクチんウル マルスメ ボセヨ

④ 迷子なの？ 誰と来たの？

Shì zǒushi le ma? Gēn shéi yīqǐ lái de?
是走失了吗？跟谁一起来的？
シー ツォウシーラマ ゲンシェイ イーチィ ライダ

Are you lost? Who are you here with?
アー ユー ロスッ フー アー ユー ヒァ ウィズ

엄마 잃어 버렸니？ 누구랑 왔어？
オムマ イロ ボリョンニ ヌグラん ワッソ

⑤ どこから来たのですか？

Cóng nǎr lái de?
从哪儿来的？
ツォン ナァル ライダ

Where are you from?
ウエア アー ユー フロム

어디서 왔습니까？
オディソ ワッスムニッカ

⑥ 館内放送でお呼び出しいたします

Wǒmen guǎngbō yīxià.
我们广播一下。
ウォメン グァンボォ イーシア

I'll have him [her] paged throughout the building.
アイゥ ハヴ ヒム [ハー] ペイジドゥ スルーアウッ ザ ビゥディンッ

안내 방송을 해 보겠습니다．
アンネ パんソんウル ヘ ボゲッスムニダ．

⑦ お客様にお呼び出しを申し上げます

Xiànzài guǎngbō xúnrén.
现在广播寻人。
シエンヅァイ グァンボォ シュンレン

Attention please.
アテンション プリー

손님 여러분, 사람을 찾습니다．
ソンニム ヨロブン サラムル チャッスムニダ

⑧ アメリカ[中国／韓国]からお越しのスミス様…

Cóng Zhōngguó lái de Smith xiānsheng [xiǎojiě]……
从中国来的 Smith 先生 [小姐] ……
ツォン ヂョングオ ライダ スミスシエンション [シアオジエ]

Paging a Mr. Smith from the US….
ペイジンッ ア ミスター スミス フロム ザ ユーエス

한국에서 오신 스미스님…
ハングゲソ オシン スミスニム

走失、广播 zǒushī, guǎngbō　　미아・방송
ヅォウシー　グァンボォ　　　　ミア　ぱんソン

🔊 87

⑨ 5歳のメアリーちゃんのお連れ様…
The person accompanying 5-year-old Mary…
ザ　パーソン　アカンパニーインッ　ファイヴ　イヤー　オウルッ　メアリー

Wǔ suì de Mary xiǎopéngyou de fùmǔ……
五岁的 Mary 小朋友的父母……
ウゥスイダ　メアリィ　シァオポンヨウダ　フウムゥ

다섯 살 난 메어리어린이하고 같이 오신 분…
タソッサルナン　メオリオリニハゴ　カッチ　オシンブン

⑩ 1階の総合案内までお越しください
Please come to the information desk on the 1st floor.
ブリー　カム　トゥ　ジ　インフォメーション　デスク　オン　ザ　ファースッフロア

Qǐng dào yī lóu wènxùnchù.
请到一楼问讯处。
チン　ダオ　イーロウ　ウェンシュンチュウ

1 층 종합안내 데스크로 와 주십시오.
イルチュん　チョんハバンネ　デスクロ　ワ　ジュシプシオ

⑪ 先ほど2階でスカートをお買い上げのお客様…
A customer who purchased a skirt on the 2nd floor…
ア　カスタマー　フー　パーチェストゥ　ア　スカート　オン　ザ　セカンッフロア

Gāngcái zài èr lóu gòumǎi qúnzi de gùkè……
刚才在二楼购买裙子的顾客……
ガンツァイ　ヅァイ　アルロウ　ゴウマイ　チュンヅダ　グゥクァ

조금 전에 2 층에서 스커트를 사신 손님…
チョグムジョネ　イーチュんエソ　スコトゥルル　サシン　ソンニム

コラム：物の数え方（中国語・韓国語）

中国語：中国語で物を数えるときは、基本的に日本語と同じで、数える物によって助数詞が異なります。例えば、本なら "一本 / yī běn / イーベン" (1 冊)、チケットなら "三张 / sān zhāng / サンチャン" (3 枚) と言います。

　ひとつひとつはおいおい覚えるとして、とりあえずは「〜個」を意味する "〜个 / ...ge / ガ" を覚えましょう。使い方は "数+个(+名詞)" です。例えば「ひとつ」は "一个 / yī ge / イーガ"、「10 個」は "十个 / shí ge / シーガ" です。人の場合も "一个人 / yī ge rén / イーガレン" (1 人) のように数えることができます。

　なお、数字が「2」のときだけ注意してください。中国語では「2」の言い方が 2 通りあり、「〜番目」のように順序を数えるときは "二 / èr / アル"、「〜個」のように物の数を数えるときは "两 / liǎng / リアン" を使います (⇒ p. 194 参照)。したがって、個数を数える「2 個」の場合は、"二个 / èr ge / アルガ" ではなく "两个 / liǎng ge / リアンガ" と言わなければなりません。

韓国語：韓国語では、数える対象によって、漢字語の数の言い方 "일, 이, 삼… / イル イー サム" (いち、に、さん…) と、固有語の数の言い方 "하나, 둘, 셋… / ハナ トゥル セッ" (ひとつ、ふたつ、みっつ…) を使い分けます (⇒ p. 192-194 参照)。例えば、「3 泊」と言うときは "삼박 / サムパク" と漢字語を使い、「3 名様」と言うときは "세 분 / セーブン" と固有語を使います。例外もありますが、目に見える具体的な物を数えるときは、固有語を使って数えることの方が多いです。

　また、日本語と同じように、数える対象によって助数詞が異なります。例えば、本なら "한 권 / ハンゴォン" (1 冊)、チケットなら "한 장 / ハンジャん" (1 枚) です。ただし、固有語の数の言い方は、助数詞がつくと「1」から「4」までの数字の読みが少し変化しますので注意してください。

　最も基本的な言い方としては、「〜個」を意味する "〜개 / ゲ" をつけて覚えておくと便利です。この場合の数字は固有語を使います。「1 個」から「10 個」までの言い方は、"한 개 / ハンゲ、두 개 / トゥーゲ、세 개 / セーゲ、네 개 / ネーゲ、다섯 개 / タソッゲ、여섯 개 / ヨソッゲ、일곱 개 / イルゴプゲ、여덟 개 / ヨドルゲ、아홉 개 / アホプゲ、열 개 / ヨルゲ" となります。

✼ 数字・単位 ✼

	英語	中国語	韓国語 〈漢字語〉	〈固有語〉
0	zero / oh ゼロ / オゥ	零 líng リン	영 / 공 ヨン / コン	
1	one ワン	一 yī イー	일 イル	하나 (한) ハナ (ハン)
2	two トゥー	二 / 两 èr / liǎng アル / リアン	이 イー	둘 (두) トゥール (トゥー)
3	three スリー	三 sān サン	삼 サム	셋 (세) セーッ (セー)
4	four フォー	四 sì スー	사 サー	넷 (네) ネーッ (ネー)
5	five ファイヴ	五 wǔ ウゥ	오 オー	다섯 タソッ
6	six シックス	六 liù リウ	육 ユク	여섯 ヨソッ
7	seven セヴン	七 qī チィ	칠 チル	일곱 イルゴプ
8	eight エイッ	八 bā バァ	팔 パル	여덟 ヨドル
9	nine ナイン	九 jiǔ ジウ	구 ク	아홉 アホプ
10	ten テン	十 shí シー	십 シプ	열 ヨル
11	eleven イレヴン	十一 shíyī シーイー	십일 シビル	열 하나 ヨラナ
12	twelve トゥエルヴ	十二 shí'èr シーアル	십이 シビ	열 둘 ヨルトゥル
13	thirteen サーティーン	十三 shísān シーサン	십삼 シプサム	열 셋 ヨルセッ
14	fourteen フォーティーン	十四 shísì シースー	십사 シプサ	열 넷 ヨルレッ
15	fifteen フィフティーン	十五 shíwǔ シーウゥ	십오 シボ	열 다섯 ヨルタソッ

	英語	中国語		韓国語〈漢字語〉	韓国語〈固有語〉
16	sixteen シクスティーン	十六	shíliù シーリウ	십육 シムニュク	열 여섯 ヨルリョソッ
17	seventeen セヴンティーン	十七	shíqī シーチィ	십칠 シプチル	열 일곱 ヨルイルゴプ
18	eighteen エイティーン	十八	shíbā シーバァ	십팔 シプパル	열 여덟 ヨルリョドル
19	nineteen ナインティーン	十九	shíjiǔ シージウ	십구 シプク	열 아홉 ヨラホプ
20	twenty トゥエンティ	二十	èrshí アルシー	이십 イーシプ	스물 (스무) スムル (スム)
30	thirty サーティ	三十	sānshí サンシー	삼십 サムシプ	서른 ソルン
40	forty フォーティ	四十	sìshí スーシー	사십 サーシプ	마흔 マフン
50	fifty フィフティ	五十	wǔshí ウゥシー	오십 オーシプ	쉰 シュイーン
60	sixty シックスティ	六十	liùshí リウシー	육십 ユクシプ	예순 イェスン
70	seventy セヴンティ	七十	qīshí チィシー	칠십 チルシプ	일흔 イルン
80	eighty エイティ	八十	bāshí バァシー	팔십 パルシプ	여든 ヨドゥン
90	ninety ナインティ	九十	jiǔshí ジウシー	구십 クシプ	아흔 アフン
100	one hundred ワン ハンドレッ	一百	yìbǎi イーバイ	백 ペク	
1000	one thousand ワン サウザンッ	一千	yìqiān イーチエン	천 チョン	
10000	ten thousand テン サウザンッ	一万	yíwàn イーワン	만 マーン	
100000	one hundred thousand ワン ハンドレッ サウザンッ	十万	shíwàn シーワン	십만 シムマン	

	英語	中国語	〈漢字語〉　〈固有語〉 韓国語
1000000	one million ワン ミリオン	一百万 yìbǎiwàn イーバイワン	백만 ペンマン
0.1	(zero) point one (ゼロ) ポインッ ワン	零点一 líng diǎn yī リン ディエン イー	영 점 일 ヨンチョミル

※英語で「100」と言うとき、"one" のかわりに "a" として、"a hundred" と言うこともできます。「1000」、「10000」、「1000000」についても同様です。

※中国語で「2」を言う場合、順序を数えるときには "二 èr アル" を使い、「2つ、2個、2人…」のように数量を数えるときには "两 liǎng リアン" を使います(⇒ p.191 参照)。なお、「12」のように、2桁以上の数字の1の位に「2」が来る場合は "二" と読みます。「20」は "二十 èrshí アルシー" ですが、「200」の場合は "两百 liǎngbǎi リアンバイ" でも "二百 èrbǎi アルバイ" でもかまいません。「2000」、「20000」の場合は、それぞれ "两千 liǎngqiān リアンチエン"、"两万 liǎngwàn リアンワン" のほうが一般的です。

※中国語では、「105」のように桁が飛ぶ場合、間に "零 líng リン" (0)を挟んで "一百零五 yìbǎi líng wǔ イーバイリンウゥ" のように言います。「1005」の場合も同様ですが、"零" は一度だけ読み、"一千零五 yìqiān líng wǔ イーチエンリンウゥ" と言います。

※中国語では、"十 shí シー" が3桁以上の数字の途中で出てくる場合、"十" の前に "一 yī イー" をつけて読みます。例えば「317」なら、"三百一十七 sānbǎi yīshíqī サンバイ イーシーチィ" と言います。

※韓国語には漢字語の数の言い方と、固有語の数の言い方があります。ものを「1つ、2つ…」と数えるときには固有語を使います。0と100以上の数は漢字語の言い方で数えます。

※韓国語の固有語数詞のカッコ内は、"하나 ハナ" (1つ)→ "한 개 ハンゲ" (1個)のように、助数詞が続くときの形です。

※韓国語の漢字語で「0」は普通 "영〈零〉ヨン" と言いますが、電話番号、暗証番号などでは "공〈空〉コん" を使います。

	英語	中国語	韓国語
グラム	gram グラム	克 kè クァ	그램 クレム
キログラム	kilogram キログラム	公斤 gōngjīn ゴンジン	킬로그램 キログレム
センチ	centimeter センチメーター	厘米 límǐ リィミィ	센티 センティ
メートル	meter ミーター	米 mǐ ミィ	미터 ミト
キロメートル	kilometer キロメター	公里 gōnglǐ ゴンリィ	킬로미터 キロミト

✳︎曜日・週✳︎

	英語	中国語	韓国語
日曜日	Sunday サンデイ	星期天 xīngqītiān シンチィティエン	일요일 イリョイル
月曜日	Monday マンデイ	星期一 xīngqīyī シンチィイー	월요일 ウォリョイル
火曜日	Tuesday チューズデイ	星期二 xīngqī'èr シンチィアル	화요일 ファヨイル
水曜日	Wednesday ウエンズデイ	星期三 xīngqīsān シンチィサン	수요일 スヨイル
木曜日	Thursday サーズデイ	星期四 xīngqīsì シンチィスー	목요일 モギョイル
金曜日	Friday フライデイ	星期五 xīngqīwǔ シンチィウゥ	금요일 クミョイル
土曜日	Saturday サタデイ	星期六 xīngqīliù シンチィリウ	토요일 トヨイル
今週	this week ディス ウィーク	这个星期 zhèi ge xīngqī チェイガシンチィ	이번주 イボンジュ
来週	next week ネクスッ ウィーク	下个星期 xià ge xīngqī シアガシンチィ	다음주 タウムチュ
先週	last week ラスッ ウィーク	上个星期 shàng ge xīngqī シャンガシンチィ	지난주 チナンジュ
〜週間	〜 weeks ウィークス	〜个星期 ge xīngqī ガ シンチィ	〜주일 チュイル

※中国語で「日曜日」は"星期日 xīngqīrì シンチィリー"とも言います。

✳︎ 月・日にち・季節 ✳︎

	英語		中国語		韓国語
1月	January ジャヌアリー	一月	yīyuè イーユエ		일월 イルオル
2月	February フェブラリー	二月	èryuè アルユエ		이월 イーウォル
3月	March マーチ	三月	sānyuè サンユエ		삼월 サムオル
4月	April エイプリル	四月	sìyuè スーユエ		사월 サーウォル
5月	May メイ	五月	wǔyuè ウゥユエ		오월 オーウォル
6月	June ジューン	六月	liùyuè リユエ		유월 ユウォル
7月	July ジュライ	七月	qīyuè チィユエ		칠월 チルオル
8月	August オーガスト	八月	bāyuè バァユエ		팔월 パルオル
9月	September セプテンバー	九月	jiǔyuè ジウユエ		구월 クウォル
10月	October オクトーバー	十月	shíyuè シーユエ		시월 シウォル
11月	November ノベンバー	十一月	shíyīyuè シーイーユエ		십일월 シビルオル
12月	December ディセンバー	十二月	shíèryuè シーアルユエ		십이월 シビウォル
今月	this month ディス マンス	这个月	zhèi ge yuè チェイガユエ		이번달 イボンタル
来月	next month ネクスッ マンス	下个月	xià ge yuè シアガユエ		다음달 タウムタル
先月	last month ラスッ マンス	上个月	shàng ge yuè シャンガユエ		저번달 チョボンタル
～か月	～ months マンツ	～个月	ge yuè ガ ユエ		～개월 ケウォル

※韓国語の月は基本的に漢字語の数に"월 ウォル"をつけますが、6月と10月は例外的なので注意しましょう。

	英語	中国語	韓国語
1月1日	January first ジャヌアリー ファースッ	一月一号 yīyuè yī hào イーユエ イーハオ	일월 일일 イルォル イリル
今日	today トゥデイ	今天 jīntiān ジンティエン	오늘 オヌル
明日	tomorrow トゥモロウ	明天 míngtiān ミンティエン	내일 ネイル
昨日	yesterday イェスタデイ	昨天 zuótiān ヅオティエン	어제 オジェ
〜日間	〜 days デイズ	〜天 tiān ティエン	〜일간 イルガン

※中国語で「2月2日」と言うときの「2」はともに"二 èr アル"ですが、「2日間」と言うときは"两 liǎng リアン"を使います。

	英語	中国語	韓国語
春	spring スプリング	春天 chūntiān チュンティエン	봄 ポム
夏	summer サマー	夏天 xiàtiān シアティエン	여름 ヨルム
秋	fall フォーゥ	秋天 qiūtiān チウティエン	가을 カウル
冬	winter ウィンター	冬天 dōngtiān ドンティエン	겨울 キョウル

✸時刻・時間・期間✸

	英語	中国語	韓国語
2時10分	two ten トゥー テン	两点十分 liǎng diǎn shí fēn リアンディエン シーフェン	두 시 십분 トゥーシ シップン
～時間	～ hours アワーズ	～个小时 ge xiǎoshí ガ シアオシー	～시간 シガン
～分間	～ minutes ミニッツ	～分钟 fēnzhōng フェンヂォン	～분간 ブンガン
～秒間	～ seconds セカンズ	～秒钟 miǎozhōng ミアオヂォン	～초간 チョガン
朝	in the morning イン ザ モーニンッ	早上 zǎoshang ツァオシャン	아침 アチム
午前	in the morning イン ザ モーニンッ	上午 shàngwǔ シャンウゥ	오전 オージョン
午後	in the afternoon イン ジ アフタヌーン	下午 xiàwǔ シアウゥ	오후 オーフ
夜	at night アッ ナイッ	晚上 wǎnshang ワンシャン	밤 バム

※中国語で「2時」と言うときの「2」は"两 liǎng リアン"です。「2分」と言うときは"二 èr アル"が一般的ですが、「2分間」と言うときは"两"を使います。

※韓国語では、"세 시 삼분 セーシ サムブン"（3時3分）のように、「～時」を言うときは固有語の数詞、「～分」を言うときは漢字語の数詞を使います。

	英語	中国語	韓国語
AからBまで	from A to B フロム A トゥ B	从A到B cóng A dào B ツォン A ダオ B	A 부터 B 까지 Aブト Bカジ
～までに	by ～ バイ	～以前 yǐqián イーチエン	～까지 カジ
～のあと	after ～ アフター	～后 hòu ホウ	～ 후 フ
～のまえ	before ～ ビフォー	～前 qián チエン	～ 전 ジョン

INDEX

あ
相席でもよろしいですか? 92
青 19
赤 19
アクセサリー
　→小物、ジュエリー
悪天候 155
揚げる 97
明後日 86
味 99
明日 102
温かい 104
温かいうちにどうぞ 112
新しいものをお持ちしますか? 18
あちらです 19
厚い 31
扱っておりません 70, 172
アトピー 63
アニメ 52
油 61
甘い 99
アメリカ 190
ありがとうございました 5
あります →ございます
ありません 7
アレルギー 62, 95, 151
暗証番号 78
案内図 131

い
いいえ 7
行き先はどちらですか? 152
いくつ →何個
居酒屋 114
遺失物取扱所 187
椅子 34, 104
痛い 184
炒める 97
1時間ほどお待ちいただけますか? 139
1日あたり 165
一番人気の商品です 46
いつ →何時、何日
1階 191
1個あたり 57
1週間以内 82
いらっしゃいませ 1
入口 128, 137
色 19, 22, 41
飲食禁止 134

う
ウォン 171
後ろ 145
薄い 31
うどん 104
売り切れ 18, 126

え
映画 127
映画館 149
営業時間 44, 89
英語 10, 11, 128, 140, 177
ATM 70, 172, 177
駅 147, 152
エスカレーター 45
絵葉書 75
エレベーター 44
延長 141

お
お味はいかがですか? 99
おいしい 95, 99
往復 152
大きい 22, 28
オーダーメイド 28
オーディオガイド 128
大通り 146
大盛り 104, 106
お会計はお済みですか? 189
お会計はご一緒ですか? 100
お会計は別々ですか? 100
お買い特 20, 54
お掛けになってお待ちください 170
お菓子 55, 61
おかわり 98, 100
お気に召しましたか? 17
お客様 5
お気をつけて 6
奥 44
遅れています 155, 162
お好み焼き 112
お酒 70, 115, 116
お下げしてよろしいですか? 100
おしぼり 109
おしゃれな 25
お調べいたします 3
おすすめ 17, 94, 150
お大事に 185
お煙草はお吸いになりますか? 92
お試しください 16
お茶 100

お次でお待ちのお客様、どうぞ 76
おつり 13, 76
お手洗い 128
お手頃な 17
お寺 142
男の子 190
大人 124
同じもの 82
お名前と電話番号をご記入ください 68
おにぎり 119
オペラグラス 137
お弁当 71
おまかせ 109
お待たせいたしました 4
お待ちしております 103
おみやげにぴったりです 72
おやめください 189
お湯 71
お呼び出しを申し上げます 190
温泉 150
女の子 190

か
カード 76, 78, 79, 84
階 44
海外向け 46
外貨両替 163, 170, 171
会計 19, 50, 76-79, 100, 189
懐石料理 149
階段 45
回転寿司 108
ガイド付きツアー 150
カウンター 90
カウンター席 92
カウンターの職員にお尋ねください 162
鏡の前で合わせてご覧ください 24
係の者を呼んでまいります 12
鍵 187
学生 127
傘 32
貸切 149
かしこまりました 7
火事です! 188
貸出し 44
風邪薬 62
ガソリンスタンド 168
片道 152
家電量販店 46
カフェ 120

199

歌舞伎		136
紙袋		88
カメラ		47, 187
辛い		99
カラオケ		138
軽い		31
革		33
観光案内所		148
韓国		190
韓国語	10, 11, 128, 140, 177	
簡単		47
看板		147

き

黄色	19
危険です	188
北	147
汚い	83
貴重品	187
きつい	28
喫煙所	45
喫煙席	122
切符	152
記念撮影はいかがですか？	132
ギフト包装	88
気分が悪いのですか？	184
キャラクターグッズ	52
キャンセル	68
救急車を呼びます	185
休業	45
休憩	127, 129
救護室	163
牛肉	57
牛乳	57
均一	54
禁煙	92
銀行	170
銀聯カード	79

く

空港	158, 160
空港行き	154
空調	141
クーポン	80
薬	62-64
果物	55, 60
靴	34
靴をお脱ぎください	142
グラス	116
クリーニング	30
車いす	44
クレジットカード	78
クレジットカード会社に連絡してください	186
クローク	45
黒	19

け

警察を呼びます	189
携帯電話	50
ケーキ	61, 122
けが	184
劇場	124
化粧品	40
元	171
現金	21, 76, 77
現在地	144
原材料	55
限定	40, 53, 72
券売機	152

こ

ご案内します	93, 145
コインロッカー	128
公園	149
公演	126
交換	83
合計	13, 76
公衆電話	182
高速道路	159
紅茶	121
交番へ行ってください	186
高品質	74
紅葉	150
コース（料理）	97, 116
コーヒー	120
氷	115
国際電話	182, 183
ございます	7, 19
個室	95
故障中です	189
小銭はお持ちですか？	159
ご注文は以上でしょうか？	97
ご注文はお決まりですか？	94
ご注文を確認させていただきます	96
こちらがおすすめです	17
こちらです	19
こちらにお掛けください	93
こちらにご記入ください	170
こちらの列にお並びください	76
こちらはいかがですか？	17
こちらへどうぞ	1
子供	124
子供用	25
この中からお選びください	114
この番号にかけてください	182
コピー	70, 172
個別包装になっています	72
ごま	61
ごみ箱	123
小麦粉	59
米	59
小物	32

ごゆっくりご覧ください	16
ごゆっくりどうぞ	2, 98
ご用の際はこのボタンを押してください	94
ご予約されていますか？	92
これをお使いください	184
壊れた	83
コンサート	127
コンビニ	70

さ

サービス料	100
最後尾	131
在庫を確認します	18
在庫を切らしております	66
サイズ	22, 26, 120
サイズ対応表	29
サイズ調整	26, 35
サイズはいかがですか？	24
サイズをお伺いしてよろしいですか？	16
サイズをお測りしましょうか？	38
再入場	127, 135
財布	32
サインをお願いします	78
差額	82
探してまいります	66
魚	97, 111
桜	149
座敷	104, 115
撮影	129, 132
砂糖	120
皿	98, 110
サラダ	94
触らないでください	189
30分	92

し

試合	134
シーフード	113
試飲	73
塩	61
自家製の	97
試供品	42
事故	165
時刻表	155
試食	56
地震です！	188
試着	24
指定席	125
品切れ	18
支払い	76
字幕	126
住所	144
ジュース	121
自由席	126, 155
渋滞	159

200

終了	126, 127
ジュエリー	38
祝日	45
10分おき	157
授乳室	163
準備ができたらお呼びします	93
少々お待ちください	3
賞味期限	56, 72
醤油	104, 109
ショーケース内の商品をご覧になりますか？	52
女性用	25, 36
食券	106
しょっぱい	99
書店	66
処方箋	64
白	19
新幹線	155
信号	145
神社	142
新商品	17
新鮮	55, 109
新品	83
人民元	171
深夜料金	159

す
酢	61
水族館	149
スーツケース	32
スーパー	54
スープ	97
数量限定	53
すぐにお取り換えします	99
すぐにお持ちします	99
すぐにご使用になりますか？	89
スケジュール表	124
寿司	108
裾上げ	26
頭痛	63
ストロー	123
スプーン	95, 98
スペル	179
すみません	4
相撲	134

せ
税金	100
税込	21
税引き	90
整理券	126
セール	20
世界遺産	149
席	102, 106, 124, 125
席料	117
セット	23, 38, 120
説明書	49

セルフサービス	98
前菜	96
洗濯	30
先着順に	125

そ
総合案内	44, 191
ソース	112
素材	22, 33
そちらに出ているものだけでございます	49
そば	104
ソフトドリンク	115

た
大使館	187
対象外	21, 91
大丈夫です	188
大丈夫ですか？	108, 184
タクシー	158
タクシー乗り場	128
タクシーをお呼びしますか？	118
宅配便	177
たこ焼き	112
ただいま伝票をお持ちします	100
ただいま参ります	2
立ち入り禁止	133
タッチパネル	114, 140
煙草	70, 92
食べ放題	97
食べられない食材はございますか？	96
卵	57, 101
男性用	25
担当者を連れてまいります	49

ち
小さい	28
チーズ	57
地下	44
近くですので、ご案内いたします	145
地下鉄	156
チケット	71, 124, 132, 148
チケット売り場	130
地図	144, 145, 148
チップはいただいておりません	101
チャージ	80
着払い	86
中古	50
中国	190
中国語	10, 11, 128, 140, 177
中止	53, 131
駐車場	165
注文	94, 96-99
朝食	148
チョコレート	61

直行バス	144

つ
ツアー	150, 151
追加のご注文はございますか？	98
追加料金がかかります	166
ついてきてください	188
通訳サービスの番号をご案内します	181
通路側	155
つきあたり	128
冷たい	104

て
手洗い	30
定休日	45
低脂肪	55
ティッシュ	63
停電しております	188
ディナー	97
手入れ	30, 32
テーブル	95, 123
できかねます	8
できたて	54
出口	156
デザート	97
デザイン	22
手数料	171
手続き	90
手荷物一時預かり所	162
デパート	149
テレビ	50
テレホンカード	163, 183
電気製品	150
電子マネー	80
電車	154
伝統的	149
伝票	87, 100
電話	178
電話番号	68, 179, 183

と
トイレ	45, 187
トイレットペーパー	63, 187
どういたしまして	4
どういったご用件ですか？	179
どういったものがよろしいですか？	16
当日券	126, 134
どうしましたか？	184
どうぞ	2, 8
どうぞお試しください	16
当店では扱っておりません	18
盗難	186
動物園	149
通り	146
特製	97

特別に準備するものはございますか？		102
時計		36
どこから来たのですか？		190
どこでなくしましたか？		186
どちら様でしょうか？		178
どちらへ行かれるのですか？		144
隣		146
土日		45
徒歩		144
ドラッグストア		62
トラブルの際はこの番号にご連絡ください		166
トラベラーズチェック		172
取り皿		98
鶏肉		57
取り寄せ		18, 86, 87
ドリンクバー		99
ドル		77, 171
ドレッシング		97

な

ナイフ		95
長い		28
中にはあずき餡が入っています		72
何かお探しですか？		16
何かございましたらお呼びください		16
何がなくなったのですか？		186
ナプキン		95
名前		68, 103
並ぶ		76, 124
何g		57
何個		57
何時		102
何時間ご利用になりますか？		164
何日		102, 125
何日間ご利用になりますか？		164
何名様ですか？		92, 102

に

2階		19
肉		57
肉は入っていません		56
煮込む		97
西		147
日本語のみです		128
日本語を話されますか？		10
日本製		17
日本は初めてでいらっしゃいますか？		148
日本文化		150
荷物		106, 159
荷物の配送		162
入荷		67, 68, 82
入会		84
入場券		131

人気商品		17, 40, 46
人数		93
妊婦		131

ね

値引きはいたしかねます		21
年会費		84
年中無休		45
年齢		138

の

能		136
飲み放題		114, 141
飲み物		96, 120
乗り換え		154

は

バー		114
パーセント		85
はい		7
灰皿		95
配送		86
売店		131
履物を脱いでお上がりください		104
博物館		124
箱		35, 72, 88
はし		71, 95
バス		144, 157
パスタ		97
バス乗り場		152
パスポート		90, 91
パソコン		49
バッグ		32
発売中止になりました		53
払い戻し		126
パン		54, 96
半額		20, 124
番号札		170
半サイズ		97
パンフレット		128, 148

ひ

ビール		116
控え		78, 86
日帰り		150, 155
東		147
日替わり		97
美術館		124
非常口		188
左		36, 44, 145, 146
ぴったり		24
1人あたりの料金です		149
100円ショップ		54
病院		184, 185
病気		184

ふ

ファーストフード		120
フィギュア		52
フォーク		95
腹痛		63
袋は一緒でもよろしいですか？		71
豚肉		57
プラスチック		73
フラッシュ撮影		129
ブランド		40
フリーパス		130
不良品		83
フルーツ		55, 60
フロアガイド		44
プログラム		128
文化		150
紛失		186
文房具		69
文楽		136

へ

ペア		38
平日		44
閉店		45
ベジタリアン		94, 95
別売りです		46
別館		44
別のサイズもございます		22
別々にお包みしましょうか？		88
ベビーカー		44
ベビー用		25
ペン		129
変圧器		46
返金		82
変更		126
返品		82, 83

ほ

ポイントカード		84
防水		37
包装		88
ほかの色をご覧になりますか？		17
ほかのお客様のご迷惑です		189
ほかの商品もご覧になりますか？		18
保険		163, 165
保険会社		187
保証		37, 48
保証金		129
ホットですか、アイスですか？		120
ホテル		149
ホテル行き		157
ホビーショップ		52
保冷剤		58
本館		147
本日のおすすめ		94
本物の		32

ま

迷子	190
前	145
前売券	127
前払い	87
またお越しください	5
待ち時間は30分ほどです	92
まっすぐ	145
祭り	143
窓際[側]	95, 155
窓口	152
漫画	66
満席	92, 152
万引きは警察に通報します	189

み

右	66, 145, 146, 162
短い	28
水	98
味噌	61
味噌汁	98
道案内	144
緑	19
南	147
身分証	173
みやげもの屋	72
ミルク	120

む

向かい	145
無農薬	55
無料	88, 98, 148
無料配達	69, 86
無料バス	157

め

名産	72
メーカー	53
メニュー	94
免許証	164
免税	85, 90, 91
免税店	163

も

もう一度おっしゃってください	9
もう一度繰り返します	180
申し込む	173
申し訳ございません	14
燃えない	123
燃える	123
持ち帰り	100, 107, 113, 120
モノレール	145
模様	31
最寄駅	144

や

焼く	97
野菜	59
安い	125
薬局 →ドラッグストア	

ゆ

遊園地	130
有効期限	84
夕食	148
郵便局	174
有料	163
ゆでる	97
輸入の	55
ゆるい	28

よ

洋風	99
洋服	22
よくお似合いです	16, 41
予算	16
予約	92, 102
予約受付中	53
予約票	71
よろしいですか？	3

ら

ラーメン屋	106
来週入荷する予定です	67
ライス	96
ラストオーダー	117
ラッピング	88
ランチ	94

り

離乳食	63
両替	77, 170
料金	100, 139, 148, 149
料金の一覧	174
領収書	77
旅館	148
緑茶	75
旅行会社	187
旅行者の方ですか？	90
旅行保険	163

れ

冷蔵庫	56
冷凍の	55
レジ	57
レシート	13, 82
レジ袋	58
レンタカー	164
レンタル料	129
連絡先をお書きください	186

ろ

ロータリー	159
ロッカー	45
露天風呂	150
ロビー	137

わ

ワイン	115
わかりません	11, 147
わさび	104, 108
和食	104, 113, 117
和風	99
割り込みはおやめください	131
割引	20, 21

《著者略歴》

西蔭浩子(にしかげ・ひろこ)
獨協大学外国語学部英語学科卒業。コロンビア大学大学院修士課程修了。現在、大正大学・大学院教授。NHK教育テレビ『英語が伝わる！100のツボ』(2008年)、『3か月トピック英会話　栗原はるみの挑戦　こころを伝える英語』(2006年)、『3か月トピック英会話　TOKYOまちかどリスニング』(2006年)の講師。主な著書に『英語スピーキングのお医者さん』、『3段階の発想で英語が伝わる！100のツボ』(ともにジャパンタイムズ)、『英語で話すための日本図解事典』(小学館、共著)、『DVD+BOOK　NHKミニ英会話とっさのひとこと　Honolulu 親孝行編』(NHK出版)などがある。

田村雅昭(たむら・まさあき)
獨協大学経済学部卒業後、東京英語研修所、日本外国語専門学校、インターナショナルスクールオブビジネス、渋谷外語専門学校で教鞭をとる傍ら、教育管理職を歴任する。現在は大正大学表現学部准教授及び武蔵野大学非常勤講師として、TOEICほかの英語科目を担当する。著書に『A Strategic Approach to the TOEIC Test Listening』(成美堂、共著)、『Let's Go Abroad!』(センゲージラーニング、共著)などがある。

平石淑子(ひらいし・よしこ)
東京出身。和光大学、お茶の水女子大学大学院で学ぶ。中国近現代文学、比較文化専攻。複数の大学、高等学校で中国語非常勤講師を務めた後、大正大学教授を経て、現在は日本女子大学教授。中国語に関連した論文として、「日中両言語の差異に関するノート—芥川龍之介「羅生門」を手がかりとして」(『大正大学研究紀要』94輯)、「中国語の動詞に後置される"到"について—日本語の視点から」(『大正大学大学院研究論集』34号)などがある。博士(人文科学)。

孔　令敬(コウ・レイケイ)
1956年中国北京生まれ。北京外国語大学日本語学科卒業。同大学大学院修士課程修了後、同大学専任講師を勤める。1990年、大東文化大学客員講師として来日。その後、大正大学仏教学博士コースにて仏教学を専攻。現在、同大学のほか、青山学院女子短期大学、東洋大学、国学院大学、二松学舎大学で非常勤講師として中国語教育に携わる。著書に『中国茶・五感の世界』(NHK出版)、『中国語初級表現—文型・文法を基礎に』(白帝社、共著)などがある。

権　在淑(クォン・チェスク)
韓国ソウル出身。淑明女子高等学校卒。お茶の水女子大学卒、同大学院修士課程修了。東京都立大学大学院博士課程満期退学。教育学専攻。1987年以来、東京外国語大学、神田外語大学、上智大学(学部及び公開学習講座)、大正大学、聖心女子大学などで韓国語教育に携わる。1995年4月から1999年3月まで、神田外語大学専任講師。著書に、『表現が広がる　これからの韓国語』(三修社)、『韓国語60分プラス』、『図解でわかる韓国語』(ともにアルク)などがある。

レストラン・お店で使う
英中韓3か国語きほん接客フレーズ

2010 年 6 月 25 日　初版発行
2020 年 2 月 28 日　4 刷発行

著者
西蔭浩子（にしかげ・ひろこ）
田村雅昭（たむら・まさあき）
平石淑子（ひらいし・よしこ）
孔　令敬（コウ・レイケイ）
権　在淑（クォン・チェスク）

© H. Nishikage, M. Tamura, Y. Hiraishi, R. Kou and J. Kwon, 2010

KENKYUSHA
〈検印省略〉

発行者
吉田尚志

発行所
株式会社　研究社
〒 102-8152　東京都千代田区富士見 2-11-3
電話　営業 (03) 3288-7777 (代)　編集 (03) 3288-7711 (代)
振替　00150-9-26710
http://www.kenkyusha.co.jp/

印刷所
研究社印刷株式会社

装丁デザイン
清水良洋 (Malpu Design)

本文レイアウト・アイコンデザイン
株式会社インフォルム

ISBN978-4-327-39417-2　C0082　Printed in Japan